动词事件结构与汉语时体意义研究

樊洁————著

新华出版社

图书在版编目（CIP）数据

动词事件结构与汉语时体意义研究 / 樊洁著. —北
京：新华出版社，2022.10
ISBN 978-7-5166-6507-7

Ⅰ. ①动… Ⅱ. ①樊… Ⅲ. ①汉语-动词-研究
Ⅳ. ①H146.2

中国版本图书馆 CIP 数据核字（2022）第 190577 号

动词事件结构与汉语时体意义研究

作　　者：樊　洁

责任编辑：林郁郁　　　　　　　装帧设计：武　艺

出版发行：新华出版社
地　　址：北京石景山区京原路 8 号　　邮　　编：100040
网　　址：http：//www.xinhuapub.com
经　　销：新华书店、新华出版社天猫旗舰店、京东旗舰店及各大网店
购书热线：010-63077122　　　中国新闻书店购书热线：010-63072012

照　　排：北京人文在线文化艺术有限公司
印　　刷：三河市龙大印装有限公司

成品尺寸：170mm×240mm　1/16
印　　张：14.5　　　　　　　　字　　数：208 千字
版　　次：2023 年 5 月第一版　　印　　次：2023 年 5 月河北第一次印刷

书　　号：ISBN 978-7-5166-6507-7
定　　价：58.00 元

前言

现代汉语体范畴是语法研究的重要领域。与之相关的体标记意义与功能、动词事件结构是长期以来的重点问题和难点问题。深入理解"着""了"等体标记的意义、功能和用法，对理解汉语的体范畴和体意义有重要价值。以往研究对我们认识体标记以及汉语体范畴具有开创性贡献和拓展性贡献。正是基于前人无数具有创新意义的独特见解，本研究才能在一些方面进一步拓展，做一些具体而微的工作。比如，对与体标记共现动词的情状特征和事件结构进行全面分析，有助于我们进一步观察体标记在词汇和句法两个层面的真实活动状态，包括对共现动词在动词情状及其他语义特征方面的限制和要求，与不同动词共现时所表达的不同语法体意义，体标记所表达的不同语法体意义之间的差异和分类标准，等等。开创性贡献属于前辈与时贤，本书限于能力和视野更侧重从细微处入手，遵循由现象到规律的自下而上的观察路径，力图从词汇组合能力的纷繁现象中梳理和归纳出一些规律性表现，并加以证明。由于汉语体标记中与"着"共现的动词类型最为多样、构成最为复杂，因此本书将以体标记"着"为重点，讨论与之共现动词的事件结构及相关的时体意义，重点做了以下几个方面的工作。

第一，动词情状类型的重新分类。本书在吸收继承 Vendler（1957）事件结构四分方法理论精神的前提下，借鉴了 Pustejovsky（1991）的事件结构三分理论，进一步调整并简化了动词情状分类的标准。将过去存在内在重复相互蕴含的三项参数，即 [持续性] [动态性] 和 [终结性] 进行了合并简化，以 [均质性] 和 [时间性] 两项参数为依据，对《汉语动词用法词典》的 2117 个（项）动词进行情状分类。将全部动词分为状态动词（state）、过程动词（process）和变化动词（transition）三大类共计 11 小类，建立起以 [均质性] 和 [时间性] 为参照的动词情状连续统。

第二，动词与"着"共现情况的全面考察。将 2117 个（项）不同情状类型的动词与"着"的共现情况进行逐类逐一检验，通过观察不同动词加"着"的各种表现，包括能不能加"着"，加"着"表示什么样的语法体意义，不能加"着"的原因又是什么，等等，不仅能够看到"着"在不同共现情况下的意义和功能，还能看到不同动词在语义特征上的差异。比如，真状态动词（V_{11}）（如"爱""愁""有""了解""担心"等）具有 [+过程性] 和 [-过程性] 的二元特征，既可以表示过程又可以表示属性，加"着"的作用在于突显其"过程性"。又如，变化动词（V_3）没有延续性，却有相当一部分可以与"着"共现表达不同的语法体意义。这是因为这类变化动词既编码过程也编码变化，加"着"突显"过程性"，表示的是动词所表变化到来之前的过程。不能加"着"的真变化动词有"剪除义""断离义""终结义""达成义"四类。

第三，归纳"着"所表达的四种语法体意义。通过前述两项工作发现动词加"着"总共可以表示五种不同的意义，包括四种语法体意义和一种过渡性的复数事件意义。划分这几种不同意义的依据是不同情状的动词加"着"后所呈现的不同事件进程。其中，进行体所呈现的事件进程是，主体处于动词情状的内部，表示一种已经开始尚未结束的持续状态；反复体所呈现的事件进程是，主体处于通过单个动词情状不断重复所形成的持续状态之中；持续体呈现的事件进程是，主体处于动词情状结束以后的遗留状态之中；复数事件呈现的事件进程是，主体处于单个动词所表事件不断重复所形成的持续性状态之中；惯常体所呈现的事件进程是，主体处于单个动词所表事件有规律、经常性重复所形成的可预见的持续性状态之中。

第四，详细分析了不同语法体对动词语义的要求。进行体（包括过程动词加"着"和状态动词加"着"）要求动词必须具备［持续性］情状特征；反复体要求动词具有［量标性］和［非事件性］语义特征；持续体要求动词具有广义［结果义］，而不限于前人研究中所说的［附着义］；复数事件和惯常体要求动词具有［事件化］或［状态化］特征。在此基础上，将"了"和"过"一并纳入考虑。汉语时体意义呈现出明确的系统性分工："了"作用于某种状态质变节点，表示状态的变化（进入某种状态或脱离某种状态）。"着"主要表示处于事件进程之中和事件结束后持续阶段的无变状态之中。"过"则是一种远时距离的完结体视角。因此，如Smith（1991）和戴耀晶（1991）所谈到的"内外视点"，"着"并不完全是内部视点，"了"也不完全是外部视点，"过"才是真正的外部视点。

本书在论证过程中坚持形式和语义的双重判定标准，以词汇体为基础，以语法体为核心，以结构式为边界，综合考察了动词事件结构和汉语体意义之间的关系。"了""着""过"三个典型语法体标记在体范畴系统中有明确分工，分别对应着事件情状的变化、无变和完结。体标记表示不同的语法体意义时对动词的情状类型和事件特征有明确的语义限制。

目 录

第 1 章
绪 论

◇◇

　　语言中的时间分为三个维度：一是事件发生的绝对时间，如过去、现在和将来，语法上称之为时范畴（tense）；二是事件进程的不同阶段，如即将开始、正在进行、已经完成或曾经经历，称之为体范畴（aspect）；三是事件本身的时间特性，如瞬间结束或持续进行，称之为情状（situation）。这三个维度依次逐渐向动词靠近，时范畴往往通过表示绝对时间概念的时间名词和时间副词来表示，体范畴则通过附着于动词的体标记或动词形态变化（如重叠）等句法手段实现，而情状是通过动词本身包含的语义来表示事件的时间特征。前两者在不同的语言中常有不同的表达手段，跨语言比较主要呈现为差异，而动词的情状特征则呈现出跨语言比较的共性。动词事件结构是动词的时间属性，也是动词语义中最基本的属性。

　　人们已经注意到上述体范畴和动词情状有内在的关联，比如状态动词不能有进行体和完成体，但在汉语中状态动词与"着"共现表示进行、与"了"共现表示完成的例子却层出不穷。问题出在哪里？是动词情状的分类不够准确，还是体标记的意义有待新解？这引出本书的研究问题：动词情状特征和体意义的互动关系是什么？（也就是词汇体和语法体的互动关系是什么？）有没有其他的影响因素？如果有，是什么？对体意义的影响如何？再进一步追问，以动词情状特征为核心的动词事件结构在理论上的语法价值是什么？对动词句法表现是否还有其他方面的影响？

1

1.1 研究对象与研究思路

为了回答上述问题，本书提炼出研究对象：首先是以动词情状特征为核心内容的动词事件结构，其次是以典型体标记为标志的汉语时体意义。

本书首先从事件角度重新思考动词情状特征的分类方法，在此基础上观察不同类型动词与"着""了"等典型体标记的共现情况，进而分析影响体意义的动词语义特征；其次，在事件结构分类的基础上对不同动词的句法表现进行讨论，尤其关注不同情状类型动词在特定句式中的句法表现及选择限制。

1.1.1 动词事件结构

事件（event）是一个广义的概念，不同学科及其分支领域对事件和事件结构赋予了不同的理论内涵。语言学内部与事件相关的研究有以动词为中心和以句子为中心两种不同研究取向，相关研究综述将在下一章具体介绍。本书关注动词内部的事件结构及其与时体意义的相互关系，因此本书将采用以动词为中心视角的事件结构研究，其中的核心问题是动词的情状特征及其分类。

动词情状分类的首要问题是确立分类标准。目前学界影响较大的情状分类理论是以 Vendler（1957）为代表的"四分法"，其通过三项参数特征的缺值对立将动词情状划分为四种类型。但是通过对比参数的内涵兼容度发现三项参数存在相互蕴含的关系。本书将重新思考动词情状在事件构成的内核上的差异，参考 Pustejovsky（1991）的理论将分类调整为"三分"，即状态、过程和变化的分立，这三种情状类型是根据"有变无变"的程度来检验动词。国内早有研究者用"变化"的有无对动词进行研究，但是这些研究将"变化"的有无视为二元对立，Pustejovsky（1991）将"变化"视为一种程度的差异，使分类更加细腻，也更便于操作。但是，由于"变化"的内涵具有不唯一性，动态和静态之间的切换是变化，处于动作过程之中也存在某种变化，"变化"本身并不能将存在差异的情状完全区分出来。因此，本书进一步调整了"变化"的内涵，以"均质性"作为标准对动词情状进行分类，"均质性"程度的由高到低，正好对应着"变化"程度的由低到高，同时能将不同内涵的"变化"覆盖在内。

采用"均质性"标准时必须同时通过形式和意义两方面的检验。"形式"指的是一些可操作的鉴定词，如体标记、时间词、结果补语等。鉴定词的使用要慎重，首先要排除"着"，因为分类的最终目的是讨论"着"的意义和功能，如果在基础部分又以"着"为标准来检验动词，就会形成循环论证；其次，对不同鉴定词鉴定什么内涵更要慎重，比如不能用"了"来鉴定完结性，因为"了"不仅表完成还可表开始（新情况出现），但是可以用"了"来鉴定"变化"，因为不论完结还是开始，都是一种变化。其他鉴定词的使用同理。

"意义"指的是根据母语者的语感进行判断或检验。所有动词的鉴定必须同时通过形式和意义两方面的检验。同时，动词的检验不是以"列举"的方式每一类举出几个或几十个典型代表，而是以"穷尽"的方式对《汉语动词用法词典》的全部动词进行逐一检验和分类。这样的方式就不像"列举"那样可以回避一些拿捏不好的动词，而是会遇到很多难以判定的困难。本书在操作时将根据动词使用中的典型场景来判断其情状类型，比如与鉴定词"正在"共现时可能有不同的体意义，将通过典型场景进行区分。如"叫（2）(呼唤)"，叫一声是叫，一直不停地呼唤也是叫，本书就以动词能够成立的最小量将其判断为瞬间动词（准变化动词），因此"喇叭里正在叫着他的名字"更倾向于判定为"反复体"。再如"推（1）(用力使物体移动)"，猛地推一把是推，一直持续地推也是推，本书根据"推（1）"使用的典型场景将其判断为一个过程动词，时间较短的"推（1）"可以视为过程缩减到最小，因此"他正在用力推着车"也就相应判定为"进行体"。

3

1.1.2 体标记的语法意义

汉语表达时体意义的手段较为灵活，但比较成系统的是由"着""了""过"等动态体助词来表示时体意义。其中，"了"和"过"与不同情状特征动词共现时表达的体意义是比较明确的，而"着"与不同情状特征动词共现时表示的体意义不尽相同，甚至与同一动词共现时也可表示不同的体意义，又由于"着"总是与动词所表事件的过程产生联系，因此本书将着重围绕"着"的意义和用法，讨论动词情状特征对语法体的影响。在确认"着"的意义的基础上，进一步讨论"着""了""过"三个体标记在汉语时体系统中的分工。

关于相关体标记的意义和用法，多年来已有丰富的著述成果，极大地推动了对体标记的性质、特征、功能和意义的认识，但还有值得继续深挖的价值。各家观点和主要贡献将在综述部分详细展开，这里主要以"着"为例谈谈几个方面尚存的疑问。第一，"着"对动词的选择限制，学界目前主流的观点是只有［持续性］动词能够与"着"共现，然而语料中"着"与瞬间动词共现的例子比比皆是，而目前对与"着"共现的动词较少做穷尽性研究，"着"对共现动词究竟有什么要求和限制，还值得进一步观察。第二，关于"V着"的语义特征前人提到了"均质性"，但是在一些句式中又会出现"V了"与"V着"意义的中和，那么这是否说明"V了"也有均质性？还是"V着"的均质性还有某些限制条件未被提及？因此，"着"与动词共现的能力和限制需要结合动词情状特征进行分析。第三，以"着""了""过"为典型代表的体范畴的系统和分工如何？

任何知识的探索都是无止境的，即使既有研究已有丰硕成果，但由于上述问题的存在，也有必要对相关问题进行重新审视和继续探索。这既是继承和梳理前人成就，也是对新知识的探索和追寻。体标记的语法意义和语义特征，是现代汉语语言学研究中的一个老问题，对它讨论最密集、成果最丰富的时期已经过去，但这并不意味着问题都得到了彻底解决，更不代表对此进行研究不再有意义和价值。对体标记的疑问并没有因为认识的深入而减少，反而随着认识的不断深入越来越多。从创造知识的角度来看，疑问的不断涌现才有可能推动知识的进一步深入和拓展。

1.2 研究重点和难点

1.2.1 动词情状分类的建立

动词情状分类是本书展开研究的起点，也是研究的重中之重。同时，动词情状分类也面临很多困难，最大的难点在两方面：一是全类动词的穷尽性研究，一些动词的情状类型很难判断而又不可回避；二是光杆动词的情状分类。Vendler（1957）等对情状的研究包括动词和动词结构，而本书立论的基础是对光杆动词的情状分类，这些动词在语义上缺乏完整性，会给情状类型的判断带来困难。本书在语料分析阶段，对之前分出的情状类别进行过许多调整，因为一些语料所呈现出的动词的用法，可能是在接触具体语料之前没有想到的。

1.2.2 体标记语法意义的分列和分工

体标记的语法意义非常复杂，是汉语语法研究的老大难问题。比如以"V 着"为关键词检索语料时，要从大量语料的分析中找出不同意义的"V 着"来，常常一个"V 着"要看十几页语料才能找出一个不同的用例来。通过适当的方法将这些不同体意义的"V 着"描述和说明清楚，是另一个不小的困难。在语料中观察"V 着"体意义的同时，还要关照动词的分类是否合理。

此外，以"着""了""过"为典型代表的体范畴的系统和分工是另一个难点。本书从"着"入手分析体标记的意义和功能，并以此为基点试图观察汉语体范畴的系统和分工。

1.2.3 体标记选择动词的语义要求和限制

体标记对动词的选择显然受到情状特征的制约，但是除此之外是否还有别的语义要求或限制，是本书研究的第三个重点和难点问题。比如，能够进入"V着"表示同一语法体意义的动词，在语义上一定存在某种共性，这一假设是展开研究的前提。特定体意义下与体标记共现的动词具有何种语义特征，是这部分研究的重点。尤其当同一动词加体标记存在歧义时、当"V着"和"V了"意义中和时，更需要从词汇语义层面详细分析原因所在。

1.3 研究思路和方法

本书展开研究的基本思路是，在理清词汇情状类型的基础上讨论汉语时体意义，遵循"以词汇体为基础，以语法体为核心，以结构式为边界"的研究模式，展开对动词事件结构以及语法体意义和功能的探讨。本书认为脱离词汇的情状意义去讨论语法体和结构式都难以从根本上讲清问题的来龙去脉，同时包括情状特征在内的动词事件结构的语法价值又不局限于时体范畴或者说与体标记的共现之中。因此，本书采用这种"三位一体"尤其以动词语义为核心的研究模式。

本书在方法上以动词情状分类为基础，探讨不同类别动词与体标记共现时所能够表达的语法体意义是什么，并进一步分析不同语法体对动词语义的要求。采用的分析路径主要是以语义分析和形式验证相结合的方法。主要的思想方法是语义分解，在某些部分采用了概念结构、意象图式和事件结构分析的方法。本书语料除部分自拟和转引前人例句之外，均来自北京大学 CCL 现代汉语语料库和北京语言大学 BCC 语料库。

◇◇

　　人们对动词所表事件的时间特性的认识是逐步发展的。古希腊斯多葛学派（Stoic）在公元前 4 世纪认识到事件有延续和完结的区分，但尚未把这种"时间"与现实世界的绝对时间区别开。俄语语言学家 17 世纪提出"vid"（俄语的"体"），英语语言学家 19 世纪提出"aspect"，才将事件进程的时间性从绝对时间中区分出来（Binnick，1991）。进入 20 世纪后，事件内部的构成差异在哲学和语言学领域都得到了更深入的观察。根据研究对象和研究目的，本书着重从事件结构和体标记两个方面展开相关的研究综述。

2.1　关于事件结构的研究综述

　　语言学对"事件"的观察几乎都以动词为起点，分为向外和向内两类研究进路。向外是指以动词事件语义分析为起点，指向动词句法表现；而向内是指以动词语义分解为主要特征，指向动词内部的语义构成。事件结构关注事件的起始、界化等时间结构特性，其与时间性存在的天然联系使得本书将其作为连接动词情状特征和体标记语法意义的理论抓手。

2.1.1　事件结构的句法语义研究

这一研究进路因为将事件结构作为认知结构和语法结构的桥梁以及句法和语义接口的界面引起学界关注。事件结构理论认为，动词在句法层的活动很大程度上由事件结构决定，论元结构并不能决定动词在句法上的各种表现，尤其是大量存在的超出论元配置的所谓"错配"现象。从论元结构到事件结构，实质上是从围绕动词的核心实体向事件场景中的非核心实体扩展。

其中，有以 Davidson（1967）、Dowty（1979）、Jackendoff（1990）和 Rappaport & Levin（1998）等为代表的语义研究，着力于对事件进行逻辑语义刻画。例如，Davidson（1967）的研究从语言哲学出发，关注行为句的语义逻辑，在句子分析中将"事件 e"分析为动词的一个论元，增加了动词在句法上实现为真的事件条件限制。还有以 Fillmore（1977）、Talmy（2000）和 Langacker（2008）为代表的事件认知研究，围绕动词建构了事件框架、事件结构或概念结构等不同分析范式。例如，Talmy（2000）的研究对表示物体位移的运动事件进行了细粒度刻画，通过区分谓词类型和事件要素将运动事件分析为由主副事件构成的宏事件，详细区分和描写了宏事件内部的不同支撑关系。

事件的发生，始终脱离不了时间和空间两项要素。如果说事件结构关心围绕动词中心在事件空间中分布的实体是一种空间视角，那么关注事件的起始、发展和终结的研究可以看作时间视角。事件的"体"的研究就是一种时间视角。比如，语法体中涉及的不同体范畴，就是从时间视角观察事件进程的不同阶段和不同时间特性的事件类型。在 Reichenbach（1947）的时间系统中有事件时间、参照时间和说话时间三种不同的时间概念，从观察者角度来说都是外部视角，Smith（1991）则采用了内外部两种视点体。戴耀晶（1991）几乎在同一时间用视点体的思路详细解释了汉语"着"的内部视点体意义和"动静二重性"语义特征。关于事件"体"的研究回顾和述评将在第三小节展开。

2.1.2 事件结构的词汇语义研究

以动词分解为中心视角的事件结构研究是一种向内的研究进路,受到 Dowty（1979）、Jackendoff（1990）和 Rappaport & Levin（1998）等研究中词汇分解模式的影响,将研究重心放在动词的语义分解和分析方面。这一类研究以 Vendler（1957）、Smith（1991）和 Pustjovsky（1995）为代表。

2.1.2.1 Vendler（1957）与 Smith（1991）

20 世纪以来,以 Davidson（1967）为代表的哲学研究和以 Vendler（1957）为代表的语言学研究,都将视角深入事件内部,观察到事件不仅有起始、持续、终止等不同阶段,事件内部的构成形态还有类型上的差异,有动静之分（动态性）,有长短之别（持续性）,有边界之异（终结性）。古希腊学者早已意识到的"延续"和"完结"之分,终于在"体貌系统"（aspectuality）的新维度——"情状类型"（situation type）中找到了落脚之处。以 Vendler（1957）和 Smith（1991）为代表的系列研究揭示了动词（及动词结构）所表事件情状的主要特征和类型,对动词体貌和事件结构（event structure）的研究产生了深远影响,广为后世研究者所接受。

Vendler（1957）的事件类型四分法将事件本身固有的时间与事件进程的时间以及真实世界的时间都区别开来。但要注意的是,Vendler（1957）的事件四分法并不是针对光杆动词（bare verb）而是针对动词结构（verb phrase）,见表 2-1。

表 2-1 Vendler（1957）的事件类型

Situation types	E.g.
1. activity	running/pushing a cart
2. accomplishment	running a mile/drawing a circle
3. achievement	reaching a top
4. state	loving

Smith（1991）在 Vendler（1957）的基础上将"四分"变为"五分"，增加了"一次性情状"（semelfactive），且仍然是针对动词结构，见表2-2。

表2-2　Smith（1991）的情状类型

Situation types	E.g.
1. activity	sleep/push a cart/laugh
2. accomplishment	running a mile/drawing a circle
3. semelfactive	cough/tap/kick/hammer a nail
4. achievement	reach the top/find/break a glass
5. state	hope S/believe that S/fear S

不论 Vendler（1957）还是 Smith（1991）以及后来的研究，情状分类都需要引入三组特征，即［持续性］［动态性］和［终结性］，然后通过三组特征的缺值对立将四种情状类型区分出来（Olsen，1997），见表2-3。

表2-3　Olsen（1997）基于缺值对立的词汇体特征

词汇体类别	终结性	动态性	持续性	示例
状态（state）			+	是、有、知道
活动（activity）		+	+	跑、画、唱
实现（accomplishment）	+	+	+	毁灭、建造
达成（achievement）	+	+		死、赢

以 Vendler（1957）和 Smith（1991）为代表的情状类型的研究，着眼点是事件[①]而非光杆动词。事件本身有一定的完整性，无论是认知、语感还是操作方法，都比较容易判定它们在［持续性］［动态性］和［终结性］三组变量上的取值。光杆动词看似简单，但正因为要素的缺乏反而增加了意义的不确定性，不太容易判定这三组变量。比如，在 Vendler（1957）和 Smith（1991）里都用到的一个例子"push a cart"，很容易判定

---

① 事件涵盖短语和动词两个层面，事件有的由动词编码，有的由动词短语编码。

这是一个活动事件（activity），［持续性］［动态性］和［终结性］都容易判断。但是单个动词"推"（push）判断起来却不容易，"推倒"的"推"和"推车"的"推"情状显然不同，而在词典里这两个"推"概念义一致，属于同一义项。由于无法确定动词的量，也就难以确定其持续性和终结性，就连"跑""写""画"这样常见的动词，也比"run a mile""write a letter""draw a circle"要困难得多。也就是说，［持续性］［动态性］和［终结性］三组变量更适合判定相对完整事件的情状类型，而不太适合直接作为判断光杆动词情状类型的标准，原因就在于［持续性］和［终结性］对于光杆动词来说不容易取值。

汉语动词情状研究的主要成果有马庆株（1981），邓守信（1985），荒川清秀（1986、2007），陈平（1988），金奉民（1991），郭锐（1993），木村英树（2007），杨素英、黄月圆、王勇（2009）等。马庆株（1981）从时量宾语的角度考察了汉语动词的持续性特征，开汉语动词情状分类之先河。陈平（1988）在 Vendler（1957）的基础上，将汉语的情状分为状态、活动、结束、复变和单变几种情况。

2.1.2.2　Pustejovsky（1991）和 Mani & Pustejovsky（2012）

20 世纪末到 21 世纪初，对事件的观察进一步精细化。Pustejovsky（1991）在前人研究的基础上将事件类型调整为三种，分别是状态（state）、过程（process）和变化（transition）。Mani & Pustejovsky（2012）将 Vendler（1957）的达成（achievement）和实现（accomplishment）都纳入变化（transition）之中。当然本书在后面的论证中将会证明变化（transition）的内涵并非如此。见表 2-4。

表 2-4　Pustejovsky（1991）对三种事件类型的说明

事件类型		结构示意	示例
state	a single event, which is evaluated relative to no other events	S | e	love/know

续表

事件类型		结构示意	示例
process	a sequence of events identifying the same semantic expression	$\overset{P}{\underset{e_1 \cdots e_n}{\triangle}}$	run/push/drag
transition	an event identifying a semantic expression, which is evaluative to its opposition	$\overset{T}{\underset{E_1 \quad -E_2}{\wedge}}$	give/open/destroy

该研究最大的变化不是将"四分"变为"三分",而是通过动词分解(minimal decomposition of verb)将对事件的观察推进到"质"的有变无变上去。通过表 2-4 的结构示意可以看出,变化最大的是"变化动词"(transition verb),在 T 的前后分别是相互对立的两种状态 E_1 和 $-E_2$,动词编码的是两种状态之间的转变阶段 T;变化最小的是"状态动词"(state verb),其始终处于一个事件内部,也就表示没有变化发生;变化介于状态动词和变化动词之间的是"过程动词"(process verb),它一方面没有产生完全对立的新状态,另一方面其内部又由无数个相同片段构成,并不是绝对均质。Mani & Pustejovsky(2012)进一步延续了这一思想方法,指明了状态、过程和变化之间的差异就是"无变化""均质变化"和"异质变化",并用动词分解的方法解读了人们常见的四种情状类型,见表 2-5。

表 2-5 Pustejovsky(2012)的事件分解

事件→STATE | PROCESS | TRANSITION		图示
1. STATE:	→e	———————
2. PROCESSE:	→e_1……e_n	○ ○ ○ ○
3. TRANSITION$_{ach}$:	→state… state… state	○———
4. TRANSITION$_{acc}$:	→process… state……	○ ○ ○ ———

这种方法相对来说更加适合光杆动词的情状研究,在英语研究中也确实将情状类型分析推进到词汇层。由于本书的研究围绕与"着"相关的动

词特性展开，更加关注动词情状在时点和时段之间的对立，状态、过程和变化三类事件分别对应"无限时""时段""时点"，前两者虽有时间长短和有界无界之分，但是都可以归入时段。"状态动词"（state verb）和"过程动词"（process verb）编码时段，"变化动词"（transition verb）编码时点。

Tai（1984）很早就注意到了状态、活动、结果三者在事件类型分类中的作用，其动词情状"三分"的思想方法实际上早于国外研究者。金奉民（1991）将汉语动词分为"有变""无变"两大类 6 小类。郭锐（1993）从"有过程—无过程"角度出发，用"起点""终点"和"续段"三个特征的有无，将汉语动词分为"无限""前限""双限""后限"和"点结构"五大类 10 小类。杨素英等（2009）主要从"动态性"的有无和强弱角度对动词情状进行了分类，并在郭锐（1993）的基础上调整了对"终点"的界定，将其区分为"指向结果"和"包含结果"两种情况。这些研究的可贵之处在于坚持了形式验证的标准，以体标记、时量宾语、时量补语、时间词作为检验形式，对汉语动词进行了细致描写，创立了汉语的情状分类体系。其中，陈平（1988）的可贵之处在于，认识到情状差异不仅在于动词词汇的语义，动词之外的其他句法成分也会对此产生影响，因此其情状分类严格来说不是动词情状分类，而是句子情状分类（郭锐，1993）。

郭锐（1993）的贡献在于，明确提出形形色色的外部事件都可以归纳到从"永恒事件"到"瞬间事件"的事件连续统之中，并在这一思想指导下将动词建立起一个从无限到有限的连续统，改变了情状分类非此即彼的观念。不同情状类型之间存在共性和联系。许多过去不好解释的现象，在连续统思想之下都能够得到更好的解释。比如，介于两种典型情状类型之间的过渡情况，可能兼具两种类型的特征。本书正是在这一观点的启发下进一步总结出，"持续性""完结性""动态性""均质性"等语义特征之间存在内在的蕴含关系。比如，越是倾向于无限持续的动词，就越倾向于均质性，其完结性（界限性）就越弱，动态性也越弱。反之亦然。也就是说，持续性与均质性呈正相关，与动态性和完结性呈负相关。

2.2　语法体研究述评

"体"（aspect）的研究源远流长，语法体和词汇体的发端都出现在古希腊时期，在斯拉夫语的研究中取得了丰硕成果。Comrie（1976）是第一部将"aspect"作为专门问题进行研究的著作，也首先区分了"时""体"两个概念，而"体"获得独立的语言学地位正是始于将其从"时"（tense）概念中区分出来。

2.2.1　"体"和"时"的剥离

Comrie（1976）认为"体"表示对情状内在时间的观察方式。Bhat（1999）通过与"事件"的不同关系来解释两个维度的时间概念，即"时"是句子所表事件所处的时间位置，而"体"则是事件本身的时间结构。前者可以理解为绝对时间，是由过去（past）、现在（present）和将来（future）所组成的时间之河，句子所表事件在时间之河中总有一个定位。后者可以理解为相对时间，也就是由事件的时间结构类型所表示的不同事件进程，分为完整（perfective）和非完整（imperfective）。Comrie（1976）还将"非完整体"进一步分为惯常体和持续体，将持续体又分为进行体和非进行体，从而建立了"体"的层级体系，如图2-1所示。

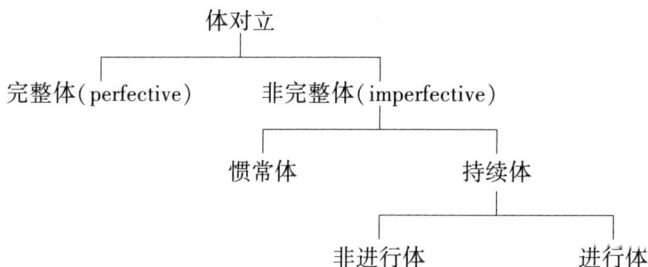

图2-1　Comrie（1976）体系统示意图

上述研究中的"体"都是由句子中的特定语法手段表达的事件进程的

类型。Smith（1991）将"语法体"和"词汇体"进行了结合，将情状纳入了体貌的研究，提出了视点体和情状体也就是语法体和词汇体的对立，建立了"双部理论"（two-component theory）。Smith（1991）的情状类型有五类，包括状态（state）、活动（activity）、实现（accomplishment）、单活动（semelfactive）和达成（achievement）。双部理论将语法层面和词汇层面的体意义统一到"体"的内涵之下，对体研究产生了重要影响，后续研究者逐渐认识到情状体和视点体都是体意义中重要的组成部分。此后陆续出现了 Michaelis（1998）的"三部理论"和 Dik（1997）的"五部理论"。"三部理论"包括体（aspect）、情状类型（situation type）和动作方式（aktionsart）。"五部理论"包括事态类型（the type of state of affair）、视点体（viewpoint aspect）、阶段体（phasal aspectuality）、透视体（perspectival aspectuality）和动量体（quantificational aspectuality）。

Hopper（1982）是功能主义体研究的代表，改变了从语法和词汇两个角度切入的办法，将"体"的范围扩展到语篇，认为体从本质上看是话语平面的现象，而不仅是句子层面的。因此，仅从形态和句法或者说仅从词汇和语法的角度来解释体，都是不全面的。但这种纯粹功能的研究，对于体的研究来说显得不够细致深入，因此也招致一些批评。

2.2.2　"体"的语法形式的拓展

在体的研究中不同的语言类型有不同的形式特征，而真正将"体"的形式特征拓展到形态以外的包括语法标记和分布特征在内的广义形态，是汉语学界语法理论体系的贡献。汉语学界对语法体研究的首要问题是有体无体的争议。持有汉语存在体范畴的观点的研究以王力（1943）、黎锦熙（1992）、高名凯（1986）、吕叔湘（1982）、陈平（1988）、石毓智（1992）、龚千炎（1995）、戴耀晶（1991、1997）、张济卿（1998a、1998b）、左思民（1997、1999）、李铁根（1999、2002）等为代表，这也是汉语学界比较主流的观点。徐烈炯（1988）、费春元（1992）则根据形态和功能严格对应的标准认为汉语没有语法体范畴。

　　分歧的焦点在于对体的语法形式的认识。"汉语无体"观点认为特定语法意义与特定语法形式应该有对应性，使用具有强制性。而汉语这两点都不具备，通常所谓的体标记没有使用强制性，往往有其他替代手段可用；同时，这些体标记可以表达不止一种体貌或情状意义。"汉语有体"观点则认为，汉语和印欧语言存在类型学上的巨大差异，如果用印欧语的形式标准来要求汉语的话，汉语不仅没有体范畴，而且可能所有的语法范畴都没有了。而事实上汉语有自己独特的表达语法范畴的形式，体范畴也不例外。

　　这一争议是"汉语有无语法"这一争议在体研究领域的一个缩影，根源在于怎样认识汉语和汉语的语法形式。不能用印欧语言的狭义标准来硬套汉语事实，基本已经成为汉语学界的共识。自《马氏文通》起中国语言学者就一直在探索汉语特有的形式与意义的配对模式，这不仅是汉语语法研究的需要和使命，也将是汉语语法研究对包括结构主义在内的西方语法体系的理论贡献（陈保亚，1999）。那么对于"体"的研究来说，同样也应该保持这样的理论追求，也正因为没有受到"印欧眼光"的束缚，汉语"体"研究才涌现出如此丰硕的成果。

　　首先，在思想和理论上，汉语体研究首要的成果是承认汉语存在体范畴，破除了强制性形式手段的观念束缚，这是展开汉语体貌研究的基础。同时，进一步破除了试图建立汉语体标记如"着""了""过"与印欧语相应体范畴对应的观念。这不仅是体研究领域在思想和理论上的进步，而且自《马氏文通》以来在汉语语法研究各个领域都有所体现。

　　其次，在汉语语法事实的研究上，从 20 世纪 20 年代到 80 年代，体研究领域涌现了一大批具有开拓性意义的研究成果。从关注表示体意义的虚词着眼，逐渐认识到"体"这一特定语法范畴，经历了数十年的时间。黎锦熙（1924）已经提出"'了'表完成"，但《新著国语文法》仍将汉语体标记比附为类似英语时态标记的词尾，赵元任（1968）也持类似观点。吕叔湘（1942）用"动相"对汉语的体进行了非常详细的描写，将动相定义为"一个动作过程中的各个阶段"，区分出了汉语十二相。王力（1943）

认为汉语着重于事情经过的时间长短及是否完成，而并不在意其发生在何时，因此汉语有情貌而无时态。这些研究实际上已经将"时""体"两个概念清晰地区分出来了。而从理论上明确提出"体"概念的是高名凯（1948），他认为"体"着重于指出"动作或历程在绵延的段落中是如何的状态"，与仅有过去、现在和将来的"时"有明确的区分。该研究详细阐述了汉语"有体无时"的特点，并提出了汉语的五种体类型。这一阶段的相关成果开启了汉语体范畴研究的先河，既然有草创之功自然就重在思想理论的开创性和分类体系的建构性。

进入 20 世纪 80 年代以后，汉语学界对"体"的研究不断深入拓展，表现在四个方面：

一是体系统建构的进一步完善。例如，陈平（1988）从"时间"的三元特性建构起汉语的时间结构，区分了时制、时相和时态，既将"时""体"做了明确的区分，又将其纳入"时间性"框架之下，将二者的区别和联系在系统建构中合理地呈现出来，这种突破性创见受到学界重视。戴耀晶（1997）在完整体和非完整体的分类下对汉语中体的语法词汇表达手段进行了详细描写。陈前瑞（2003、2008）则试图构建汉语的四层体系统——核心视点体、边缘视点体、阶段体、情状体。系统论的研究还有王松茂（1981）、李临定（1990）、石毓智（1992）、龚千炎（1995）、孙英杰（2006）等。这些研究在标准的客观性以及体系的合理性与开创性上都有各自独特的贡献。

二是对"体"范畴具体问题的研究向纵深发展。例如，戴耀晶（1997）将国外语法体研究的理论和方法引入汉语研究，不仅建构了汉语的体系统，还区分了语法、语义两个不同层面的"时体性"，更可贵之处在于对汉语语言现象的精准描写非常具有解释力。方梅（2000）从"V着"的不同意义入手讨论了汉语"不完全体"的功能特征。王媛（2011a、2011b、2011c）则对汉语进行体及其相关事件特性进行了深入分析，提出持续和进行在事件特性上的区别。针对专门的体问题展开的研究还有石毓智（2006）、税昌锡（2011）等。

三是许多研究开始关注动词的时间结构特点，以动词情状为代表的词汇体研究取得了许多成果，如马庆株（1981），邓守信（1985），荒川清秀（1986、2007），金奉民（1991），郭锐（1993），木村英树（2007），杨素英、黄月圆、王勇（2009）等。其中，金奉民（1991）在讨论"着"的意义用法时对动词情状进行了实质分类，建立了以"变化"的有无为标准的分类方法。郭锐（1993）从"有过程—无过程"的角度出发，用"起点""终点""续段"三个特征的有无，将现代汉语动词的过程结构分为五大类（无限、前限、双限、后限和点结构）10小类，突破了之前情状分类中"缺值对立"的描写手法，建立了一个从无限到有限的连续统，对后来的研究有重要的启发。郭锐（1997）分别阐释了动词的内在时间性与谓词性成分的过程和非过程两种外在时间类型。在汉语通常不以词汇表层形式作为语法手段的情况下，无论是语法体还是情状类型的研究，研究者们都十分严谨地坚持了形式验证的原则，选取体标记、时量宾语、时量补语、时间词等检验形式，对汉语动词进行了详尽分析和细致描写，建立起了符合汉语特点的情状分类体系。

四是对汉语"着""了""过"等体标记的研究进一步推进。这部分是体问题研究的重中之重，数量之多可谓不胜枚举。例如，陈刚（1980）、胡树鲜（1981）、木村英树（1983）、宋玉柱（1983、1985）、于根元（1983）、刘宁生（1985a）、孔令达（1986）、马希文（1987）、刘月华（1988）、梅祖麟（1988）、王还（1990）、金奉民（1991）、黎天睦（1991）、郭志良（1991、1992）、房玉清（1992）、费春元（1992）、张黎（1996）、李铁根（1997）、孙朝奋（1997）、陈月明（1999）、陆俭明（1999）、曹广顺（2000）、钱乃荣（2000a）、刘一之（2001）、肖奚强（2002）、高增霞（2005）、吴福祥（2005）、陈立民（2006）、蒋绍愚（2006）、陈忠（2009）等从不同角度展开对不同体标记的研究，将对其性质、意义和功能，分布、分工和分类以及历时演变等方面的认识不断推向深入。

进入21世纪以后，体研究的视野和领域进一步扩展。例如，徐晶凝

（2009）从语篇情态的整合视角重新审视汉语体标记的功能与意义，陈晨（2010）则讨论了留学生体标记习得的问题，于秀金（2013）等研究在类型学视野下总结了跨语言的时体编码方式。

2.2.3　"体标记"的确立与研究

对于体标记的研究，学界数十年来已有非常丰硕的成果。由于本研究主要从动态助词"着（·zhe）"入手，这部分主要梳理学术史上对"着"的研究。在前面综述中提到的体范畴的许多研究正是关于"着"及其功能意义的。下面将从"着"的语法性质、语法意义、语义特征等方面展开述评。

2.2.3.1　"着"的语法性质

关于"着"的语法性质，各家说法不一，甚至同一学者在不同时期的文献中也有不同的称说方式。从汉语语法研究早期的"记号说"到"词尾说""助词说""标记说"，名称的多样，反映了不同时期对"着"性质认识的变化，也反映出"着"意义和用法的复杂性。其中，"记号说"的本质与"标记说"无二，因此一并归入"标记说"；"词尾说""助词说""标记说"三种说法使用较广、影响较大，它们都有各自的价值和不足。

"助词说"认为"着"是动态助词，是目前对"着"的语法性质定位最清晰的一种说法，国内最主要的词典和通行的现代汉语教材几乎都采用这一定性，如《现代汉语八百词》《现代汉语词典》《现代汉语虚词例释》等，以及北京大学中文系现代汉语教研室（1961），黄伯荣、廖序东（2014），胡裕树（1962），丁崇明（2009），邵敬敏（2019）等。明确了"着"作为助词的地位，就等于确认了"着"和其前词语的语法关系是词与词的关系，而不是词内语素间的关系，比较准确地反映了"着"的性质和最主要的用法，符合基本的语言事实。这样的定性有利于初学者分辨不同层级语法单位的关系，避免引起概念上的混乱，是值得称道的。但是同时也要看到，语言事实中确实存在"V 着"逐渐凝固的现象，诸如"随着""沿着""朝着""顺着""冲着""对着""本着""奔着""循着"

"就着""透着""怀着"等。其中一些已经逐渐取得了词的地位，被词典收录；另外一些即使尚未被词典收录，但与普通的"V+着"组合相比，自由度较低，黏着性较强（刘宁生，1985），正处于词汇化的过程之中。因此，"助词说"确有力所不及之处。也正由于上述原因，"词尾说"有其合理性。但"着"作为词尾的用法处于演变之中，仅限几个较为封闭的搭配，数量有限且不具能产性，而对于更加主要、更加高频的用法，"词尾说"则无法概括。

"标记说"将不同性质的语言现象统摄在"标记"这一术语之下，又因"着""了""过"被公认表达动词的体意义而被广泛使用，多见于专门性的语法研究著作。"体标记"名称首要的优点在于，一旦使用了这个名称就等于承认汉语存在"体范畴"，这是展开相关问题研究的出发点，也是对汉语语言事实的一个基本态度。同时，"标记"之说适应了汉语不依靠屈折形态但又确实存在普遍语法范畴的事实，从类型学意义上为汉语找到了与其他语言的相通之处，扩大了"形态"的外延，加深对汉语语言现象及本质特征的认识。此外，"标记说"回避了名实之辩，指称简明、便于称说，有利于对现象的深入探究而避免陷入命名的泥潭。

所有范畴都有典型成员和非典型成员之分，所以事物的命名都存在"名副其实"的难题，概括得全面就难免流于笼统，定义得精准又难免疏于周全，体标记的定性也不例外。"助词说"和"标记说"适用于不同的研究目的和不同的受众群体，以教学和知识普及为目的的教材、词典，还是以"动态助词"的说法为宜；理论研究重在对语言事实的描写、分析和解释，用"体标记"也未尝不可。

2.2.3.2 "着"的语法意义

Comrie（1976）将"着"纳入"未完整体"的"持续体"范畴；Smith（1991）则认为，未完整视点体是从不包括终点的内部有利位置来表现事件情况，汉语有两个众所周知的未完整体视点，即"在"和"着"，"在"是进行体，"着"在语言中有独特的静态意义。Smith（1991）将"在"和"着"与"动态"和"静态"对应起来。"着"是持续情状的内部阶段，有与事件相关的活动性内涵。国内不少学者受"视点体"的影响，将"着"视为现代汉语中的未完整体标记，如戴耀晶（1991）、方梅（2000）、陈前瑞（2008）等。

国外文献对包括"着"在内的汉语体范畴的讨论，大都从类型学的宏观视野出发，关注世界语言的共性、差异和变异条件，所举语料的数量和类型都十分有限，难以涵盖"着"相关的各种现象，相关结论或观点仅可作为参考，不足以作为定论。汉语相关问题研究还是需要从汉语事实出发，基于更加丰富的语料，进行更加全面、深入、细致的描写、分析和解释。

1. 进行—持续

"进行—持续"对立的观点，是关于"着"的语法意义比较主流的观点，在此基础上进行的研究已有非常丰富的成果，如吕叔湘（1942、1980）、王力（1943）、高名凯（1948）、房玉清（1980）、陈刚（1980）、刘月华（1983）、陈平（1988）、吕文华（1984）、戴耀晶（1991）、陆俭明（1999）、邵敬敏（2001）、张旺熹（2006）等。

对"着"的语法意义的认识，从早期语法研究开始，就一直存在着"进行"和"持续"的分歧。例如，吕叔湘（1942）用"方事相"概括"着"的语法意义，表示动作的持续；王力（1943）、高名凯（1948）都认同"进行体"。虽然使用"进行""持续"或者"绵延"等不同说法，但各家基本都同意"着"有动作进行和状态持续两种情况。也就是说，在语法研究的早期，学者们已经注意到"着"的语法意义存在动作进行和状态持续的"二分"。戴耀晶（1991）明确提出"着"具有"动静二重性"，兼表动态和静态两种体意义。

但是，"进行—持续"的对立与"动态—静态"的对立并不平行，"进行"意义下同样具有动静两种情况，如"唱着歌——苦恼着"；"持续"意义下也有动静两种情况，如"这个家是社员撑着——他脚上穿着皮靴"。因此，用"动态—静态"来区分"进行—持续"显然存在问题，上述两组对立之间的关系还需要更进一步挖掘。

2. 状态—惯性

"状态—惯性"的相关研究如邓守信（1985、1990），马希文（1987），黎天睦（1991），戴浩一（1991），金奉民（1991），张黎（1996），刘一之（2001），张旺熹（2006）等。

也许正是基于对"进行—持续"说的不满足，20 世纪 80 年代以后陆续有研究者提出了"状态""惯性""情状"等观点，试图对不同分布环境下的"着"的意义和用法做统一解释。邓守信（1979）认为"着"是表示"静态进行体"的助词。马希文（1987）认为北京口语中没有进行态，动词加"着"指明状态。同时他也承认，不同动词加"着"含义有区别，其中只有一个小类的动词加"着"在书面语中表示进行的含义。戴浩一（1991）认为"着"是在时间过程中为"状态"定位，这样的论断揭示了"着"与状态的密切关系。金奉民（1991）根据有变无变和有状态无状态对动词进行分类，发现有状态的动词可以带"着"，无状态的动词不能带"着"，进而认为"着"是"状态"标志而不表进行，"标志着事物正处于相对稳定的均质的发展阶段"（金奉民，1991：27）。张黎（1996）区分了"状态""进行"和"持续"三个概念，认为动词带"着"就表示进入一种没有变化的均质状态。刘一之（2001）认为北京口语中的"着"表示广义静态，包括不发生变化的动作。黎天睦（1991）认为"着"的核心意义是"惯性"，静止的物体不动是惯性，运动的物体保持速度也是惯性，言下之意还是认为"着"标志着进入一种稳定的状态，因此也应归入"状态说"。

"状态说"的优点是看到了"着"标记动词进入一种较为稳定的阶段，不论各家有没有直接点出，他们所谓的"状态"的实质都是"无变"。这些研究对"着"的观察非常细致，观点也富有见地，尤其黎天睦（1991）直接指出"了""着""过"各自的核心意义分别是"变化""惯性""经验"。这一颇具系统性的总结既有理论意义也有应用价值。郭锐（2008）通过描写"了"的语义结构，实际上印证了"了"的核心意义是"变化"，而遗憾的是黎天睦（1991）的观点似乎没有引起更广泛的重视。

通过对［附着义］动词和［去除义］动词与"着"的共现情况的考察，能够更加清楚地看到，"着"的语义中具有强状态敏感性。比如：

（1）他穿着大衣。——＊他脱着大衣。

"脱着大衣"的不成立，或许跟状态的消失有关。动词"穿"的动作完成之后，会有一个后续状态即"穿着"存在；而"脱"的动作完成之后，事件结束了也没有后续状态，因此不能与"着"共现。这一点也证明了"着"对"状态"的敏感。再如：

（2）地上扔着一双鞋。——＊他扔着一双鞋。

上述动词具有［去除义］，但是前面的句子仍能成立，说明问题的核心不在于动词是［附着义］还是［去除义］，而在于这个动词是否能够保证后续"状态"的存在。为什么"他扔着一双鞋"不可说，而"地上扔着一双鞋"却可以说？它们之间的区别在哪里？而"他穿着一双鞋"和"地上扔着一双鞋"都可以说，它们之间的共性又在哪里？从运动事件的角度来看，"他穿着一双鞋"和"地上扔着一双鞋"的共同点是，句子的主语都是动体移动的终点，也就是都以运动的终点为陈述对象。广义处所的存在保证了"状态"的存在。

3. 情状—方式

"情状说"的支持者是胡树鲜（1981）和费春元（1992）。胡文的"情状说"比较温和，不排他，只是指明在"V₁ 着 V₂"结构中"着"表情状，并未否认"着"在其他分布情况下表持续或进行的可能。相对而言，费春元（1992）是较为激进的"情状说"支持者，认为汉语不仅没有表示"进行"的语法范畴，甚至根本就没有"体范畴"，而"着"是一个统一体，语法功能是表情状。"情状说"最大的问题是，讨论的立足点都是基于"V 着"不是句中核心谓词这样的分布类型，也就是句中还有其他动词作为谓语核心，"V 着"退为核心谓词的附属成分，那么其表示核心谓词的伴随情状也是可以理解的，但这不能解释"V 着"作为核心谓词时"着"的含义。其次，正如陆俭明（1999）指出的，"着"表情状究竟是语法意义还是语用功能，应当区分清楚，不能混为一谈。

"方式说"如刘宁生（1985），通过观察静态存在句，提出了［＋安置］类动词表示存在方式。由于存在句的句式作用，动词获得了"存在"的深层意义，而表层的动作只是"付丽于""存在"之上的"方式"，其中比较突出的就是带"V 着"的静态存在句。也就是说，这是特定动词出现在特定句式中造成的结果。无独有偶，《现代汉语虚词例释》将"V₁ 着 V₂"句式中的"着"也解读为"方式"。比较下列例句：

（3）a. 桌上摆着几本书。／箱子里装着几本书。／书架上插着几本杂志。／书架上贴着一张纸。（转引自刘宁生，1985）

　　b. 金桂却偏不认真，仍然笑着说……／"我干嘛眼儿热啊?!"她摇晃着头说。（《现代汉语虚词例释》）

上述两例句法环境差异巨大：a 中的"V 着"是句中核心谓词，b 中的"V 着"不是核心谓词；a 的主语是动词的非施事角色，b 的主语是动词的施事角色；a 中动词的宾语是完句的必要成分，b 中动词的宾语不是必要成分。但是在这两种截然不同的句式中，"V 着"都体现出"方式"的意义，前者隐性、后者显性，"着"在其中起着什么样的作用，是一个非常值得探讨的问题。

4. 结果—完结

"结果说"以木村英树（1983）为代表，他认为"着"是类似结果补语的"补词性词尾"。这一观点有价值之处在于看到了［＋附着义］动词加"着"不表示动词的行为阶段，而表示动词结果的状态。观察到这样的区别，对于"着"的意义的准确刻画，尤其是对"着"的不同句法表现的解释，都是非常重要的。其实不止［＋附着义］动词可以加"着"表示动作完成后的状态，很多其他语义小类的动词，都具有这样的性质，如身体姿势类动词（躺、坐、站、靠、倚、蹲、撅、歪）、穿戴类动词（穿、戴、围、扎、系、披）、处置行为类动词（a 类：拉、拽、连、端、举、拿、抱、按、踩；b 类：放、搁、扔、涂、抹、撒、刷、擦、镶、嵌、挂、粘、贴、糊、裱、缀）、产出类动词（写、刻、织、绣、染、刺、画、建、搭、修、架、挖、泡、冲、沏）等。这说明前人反复提到的［＋附着义］或

［+安置义］的解释是不足的，不能彻底解释这类现象的成因和内部机制。

上述观点存在以下问题：

第一，这些动词加"着"确实指示动词所表动作完成后的阶段，但这不表示"着"就是补语或补词性词尾，"着"与典型的补语在语感、语义和句法表现上都存在明显差异，如"穿着—穿上""躺着—躺下""写着—写完""搭着—搭好"等。

第二，各小类之间以及小类内部存在句法表现上的差异。例如，同是处置行为类动词，a 类动词（拉、拽、连、端、举、拿、抱、按、踩）加"着"后的进行性明显比 b 类动词（放、搁、扔、涂、抹、撒、刷、擦、镶、嵌、挂、粘、贴、糊、裱、缀）要强，如"踩着"明显不同于"踩了"和"踩完"。

第三，"着"在中古时期表附着义时相当于结果补语，后来演化为介词，进而演化为助词，因此现代汉语中"着"表结果的含义已经大大虚化。木村英树（1983）看到的"结果义"其实是"着"语法化的遗留，如果再说它是结果补语，实际上就是一种语法化进程的倒退，违背了语法化的单向性，从证据来说既不合理也不可能。

第四，相关文章论证过程中的几个关键证据，如与否定词"没"的共现、与"已经"和"在"的共现、在"的字短语"中的成立条件等，都因例句不恰当或原因不准确，使其结论变得更加可疑。在此不再详述。

"补词性词尾"的说法，由于结论过于激进，混淆了"补语"和"结果状态"的差异，一直未被大多数人接受。但是应当看到，"动词结果的后续状态"这一现象，在"着"与上述动词的结合中确实存在，需要做进一步的考察和解释。

孙朝奋（1997）从历史演化的角度分析了"着"的语法化路径，根据 Comrie（1976）对完结体的定义（某一现状被指为过去某情状的结果，即显示过去某情状与现状相关），并参照"着"的方言平行字的意义，认为"着"表示完成体，这一完成体来自完结体，由趋向动词演变而来。孙朝奋（1997）认为，"着"的演变有"附着义动词—介词—进行体助词"和

"附着义动词—趋向动词—完结体助词"两条路径。上古动词"着（著）"在演变为处所词的同时，也在逐步演变为一个趋向词。具备表示趋向的功能，是"着"嬗变为完结体的关键所在。"着"在中古之时还可以表趋向，后面没有宾语也没有处所词（孙朝奋，1997）。同时，孙朝奋（1997）还认为，"着"在不同句式中表达不同的体意义，如祈使句"你听着"中的"着"是起始体；"雪正下着"的"着"表动作进行，是未完成结果体；"这茶你喝着怎么样"的"着"是完结体；"我找着她了"的"着"是完成体。

孙朝奋（1997）的贡献在于看到"着"的意义中存在与"结果、实现、发生"等意义有关的成分，并从历史文献和普方互证两个方面证明了这种残存的"完成义"的历史来源。但是存在以下两个方面问题：首先，对体的定义存在独特之处，如"吃了饭了"，孙朝奋（1997）认为第一个"了"是完成体，第二个"了"是完结体。他所认为的"完结体"实际带有"发生、实现"的含义，而并不表示动作的结束，这与通常的认识是有差异的。其次，将结果补语"着"（zhao）和体助词"着"（zhe）混为一谈，实不可取。

以上列举的关于"着"的语法意义是影响较大的四种观点，其他没有提及的说法本质上也可以大致归入上述四类。前人的这些观察非常细致，观点也十分有价值。在对"着"语法意义的讨论中，焦点集中在"进行—持续—状态—结果"这四者的纠葛中，究其原因，在于没有在同一体系中对"进行""持续""状态"和"结果"等概念进行界定，或者说没有对与"着"相关的各种句法表现进行统一的全面的描写和解释。现有的研究虽然已经取得了十分丰硕的成果，但是几乎都是着眼于"着"的某一个或某几个现象进行研究，没有对"着"与动词共现的情况和"着"所出现的句法环境进行全面的分析和描写，当然也就不能彻底解决这些仍有矛盾纠葛的问题。

2.2.3.3 "着"的语义特征

1. 均质性

陈平（1988）、方梅（2000）、王媛（2011）等研究都提出了"着"有一个非常重要的语义特征——"均质"，这也是"在"和"着"产生对立的一个语义特征。例如：

（4）夕阳在慢慢地染红大地。——＊夕阳慢慢地染红着大地。（转引自王媛，2011）。

在这里，"染红"不能和"着"搭配，这跟"大地"有界无界没有关系，而是因为"染红"的本质是一种变化，不具有均质性，与"着"无法兼容。

然而，不同研究者对"均质"的内涵有不同的解读。有学者认为"均质性"是一种可以随意切分的时间特性，即事件进程的每一瞬间都应均质，这样说来就只有绝对静止状态才具有均质性，"走路""唱歌""转圈"等动态过程都表现出非均质（heterogeneous）性，这是一种"严式均质"或者说"绝对均质"。从现实现象来说，并不存在绝对的静止状态；从语言现实来说，即使静态性最强的词如"有""无""存在""属于"等，都仍然属于"动词"，也就意味着它们蕴含"可变"的特征。无论是从认识论角度看还是从语言学角度看，对"均质"的定义过于严苛都会折损其理论价值，无益于问题的讨论和解决。

因此，本书倾向采取一种"宽容"的均质性定义，不要求事件进程中的每一个瞬间都是均质的，只要某个片段可以重复即可视为均质。就像数学中的循环数列，如"123123123123123123…"，如果以每一个数字为片段来切分，当然是不均质的，但如果以每三个数字为片段来切分，这一数列仍可视为均质。例如，"跑步"不是一个绝对均质的动作，但如果以脚步的每一次起落为一个片段，那么每一个"跑"的片段都是可重复的，"跑"相应也就是均质的。实际上，均质与否取决于每个片段怎么切分，"均质性"的本质在于可重复、可循环。

如前所述，前人研究认为"走着路""唱着歌""转着圈""抽着烟"

都表示处于某一相对稳定的状态之中，这种"稳定状态"实质就是来源于"均质性"特征。"均质性"的定义从根本上左右着"状态"（state）的定义，而这是动词或事件情状类型建立的基础，其意义十分重要。方梅（2000）认为"着"所体现的均质性反映出一种不均衡性，即不同动词之后的"着"，其均质性属性是不同的。这一观察非常细致，也切中"着"的性质的要害，"着"的意义和用法纷繁复杂与此有密切关系。

2. 静态性

前人研究对"着"的静态性特征有所关注，如戴耀晶（1991），黎天睦（1991），方梅（2000），刘一之（2001），张旺熹、朱文文（2006）等。戴耀晶（1991）强调"着"的语义特征之一是"动静二重性"。方梅（2000）将"静态性"和"均质性"联系起来，这个观点非常中肯，但对"着"与动态动词结合时的"静态性"阐述不够。黎天睦（1991）的"惯性"和刘一之（2001）的"静态"，都非常符合物理学中对"相对静止"的定义，只是黎天睦（1991）未在文中明确点出"静态"这一属性。张旺熹、朱文文（2006）"视点平行移动"的观点也客观地揭示了"着"所表示的事态进程与观察者视角的平行推进，本质上就是事态进程的一种"相对静止态"。

"着"的静态性可以从两个方面来观察：一是与之结合的动词的动态性，二是"V着"整体的动态性。从第一点来看，能够与"着"结合的动词包括了动态性较强的活动类动词（activityverb）（吃、喝、跑、走、看、写、注视、抚摸、考虑、试验、执行、鼓励、迎接、呼吸、融合、散发）、达成类动词（achievementverb）（开、关、咬、跳、敲）、实现类动词（ac-complishmentverb）（吞噬、撕裂、形成、照亮、改善）以及动态性较弱的状态动词（state verb）（有、存在）。从统计的语料来看，动态性强的动词在数量上占明显优势，说明"着"的语义能够与这些动词相适应。从第二点，也就是结果来看，"V着"即使与这些动态性较强的动词结合，表达的也大部分是"静态"意义。也就是说，输入时看到的是强动态性动词，而输出时得到的结果是强静态性，其中起作用的就是中间的这个黑匣子

"着"，即 $V_{强动态性}$+着 = "V 着"$_{弱动态性}$。那么，是否可以假定"着"是一个静态算子？"着"的静态性语义需要在对它与动词共现的全面观察中才能找到限制条件。

3. 依存性

"V 着"在句中作为背景而非核心动词出现，方梅（2000）称之为"依存性"。在刘一之（1997）的统计中，"V 着"作为句中非核心成分出现的比例高达 80%。方梅（2000）将观察视野拓展到语篇，这个比例只会更高。本书同意"依存性"的观点，在语料分析中，也观察到了同样的现象。在"V_1 着 V_2"结构中可以发现"V 着"的依存性和两个事件的时间关系有关。如果两个动词所表事件具有［共时］关系，那么"V 着"倾向于背景化；如果两个动词所表事件具有［异时］关系，那么"V_1 着"和 V_2 都有可能前景化，句子出现双核心。从认知角度说，人在同一时间只能对一个对象开启注意力视窗，这个对象得以前景化，而另一个对象则自然背景化，就与照相机聚焦时焦点化和模糊化的原理一样。应该说，依存性是"V 着"的特征，而不是"着"的特征。需要思考的问题是为什么"着"能使动词所表事件背景化。

4. 界限性

Lin（2002）认为，能够跟"着"共现的只能是非终结性（atelic）的动词结构，如"张三在写两封信。——＊张三写着两封信。"（王媛，2011），后者之所以不成立，是因为从部分与整体的关系来看，"两封信"内部的任何一个片段都不是"两封信"，并从名词语义的可数（量标性）和非可数方面（积累性）论证了"着"语义的非终结性（无界性）。本书认同"着"的内在语义具有延展性和无界性，而从语感来看，"张三在写两封信"和"张三写着两封信"都不能成立，但原因并不仅仅是"两封信"的终结性。例如：

（5）张三在写一封信。——＊张三在写两封信。

　　　张三写着一封信。——＊张三写着两封信。

无论"写一封信"还是"写两封信"都具有终结性，但是前面句子的合法性高于后面的句子，究竟是"界限性"的定义有问题，还是"一量名"有何特殊之处，还值得继续深入思考。再如：

（6）张三写着两封信。——＊张三敷着两张面膜。

这两个事件都具有终结性，但是"张三写着两封信"的事件进程内部每一个片段都不是"写两封信"，而"张三敷着两张面膜"的事件进程内部每一片段都是"敷两张面膜"（敷两张和敷十张是一样的）。此时影响句子成立的因素并非名词是否可数（量标性），而是动词"写信"具有产出性，每一个片段都存在增量，而"敷面膜"不具有增量特性。由此看来，"着"的非终结性应该是事件的非终结性，而不仅仅是名词或动词结构的非终结性。

5. 受事敏感与主观性

木村英树（1983）提到，与"在"相比，"着"更倾向于关心受事。"在"的语义一般指向施事，如"他在看报纸""妹妹在学英语"；而"着"的语义一般指向非施事，如"桌上放着一本书""地上扔着一双鞋""河面上覆盖着一层厚厚的雪"，这些句子中并没有出现施事角色，也就是说"着"并不关心施事，而更倾向于关心受事。这样的观察是有道理的，即使在施事角色出现的句子里，如"他穿着大衣""他在床上躺着"，"着"关心的也不是施事及过程，而是过程的结果状态或后续阶段。所以，"受事敏感"确实是"着"的语义特征之一。

陈前瑞（2008）提到，汉语的内在视点体往往都会体现一定的主观性，其中"在"的主观性最强，"着"的主观性最弱，"正、正在"的主观性介于"在"和"着"之间。事件本身的情状类型是客观的，视点体体现人对客观情状的观察和解读，存在主观性差异是很合理的。但是在对"着""在""正、正在"的比较中，主观性差异的证据尚不充分，这一问题还需要通过更多语料的比较做进一步研究。

2.3　现有研究的不足

上述研究综述梳理了动词事件结构和体标记功能意义的研究历史，从中可以看到围绕动词及其时间特性的认识发展过程。前人研究虽然已经取得诸多重要成果，我们对相关问题的认识也在这一过程中不断推进，但是问题依然存在。

2.3.1　体标记研究存在的问题

二语者在使用体标记过程中经常出现偏误，在可以代替的情况下倾向于回避使用体标记而选取其他表达手段，说明体标记的用法是一个难点，教学领域还需要更好的方法支持，对体标记的描写和解释还需要进一步完善。在体标记研究中，"过"的争议相对较小，体意义也相对明确。"了"的用法虽然极其复杂，但其意义相对比较明确。相对而言，"着"的意义和用法方面的问题更具有争议性。根据前一部分的综述，关于体标记"着"的研究还有以下问题需要做进一步的探讨。

2.3.1.1　"着"的语法意义和语义特征

过去的研究往往将"着""进行—持续"的语法意义和"动态—静态"的语义特征做简单对应，但是"着"的"进行—持续"和"动态—静态"并不完全平行，也就是说"动态—静态"并不是"进行—持续"最重要的语义特征。那么，随之出现的问题就是，"进行—持续"各自的本质特征是什么？判定标准又是什么？

一些动作性很强的动词加"着"以后有歧义。比如，经典例子"山上架着炮"如果没有特定语境消除歧义就存在两种理解，即表动作进行的"山上正在架炮"和表后果持续的"山上架好了炮"。前人研究指出原因在于"着"前动词有"动作+结果"两个阶段，"着"都可与之组合，于是产生歧义。存在句中"V 了"和"V 着"的区别也是因为"了""着"分别突显动词的不同阶段。这一类动词被称为［附着义］动词，但是哪些动词算［附着义］动词没有明确的标准，大家似乎是以动词的语义为标准来界定的。但是许多没有［附着义］的动词也可以加"着"成句，因此上述说法是存在问题的。本书认为，［附着义］的说法是有价值的，但是问题在于［附着义］不是动词本身的词汇意义，而应当是事件意义。也就是说，即使动词本身没有［附着义］，但是只要在事件中被赋予了［附着义］，句子也是可以成立的。相关问题将在后文展开，此处不予详述。

"着"的语义结构描写不是一项简单的工作，郭锐（2008）做出了很好的示范，启示了虚词的语义结构和语义分析的新思路和新方法，可以为"着"的研究所借鉴。尤其"着"的分布环境如此复杂，即使在相同句式中，与不同动词组合也会产生不同意义，甚至与相同动词组合也会产生歧义，因此"着"的语义结构的全面描写非常有必要。语义结构应该区分"源—流"和不同层次，也就是最核心的义项是什么，在此基础上发展和引申出的义项又是什么。抓住核心语义，理顺不同层次，既便于准确描写各个义项之间的关系和层次，也便于不同层次教学和学习的操作。

2.3.1.2　体标记的系统分工

"着""了""过"三个体标记在现代汉语体系统中的分工如何是汉语体范畴研究中的重要问题，对于建构汉语体系统具有重要的理论价值。但是这个问题目前还没有得到很好的回答。这个问题的解决有赖于各个体标记意义和功能的准确细致的描写，因此这个问题的解决取决于前一个问题是否能得到较为妥善的解决。

本书列举出这些问题意在说明体标记研究虽然已经取得丰硕成果，但围绕这些问题仍有一些现象值得继续观察，仍有很多具体细致的工作值得继续去做。本书即使不能全部解决上述所涉各种问题，也将在全文的逻辑框架之下，尽最大努力对相关内容做出客观的描写和合理的解释。

2.3.2　事件结构研究存在的问题

事件结构研究在句法生成、逻辑语义、认知结构和词汇分解等领域都取得了许多重要的成果，但是针对本书关心的从体的角度建构的动词事件结构，尤其是动词情状的研究还存在一些问题。

Vendler（1957）的动词情状类型是被学界普遍接受的一个分类方法，其根据［持续性］［动态性］和［终结性］三项参数将动词分为四种情状类型。对于动词的语义特征来说，这三项特征都是动词非常重要的语义特征，在动词的各种句法表现中发挥作用，但是在划分情状类型的时候三项特征同时作用，实质上存在相互蕴含或相互矛盾的情况。例如，一个非持续性动词一定是一个动态动词，一个非终结性动词一定是一个持续性动词，一个静态动词一定是一个持续性且非终结性动词。三组特征融合在一起，操作起来重重叠叠，无法一以贯之。

由于三项特征的有无之间存在相互蕴含或相互矛盾的情况，所以由三项特征的缺值对立形成的八种排列组合中，四种成立，四种不成立，这说明这三组特征的操作并不经济。具体见表2-6。

表2-6　三项特征组合的成立对比

三项特征组合			成立与否
［+动态性］	［+持续性］	［+终结性］	√
［+动态性］	［+持续性］	［-终结性］	√
［+动态性］	［-持续性］	［+终结性］	√
［+动态性］	［-持续性］	［-终结性］	×
［-动态性］	［+持续性］	［+终结性］	×
［-动态性］	［+持续性］	［-终结性］	√
［-动态性］	［-持续性］	［+终结性］	×
［-动态性］	［-持续性］	［-终结性］	×

对于光杆动词，三组特征的操作显得更加困难。而关于［终结性］，却只在"变化动词"中有体现，具有［时段］特征的动词其实并不关心终点。因为在汉语中有太多的句法手段可以编码终点，包括体标记（爱过/涂了颜色）、数量宾语（跑三公里/等两小时）、结果补语（吃完了/培养

出）等，其至连终结性最弱的状态动词（包括关系动词）都可以通过句法手段被赋予终点，如"爱过""曾经属于""不再相信"等，因此无须再在词汇层面费力编码关于［终结性］的内容。［终结性］特征实际上更适宜放在句法层面讨论。

绝大部分光杆动词缺乏完整的事件性特征，而更倾向于片段性，因此［终结性］特征尤其难以辨别。［均质性］则可以绕开上述重叠的识别，将［持续性］［动态性］和［终结性］三者整合起来。标准由三组变量变为两组，观察也更加容易。

［持续性］［动态性］和［终结性］各自都是动词非常重要的语义特征，综合考虑这三项特征存在一定的困难，但本书并不是要取消这三项特征的讨论，而是认为在作为动词情状特征分类依据的时候，这种标准值得重新思考。

第 3 章
动词事件结构与情状类型

◇◇◇

　　动词的时间性体现在三个层次，按照人认识和感知的顺序来看，分别是与真实世界相关的时间，从人的视角出发观察到的事件进程的时间，动词所表事件本身固有的内在时间，在语言学上分别对应"时"（tense）"体"（aspect）和"情状类型"（situation type），其中"时"和"体"主要通过句法层的操作实现，而情状类型则主要在词法层实现，如德语、希腊语及一些斯拉夫语的 Aktionsart。

　　汉语的体标记在词法和句法两个层次均有所作为，过去的研究较多地关注体标记在动词从词汇层到句法层的作用，却鲜少注意体标记在词汇层内部对动词情状类型的作用。比如，前人研究认为能够加"着"的动词，其内部固有的时间结构一定具有延续性，因此常常将"着"作为鉴定一个动词情状类型的依据，认为能加"着"的动词具有延续性，如通常所谓的活动动词（activityverb）、状态动词（state verb）和实现动词（accomplish-mentverb）。反之，不能加"着"的动词不具有延续性，如达成动词（achievementverb）。因为"着"表示进行或持续，只能与具有延续性的动词相容。可是"着"为什么表示进行或持续呢？是否是因为它只与延续性动词相容？这在逻辑上形成了循环，会带来两个方面的问题，首先与语言事实不符，其次于研究结论有误。语料中有大量的瞬间动词加"着"的情况存在，如"爆发着""毁灭着""丧失着"等。反过来说，能够加"着"

的动词就具有延续性，会导致不够可靠的情状归类，如"破""变""堵""断""颠倒"等典型的非持续性动词是否因为可以加"着"就归入持续性动词？这一问题可能的原因在于，"着"与动词的结合太过紧密，以至于长期以来许多研究没有彻底地将"V"和"V着"区分开，上述不够准确的情状归类其实就是把"V着"当成了动词V来分析。

体标记附着在谓词（主要是动词）之后表达体意义。要分析汉语体的标记、系统和意义，首先必须讨论清楚光杆动词的情状类型，通过对比加体标记前后意义与功能的变化，才有可能看清体标记的功能和意义以及体系统的构成和分工。因此，在汉语语法体的系统和意义的研究中，光杆动词的情状类型是一切讨论的起点。

3.1　动词的事件时间特性与动词情状分类

真实世界中事物的发展变化，表现为从一个状态逐渐转变到另一个状态，如 state1… state2… state3…，在每个状态（state）之间即省略号处，可能存在两种情况：变化（transition）或行为（activity）。因此，上述变化流程表现为"state1… act/tra… state2… act/tra… state3… act/tra…"所谓的动词情状，就是对这个流程中的不同阶段的编码。不同的情状类型突显事物发展变化的不同阶段。对事物发展变化过程的认识是本书分类方法的哲学基础。结合研究内容和研究目的，本书选取 Pustejovsky（1991）的"状态""过程""变化"三分理论为基本框架，对《汉语动词用法词典》里的 2117 个（项）动词进行逐一分析，并对它们的情状进行分类。

3.1.1　时间性与均质性

3.1.1.1　时点与时段

现实世界有两个基本的构成要素：一是实体（entity），二是事件（event）。实体占据空间，具有离散性，在语言中编码为名词。事件占据时间，具有连续性，在语言中编码为动词。从动词内部看，不同的事件类型表现为不同的时间性特征，进一步分割动词的种类和属性。事件的发生、发展和变化过程，就是有变和无变的组合，不同情状的动词就是对这个过程中不同阶段时点或时段的编码。

当有变化发生时，实体会从一种状态进入另一种新的状态，变化前后在逻辑上是完全对立的两种状态（Lakoff，1970；Jackendoff，1972）。这种变化的情状在时间上表现为一个点，用"●"表示；如果这种变化不是瞬间发生，则是一个时段，用"●●●"表示。当没有新情况发生时，实体呈现出无变的状态，这种情状在理论上的时间是无限的，但是可观察的仍然是一个时段，用带单向箭头的线条表示"——→"。事件的流变如图3-1所示，是时点和时段的组合。

$$\longrightarrow \bullet \longrightarrow \bullet\ \bullet\ \bullet \longrightarrow$$

图 3-1　事件的流变

动词对事件流变的编码也与上述三种情形相吻合：

（1）表示变化的 transition：●

（2）表示过程的 process：● ● ●

（3）表示状态的 state：——→

3.1.1.2　均质性及均质性等级

状态、过程和变化三种情状的差异本质上是不同均质性程度的反映。"均质性（homogeneity）"的内涵与［动态性］和［终结性］两组参数有内在关联。静态比动态均质性强，无终结性事件比终结性事件均质性强；动态的变化性强于静态，终结性事件的变化性强于无终结性事件，因此上述两组变量造成的均质性差异，其根本原因一样，都是有变和无变的差异。过去研究者对于"均质性"的讨论，焦点或者集中于静态与动态（戴耀晶，1991；方梅，2000），或者集中于终结与非终结（Taylor，1977；Dowty，1979；沈家煊，1995；王媛，2011），其中 Rothstein（2004）、Krifka（2007）在名词研究中提出对"均质性"的形式化定义，本质上也是基于［界限性］这一参数，与动词的［终结性］实质是相通的。

　　从上述两种视角得出的"均质性"定义的严格程度不一样。基于［动态性］参数的"均质性"定义是一种严格意义上的"均质性",即只有静止状态是真正意义上的均质,只要存在活动或变化都是异质(heterogeneity)的。基于［终结性］参数的"均质性"定义相对宽松一些,不苛求状态的绝对静止,而是通过对谓词进行区间划分确定其真值的方式来判定"均质性"。Taylor(1977)的定义还确定了区间(interval)的颗粒度,其中,界定状态谓词均质性的时候,以"moment"为颗粒度,即"如果α是一个状态谓词,那么α(x)在区间 I 内为真,当且仅当α(x)在区间 I 内的每一个瞬间(moment)都为真"。也就是说,状态谓词均质性的颗粒度是以每一个"moment"为真为标准;在界定活动谓词的时候,则是以"larger than a moment"为标准。颗粒度的增大为区分"均质性"的不同等级提供了可能,也就有可能调和上述两种定义的分歧。

　　"均质性"的本质在于变化的大小,从无变化到质变,事态的均质性逐渐降低。在这个过程中,区间的颗粒度大小直接决定着"均质性"是否成立。例如,数列"111111111…"是绝对均质的,因为其能够划分出来的每一个最小片段都具有均质性;数列"123123123…"的均质性则要求区间不是绝对最小片段,而是可重复可循环的最小片段。因此,这两个数列都可以认为具有均质性,只是均质性的程度不同。还有一种均质性更弱的情况,即动词内部连可重复的片段都难以划分出来,但是构成该动词语义的各个部分都是动词所表事件的必有真子集,这仍是一种较为弱势的均质。例如,"安装""比赛""表演""调查"等动词,构成动词语义的内部成分非常复杂,可以看作一个由多个不同子事件构成的复杂事件,每个子事件可以看作宏事件的一个真子集。当我们说"张三在比赛"这个句子时,只要张三正处于"比赛"这一复杂事件的任意一个子事件中,这个句子都为真。由此可见,"均质性"的程度与区间划分的颗粒度密切相关,最宽容的"均质性"只要求子集"为真",而不要求子集的质等于整个集合的质。

　　本书借鉴 Krifka(2007)的相关定义,结合时点和时段的标准,对均质性程度做出如下区分:

（1）绝对均质：如果一个动词 V 的情状为绝对均质，就是说，V（x）在时段 I 内为真，当且仅当 V（x）在时段 I 内任意切分的每一个片段内都为真且相同，可以转写为如下形式：

HOM（V）：⇔∀x［V（x_1）＝V（x_2）＝……＝V（x_n）＝V（x）］

也就是说，在绝对均质的动词内部任意切分出来的子部分之间以及子部分和整体之间，都是等值的。

（2）相对均质：如果一个动词 V 的情状为相对均质，就是说，V（x）在时段 I 内为真，当且仅当 V（x）在时段 I 内每一个可重复的片段内都为真，可以转写为如下形式：

HOM（V）：⇔∀x［V（x_1）＝V（x_2）＝……＝V（x_n）⊂V（x）］

也就是说，在相对均质的动词内部切分出的片段应是可重复的，这些子部分之间性质相同，但子部分和整体之间性质不同，或者说子部分必须是整体的真子集。

3.1.2　分类标准的承继

之所以使用［时间性］和［均质性］作为判断光杆动词情状类型的标准，是因为它们与传统的［持续性］［动态性］和［终结性］之间存在以下两方面的关系：

首先，前后两种方式内在统一。选择前者并不是抛弃了后者的思想方法，而是对后者在操作上的再调整。时点和时段、均质性和非均质性与传统的判断动词情状类型的三组变量即［持续性］［动态性］和［终结性］之间有内在的关联。有持续性的动词具有时段特征，无持续性的动词具有时点特征；静态动词具有均质性，动态动词往往具有非均质性；非终结性动词具有均质性，终结性动词没有均质性。前两组特征实则是后三组特征的不同表现形式，它们在本质上是紧密联系的。

其次，前者更具操作上的优势。［持续性］［动态性］和［终结性］三者之间相互蕴含。三项特征的缺值对立可以形成八种排列组合，其中四种能够成立，另外四种在逻辑上不成立，进一步说明这三组特征的操作并不经济。三项标准里真正发生变化的就是［终结性］和［动态性］，将二者整合为［均质性］。标准由三组变量变为两组，观察也更加容易。这部分内容在第 2 章中已有论述，此处不再赘述。

3.1.3 分类描写的深度和细粒度

一个动词的［动态性］［持续性］和［终结性］，总的来说是动词所表事件的外在形态，是动词情状的外部特征，是从人的视角观察，这一事件呈现出的动静之分、长短之别和边界之异，并没有涉及这一事件构成的内质如何。而对"均质性"的讨论则将动词情状的分析推进到事件构成的内核，也就是动词的"质"的构成。也就是说，过去的情状类型研究是一种"态"的分析，而以［均质性］为本的动词情状分析是一种"质"的分析。在无变的状态中，动态是由什么样的"内质"构成的？在无变的动态过程中，动态又是由什么样的"内质"构成的？变化动词是实体状态的质变，是从一种"质"转变为另一种"质"，这又是怎样一种变化？这些问题都需要从动词语义分解的角度进行更加细致的描写和分析。［均质性］分析，试图通过更加深入和细度的分解，从动态构成的内质找出动词之间的差异，以及这些差异在句法表现上的反映。

从宏观的层面说，名词和形容词的［均质性］研究已有不少有价值的成果，过去的情状研究只能限定在动词内部，如果对动词也进行"均质性"研究的话，也许可以从"质性"构成的角度将三大词类贯穿起来。当然这个设想与目前的研究还有较远的距离，但至少提供了一种新的思路。

3.1.4 分类操作与形义验证

判断动词在［时间性］和［均质性］两条标准中的表现，需要从意义和形式两方面共同把握：一方面，形式化的验证方法会使结论简洁清晰，操作起来也更简单方便；另一方面，作为母语者对动词意义的理解，是确定情状类型的重要手段。尤其第二点，在强调形式逻辑和工具理性的学术思想之下，经验主义的思想方法似乎被轻视了，但实际上每个研究者都在有意无意地、不可避免地使用自己作为母语者的语感。如果说形式化的方法是语言研究的利器，那么母语者的语感则是语言学家的灵魂。

需要注意的是，形式化的验证手段选用时一定要慎重。验证手段的可靠性有赖于当前对相关鉴定词本身意义理解的准确性。例如，过去曾用"了"来判断一个动词是否具有 [完结性]，后来发现并不十分可靠，因为"了"不是一个"了"，有表示"开始"的"了"，有表示"完结"的"了"，其语音形式一样，但表达的体意义不同。同样，用"着"来判断一个动词是否具有 [持续性] 也不可靠，因为"着"也不是一个"着"，虽然"V 着"总是表达持续义，但并不表示光杆动词 V 就具有 [持续性]，如动词"雇"，"雇着"有持续义，但并不表示"雇"是一个延续性动词，因为"雇着"的含义不是一直都进行"雇"这个动作（行为），而表示"雇"这一行为结束之后的状态。"雇着一个工人"的真值相当于"雇了一个工人"。在同类现象中，"V 着"几乎都可以替换为"V 了"。因此，形式化的方法仍然需要在意义上把关。

就本研究来说，在光杆动词情状分析这个层次，通过意义判断一个动词的情状是不可回避的方法。同时，每一个动词的归属都要通过形式标准的检验，即尽量做到使分类既能通过形式验证，又能符合母语者的语感；与鉴定手段共现的结构的意义要与光杆动词本身的意义区别开来，采用的形式标准也要尽量排除上述可能存在的隐患。形式标准必须具有形式和意义匹配的唯一性，才可作为验证手段。例如，"了"虽然不可作为动词是否具有 [完结性] 的验证标准，但是作为表示"变化"的验证标准还是可靠的，不论表示开始还是表示结束的"了"，都表示变化。为避免循环论证，必须将体标记本身排除在验证手段之外，以保证分出的类别不论从意义上还是从形式上都不受有无体标记的影响。

3.1.4.1 [时间性] 维度的形式验证标准

[时间性] 将动词区分为两大类：时点动词和时段动词。Vendler（1957）认为状态动词（state verb）没有进行时，凭这一点就可以将英语的状态动词与活动动词（activity verb）和实现动词（accomplishment verb）

区别开，前人研究也常用能否与"正在"共现作为检验标准。但这里存在两个问题：首先，汉语"正在"的意义和用法正在发生变化，呈现出扩大化趋势，和英语进行体的严格性不可等量齐观。例如，"生气""担心""犹豫""想念"等词是典型的"状态动词"，但却可以十分自然地与"正在"共现，说明"正在"作为检验状态动词的手段是不可靠的。其次，进行体是否能将过程动词和状态动词区分开，是个值得讨论的问题，笔者将在第 5 章讨论状态动词是否有进行体时对比进行具体阐述。因为"正在"的鉴定作用存疑，所以不选取其作为形式验证标准。要区分动词的［时间性］差异，还有别的鉴定手段可用。

从［时间性］维度将时段动词和时点动词区分开，具体操作是用时间副词"一直"作为验证形式。在排除"一直 V"是单次情状而非反复发生的情况下，能够与"一直"共现的动词具有时段特征；不能与之共现的动词具有时点特征，动词情状表现为瞬间变化，也就是变化动词（transition verb）。

3.1.4.2　［均质性］维度的形式验证标准

在延续性动词内部，均质性差异呈现为动态性差异。使用动量补语"一下"或动词重叠"VV"或"V—V"作为验证形式，可以将状态动词与过程动词区分开。状态动词和过程动词的区别在于动态性，状态动词动态性弱，过程动词动态性强。动量补语"一下"和动词重叠"VV"或"V—V"等形式是动态性较强的动词较为常见的句法表现。因此，能够与"一下"共现或能够重叠使用的动词归入过程动词，二者皆不能的动词归入状态动词。

通过上述两个步骤可以将状态、过程和变化三类动词区别开来。其中一些心理活动类动词如"思考""想（思考）（1）""考虑""设想"等，常常存在争议，游走在动态动词和静态动词之间。通过上述第二条测试，它们都应归入过程动词。

通过上述两条形式验证标准，可以将《汉语动词用法词典》中的 2117（项）动词情状分为状态（state）（V_1）、过程（process）（V_2）和变化（transition）（V_3）三个大类；通过体标记"了"、结果补语、时量补语、时间副词等形式验证手段，结合语义分析的方法，可以将三大类动词情状进一步分为 11 个小类。

3.2　动词情状的三分模式

3.2.1　状态动词（state verb）：［−时点性］＋［绝对均质］

"状态动词"往往被认为是静态的、无变的动词，这种认识要看是和谁比较。和动态动词比较，状态动词动态性不足，静态性更强、更无变。但和性质词相比，状态动词就不能被认为是静态的、无变的。综合来说，一定程度上可以从"状态"的本质含义去探知这类动词的性质。《现代汉语词典》（第 7 版）对"状态"的释义是：

（名）人或事物表现出来的形态。

这一释义中呈现出来的最重要的信息是，"状态"是外在的，而非内在的。"状态"是由事物内在属性表现出来的、在一定时间内存续的某种外在情况。因此，"状态"的含义中天然地蕴含着［暂时性］和［可变性］因素。前人在关于谓词表示性状的"恒常性"和"暂时性"的研究中区分出"个体性谓词（Individual Level Predicates，ILP）"和"阶段性谓词（Stage Level Predicates，SLP）"（Milsark，1974；Carlson，1977；Kratzer，1988、1995；Parsons，1990）。Xiao & McEnery（2004）在对汉语普通话的体的研究中，将状态动词分为"个体性状态（Individual level states）"和"阶段性状态（Stage level states）"。前者表示一种恒常的、不可调整的属性，由表示事物性质的形容词组成；后者表示一种暂时的、可变的状态，由动词组成（包括主动词和实意动词）。这说明哪怕动态性较弱的非实意动词仍然指明暂时、可变的状态，这与状态动词的情况相吻合。

在状态动词范围内，也存在"可变性"程度的相对差异。有些状态动词表示的状态"可变性"较弱，相对不易发生变化；而有些状态动词表示的状态"可变性"较强，是暂时的、易变的。在句法上的表现就是，前者不与体标记共现，后者可以与体标记共现。因此，将"能否与体标记共现"作为验证状态动词"可变性"程度差异的形式手段，可以将"状态动词"分为"零状态动词"和"真状态动词"两大类。

3.2.1.1 V$_{10}$零状态动词：［无时限性］+［绝对均质］

金奉民（1991）将表达恒常性状态的动词称为"无状态动词"，本书称之为"零状态动词"。"零状态"的含义不是没有状态，而是相对"状态"而言，它在时间性上更趋近无限，在动态性上更趋近无变。正如夏虫不察四季，对某些趋向于无限的变化人们往往难以感知。V$_{101}$关系动词的时限趋于无穷，V$_{102}$情态动词则具有非现实性，时间性不明，总之都不突显时间特性。时间上越趋向无穷的动词，其动态性越不明显，也就越趋于静止，越具有均质性。表现在句法关系上，"零状态动词"既不能与体标记共现表达变化发生的不同阶段，也不能后加时量补语表示性状关系存续的确切时间，具有［无时限性］+［强均质性］。因此，不能加体标记和时量补语，是验证这一类动词的形式标准。

在验证过程中，可以排除一些由于语用因素不能加体标记的情况，如"寄（2）"，词典释义是"寄托、托付"，常见用法是"寄希望于……"，其中的"寄"不加体标记。"寄希望于……"已经成为一个较为凝固的结构，一般不再拆分或插入，如果换成一个意义相同但透明度更高、更可分析的用法如"寄托希望"，则这个"寄托"是可以加体标记的。这说明这个"寄"不加体标记不是由"寄"这个动词的情状类型决定的，而是受到语用因素的影响。因此，这种情况排除在"零状态动词"之外。

1. 关系动词：V$_{101}$

爱（容易）（4）[1]，包（4），表示（意味着）（2），比（三比二）（5），

---

[1] 为了使列举动词的意义更便于理解，在每个动词后的括号内进行了词义说明。说明力求简明扼要，分为两种方式：一是义释，如"爱（容易）（4）"；二是例释，如"比（三比二）（5）"。动词后不带括号的数字表示该词在词典中同形同音词的序号，动词后带括号的数字表示该词不同义项的序号。

称（称呼）1，成立（观点成立）（2），出（显多）（7），当（当作）（dang4）（1），当作，得（完成）（de2）（3），等于（1），等于（2），顶（7），对（对待）（1），分（辨别）（3），盖（超过）（3），怪（归责于），关（关系、牵连）（4），管（管辖）（2），合（折合）（4），叫（称为）1（4），讲（4），讲（文明）（5），看（决定于）（kan4）（6），没有（3），配（般配）（5），赛（比得上）（2），胜（胜于）（2），使得，是1，是2（1），是2（2），是2（3），是2（4），适合，属于，数（数他最好）（2），说（指）（4），算（认作、当作）（4），算（有效）（5），算（算他最好）（7），姓，显得，相等，相同，像（在形象上相同，词典原为"象"）（1），像（比如，词典原为"象"）（2）……

关系动词表示实体的性质、含义及实体之间的关系，如"等于""系""是2（1）""算（4）""算（5）""算（7）""有（3）""有（5）"等表示实之体的性质，"表示""说（4）""分"等表示实体的含义，"等于（2）""对（1）""盖（3）""关（4）""管（2）""配（5）""赛（2）""胜（2）""适合""属于""像""值得"等表示实体之间的关系，"比（5）""等于（1）""顶（7）""合（4）""总计"等表示实体的数量。总之，"关系动词"着重体现实体的广义属性，而不体现实体在时间进程中变化的阶段。

2. 情态动词：V_{102}

爱（4），打算，当（以为）（dang4）（2），得（dei3），等（等到）（2），该1，敢，敢于，感到，估计，怀疑（猜测）（2），会（理解）2（1），看（留神）（kan4）（7），可以（可能）（1），可以（许可）（2），懒得，难免，能（1），能（2），能够（1），能够（2），怕（2），企图，情愿（1），情愿（2），请（请进）（3），忍心，认为，任凭，舍得，省得，算计（估计、打算）（3），提议，通（懂）（4），往，想（推测）（3），想（4），要（2），以为，用（需要）（2）……

情态动词表示实体（主要指人）在事件中的主观情态，一是有主观性，二是有未然性，因此这一类动词几乎不涉及时间，当然也就很难涉及变化。与时间无关，又不涉及变化的动词，也就谈不上情状。

总的来说，实体在时间中的变化性是区别动词和形容词的重要依据（Givon，1979）。"零状态动词"或者体现实体关系，或者表达未然事件，或者表达主观情态，与现实发生事件的时间性无关，在词性上更靠近形容词。由于几乎不与体标记共现，可以说"零状态动词"是一类无情状的动词。

3.2.1.2　V_{11}真状态动词：［时段］＋［绝对均质］

"真状态动词"与"零状态动词"相比，时间的无限性减弱，状态的可变性增强。从句法表现来说，真状态动词都可以与体标记共现，这也是区分零状态动词和真状态动词的形式验证标准。

从语义上来说，真状态动词虽然动态性增强，但其仍是一种绝对均质，其语义分析为：如果一个动词 V 的情状为绝对均质，就是说，V（x）在时段 I 内为真，当且仅当 V（x）在时段 I 内任意切分的每一个片段内都为真且相同。

HOM（V）：$\Leftrightarrow \forall x \left[V(x_1) = V(x_2) = \cdots\cdots = V(x_n) = V(x) \right]$

可以理解为，如果动词所表语义在时段 I 内为真，且在时段 I 的每一个任意切分的片段内都为真，那么这个动词具有［绝对均质］的属性。正如"水"的任何一个部分都是"水"一样，"知道"的任何一个部分都是"知道"，表示存在状态（V_{11}）和身心状态（V_{12}）的动词，都具备这一特征，如"在""是""有""知道""相信"等。在真状态动词内部，根据语义分为两类，分别是"存在状态动词"和"身心状态动词"。其中，"身心状态动词"以心理动词为主。

综合前文内容，"真状态动词"的检验标准有三条：第一，可以与体标记共现；第二，不可与表示动态性的动量补语"一下"共现；第三，可以与表示时段的时量词共现。其中，第一条用以与"零状态动词"相区别，第二条用以与动态动词相区别，第三条用以与瞬间动词相区别。三条标准必须同时满足。

1. 存在状态动词：V$_{111}$

没，没有（1），没有（2），缺乏，有（1），有（2），有（4）

2. 身心状态动词：V$_{112}$

爱（对人或事物有很深的感情）（1），爱（喜欢）（2），爱（爱面子）（3），爱好，爱惜，愁，担心，等待，等候，惦，惦记，懂（了解），反对，服从，害怕，害羞，恨，后悔，忽视，怀念，怀疑（1），会（通晓）2（2），活，欢迎（乐意）（2），计较（比较）（1），忌妒，满足（感到足够）（2），迷（2），迷信，明白，明确，怕（害怕）（1），盼，盼望，佩服，期待，期望，认识（1）（知道），伤心，生气，失望，熟悉，贪（贪图）（2），贪图，讨厌，疼（痛）（1），希望，喜欢（1），嫌，羡慕，相信，想（思念）（5），想念，心疼，信（1），信（宗教）（2），信任，向（偏袒）（2），晓得，欣赏（认为好）（2），哑，依靠，依赖，要求，阴，拥护，愿意，怨，晕（yun4），着急，知道，指（仰仗）（4），指望，重视，注意，着想，肿，醉，尊敬，尊重……

"真状态动词"的"绝对均质"的特征，使其与形容词在词类性质连续统上相邻而居。"均质性"可以看作"静态性"的同义语，也可以看作"动态性"的反义语，且"均质性"必然蕴含［时段］特征。静态性强的词语，语义上的均质性也较强。反过来说，均质性强的词语，易变性或者说动态性也就较弱。张国宪（2006）将 Givon（1979）"名—形—动"易变性连续统进一步细化，其中状态动词处于动词中的最左端，是动词中"最不易随时间发生变化"的部分，也最靠近形容词。"真状态动词"可以与程度副词共现，相当一部分可以进入"是……的"结构，这些都印证了"真状态动词"在性质上与形容词接近。宋亚云（2007）通过对上古及物动词的考察发现，状态动词介于动态动词向形容词动态演化的中间阶段。

3.2.1.3　状态动词小结

状态动词编码了事物发展变化过程中的相对稳定阶段，在动态情状上具有［时段］和［绝对均质］的语义特征。状态动词内部存在差异，根据［均质性］的差异分为零状态动词和真状态动词。零状态动词表现的是实体的广义属性和实体间的关系，类似于英语中的系动词。这类动词的功能和意义不是表示动态，而是表示性质，因此这类动词没有情状变化，也就不可加体标记。

真状态动词是状态动词的主体，更多地承担着状态动词的核心意义和功能。它们是事物从静止走向变化的中间阶段，产生于之前发生的动作、行为和变化，也蕴含着之后可能发生的动作、行为和变化。状态动词的核心意义是相对的、暂时的稳定状态，具有内在的可变性。

3.2.2 V_2 过程动词（process verb）：［时段］+［相对均质］

过程动词与相邻类别区分的形式验证手段是：通过能否与"一直"或时段补语等词共现，与变化动词相区别；通过能否与动量补语"一下"共现，与状态动词相区别。

过程动词给人最直观的感受是过程性和动态性，这两点使过程动词与处于它两侧的状态动词和变化动词区别开，具有了分类意义。过程动词处于从某种状态走向质变的中间阶段，处于状态动词和变化动词之间，也符合客观世界事物发展变化的轨迹。过程动词在［均质性］和［时间性］两方面的特征也介于状态动词和变化动词之间。过程动词往往存在一个动力源，绝大部分是自主动词，和状态动词相比，动态性明显增强，［均质性］相对减弱。同时，过程动词虽然具有动态性和变化性，但又不似变化动词在短时间内发生质变，进入一种新的状态，因此过程动词在时间上有持续性，具有［时段］特征。

从语感上说，过程动词比状态动词的动态性强，比变化动词的时间长。因此，能够纳入过程动词的词语相对来说比较好判别。本书对过程动词的均质性进行了考察，发现其和"状态动词"一样存在内部差异，也就是说"均质性"差异不仅存在于"状态动词—过程动词—变化动词"三大类别之间，在三类动词内部，也存在"均质性"等级差异。

根据前文对"均质性"标准的界定，"如果一个动词 V 的情状为相对均质，就是说，V（x）在时段 I 内为真，当且仅当 V（x）在时段 I 内每一个可重复的片段内都为真"：

HOM（V）：⇔∀x［V（x₁）= V（x₂）= ⋯⋯= V（xₙ）⊂V（x）］

可以理解为，如果动词所表语义在时段 I 内为真，且在时段 I 的每一个可重复的片段内都为真，那么这个动词具有［相对均质］的属性。"相对均质"不要求每一个子部分和整体之间属性一致，但要求每一个子部分的真值相同且都是整体的真子集。

这里需要对均质性定义中的什么是"为真"进行说明。严格来讲，人的动作行为都不均质，但在语言上可以实现均质，这与人对行为和事件的认知方式和识解程度有关。人在事件中发出的动作或行为，有的可以比较均匀地重复，即符合上文所说的相对均质；而更多的行为或事件则呈现出特异性，总是一次和一次不一样，一下和一下不相同，但是语言并不会总是巨细靡遗地体现这些特异性。根据表达的不同需要，语言对不同动词有不同的模糊化处理，动词的均质性就在这种模糊化中得到了保证。动词动态特征的模糊程度可以被称为"可视性"（visible），动态越不透明、越模糊，"可视性"越弱，"均质性"越强；反之，动态越透明、越清晰，"可视性"越强，均质性越弱。如图 3-2 所示。

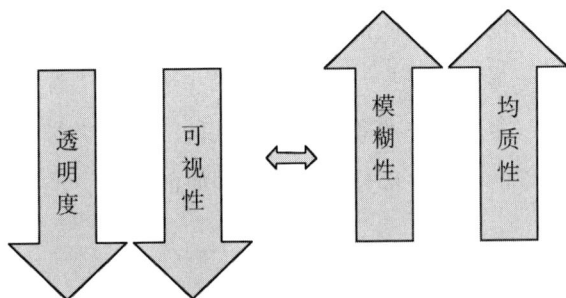

图 3-2　"可视性"与"均质性"关系图

本书经过考察发现，根据"可视性"的不同，过程动词存在着四个均质性等级不同的小类及一个介于"过程"和"变化"之间的小类。如果按照均质性程度由高到低的顺序排列，前四个小类里均质性程度最低的动作类过程动词具有"相对均质"特征，"均质性"最弱。

3.2.2.1 V₂₁形式类过程动词

办（1），奔（ben4）（2），处理（安排）（1），闯（闯荡）（2），打（工、杂、游击）（20），打（比方）（23），干（1），干（担任）（2），搞，管（负责）（4），混（混日子）（3），活动（4），继续，进行，闹（闹革命）（4），弄（设法取得）（2），跑（奔走）（3），拼（拼命）2，实行，使（使筷子）（1），玩儿（使用）（3），用（1），折腾（1），做（从事）（2），抓（着重某方面）（4）

形式类过程动词类似前人研究中所说的"形式动词"，但又不似形式动词如"进行""给予"等语法化程度那么高，基本都可以在句中作谓语中心，承担核心语法意义。之所以称之为"形式类过程动词"，是因为这些动词的词义概括性强，内部构成模糊，"可视性"程度低，很多情况下可以代替其他语义更确切的过程动词，类似于形式语义描写中的元语言[DO]。在下面这些例子如"搞生产""奔小康""干事业""闹离婚""做科研""拼经济""跑业务""管人事""混日子""闯世界""处理事务"等中，事件内容本来是均质性非常弱的一系列复杂事件构成的宏事件，但使用了这些动词以后，事件内部的特异性被模糊了，抽象出其中最核心的内容，均质性明显增强。即使换成规模更小的事件，这些动词的均质性依然，如"做科研—做点事情""搞生产—搞小动作""管人事—管收钱"。各种不同类型的（复杂）事件都可以使用相同的形式类过程动词，这些动词消除了事件内部的特异性部分，突显了同质的部分，说明这些动词具有较强的均质性。

3.2.2.2 V₂₂目的类过程动词

爱护，熬（忍受）（ao2）（2），安排（处理）（1），安慰，办理，帮，帮忙，帮助，包围，保护，保持，保留（1），保留（2），保卫，保证，表达，表示（决心）（1），表现（显示自己）（2），剥削，驳斥，补（补身体）（3），参考，操心，操纵（2），称赞，承担，重复，抽查，筹备，处理（出售）（2），创造，发表（发表意见）（1），发动（鼓动）（2），发扬，发展，反抗，反省，反映（2），方便，防，防备，防守，分别（辨别）2，分析, 控制 (操纵)(2), 排挤, 判断, 培养 (繁殖)(1), 培养 (使成长) (2), 配合, 迫害, 普及, 启发, 欺负, 欺骗, 欺压, 歧视, 迁移, 迁就, 谦让, 强迫, 强调, 敲诈, 侵略, 清理, 清洗 (清除)(2), 请 (招待) (2), 请示, 庆祝, 求 (请求)(1), 求 (追求、探求)(2), 驱逐, 取 (得到)(2), 忍耐, 忍受, 认识 (掌握客观规律)(2), 散布, 生产, 生活 (过日子)(1), 生活 (生存)(2), 生长, 声明, 实践, 拾掇 (整理)(1), 拾掇 (修理)(1), 试验, 使唤 (人)(1), 使唤 (牲口、工具)(2), 使 用, 侍候, 试, 适应, 收集, 收拾 (整理)(1), 研究 (1), 研究 (2), 掩护, 掩饰, 议论, 引诱, 应付, 应用, 优待, 预备, 预防, 运, 运输, 运用, 酝酿, 赞美, 糟蹋 (浪费)(1), 糟蹋 (侮辱)(2), 造 (捏造) (2), 召集, 照顾 (1), 照顾 (2), 照料, 折腾 (折磨)(2), 折磨, 镇 压, 争夺, 争论, 争取 (力求获得)(1), 争取 (力求实现)(2), 征求, 整顿, 整理, 支配 (安排)(1), 支配 (控制)(2), 支持 (1), 支持 (2), 支援, 执行, 指导, 指挥, 指教, 制造 (1), 制造 (2), 注解, 祝 贺, 装 (假装) 1, 追 (追究)(2), 追 (追求)(3), 追求, 准备, 捉, 自 习, 阻挡, 阻止, 组织, 钻 (钻研)(3), 遵守, 遵照, 做 (做寿) (3) ……

这一类过程动词的语义比上一小类的特异性强, 具有特定的含义和指向, 因此不能像上一类一样在一定范围内替换使用, 充当一个 "代动词"。这一类动词的 "可视性" 也更强, 更加具象了, 但是依然无法具体说明完成这一类动词的是什么样的行为或动作, 如 "安排", 安排什么, 怎么安排, 动词的语义里并没有明确表示出来。"捣乱""刺激""侮辱""剥削" "整顿" 等都属于这种情况, 从动词的语义内容无法看清具体的动作、行为, 只能理解为 "通过某种行为达到某种目的或效果", 或者进一步表述为 "为了实现某种目的而实施的某种行为"。从编码的角度来说, 这一小类过程动词是指向结果的过程动词, 至于用什么方式达成这一结果, 是不可预测的。

由于这一类动词的 "可视性" 依然不强, 其内部的特异性依旧被模糊了，因此仍然具有相当程度的均质性。从句法表现来看，这一小类动词都可以与表示时段的时间副词和时量补语共现，也可以与"正在"共现表示进行体意义，这也证明了它的均质性。

3.2.2.3 V₂₃事件类过程动词

安（装）（3），办（经营）（2），办（置办）（3），比赛，编（编辑）（3），辩论，变（魔术）（3），表演（1），表演（2），布置（布置会场）（1），裁（员）（2），采（开采）（2），查（检查）（1），出版，出差，带（带路）（5），担任，当（担任）（dang1）（1），当（掌管）（dang1）（2），倒（腾挪）2（2），倒（倒车）（dao4）（1），道歉，登记，钓，斗（斗鸡）（2），逗，读（3），兑（兑换）（2），对（对歌、对联）（3），蹲（蹲监狱）（2），发（发面）（6），访问，放（牛）（3），放（发出）（4），放（烟花）（5），放（高利贷）（6），抚养，改（批改）（2），盖（建造）（4），攻击（1），挂（悬挂）（1），挂（挂号）（6），哄（1），护理（护理病人）（1），化装，会（见面）1，集合，监视，检查（1），建设，建筑，教，叫1（3），接待，接见，介绍（2），旅行，念（2），弄（做）（1），拍（拍摄）（2），拍（电报）（3），排2，排练，配（使交配）（1），配（按比例调配）（2），配（补足缺损）（3），配（搭配）（4），评（2），评论，抢劫，染（染色）（1），赛（1），扫（消灭）（2），杀（战斗）（2），上（课、班）（11），烧（烹调）（2），设计，申请，审（审查）（1），审（审讯）（2），审查，审问，收（收税）（2），收（收押）（5），说（介绍）（3），说明（解释明白）（1），搜查，算（占卜）（3），探望（2），腾，偷（盗窃）（1），突击（急速攻击）（1），推荐，喂（饲养）（1），慰问，问（审问）（3），袭击，洗（显影）（2），欣赏（1），修（修理）（1），修（编写）（2），修（兴建）（3），修理（1），选（选举）（2）……

第三小类可以称之为"事件类过程动词"，其编码某一类具体的特定的事件，事件内部可能由若干个动作、行为构成。这一类动词视复杂程度还可以进一步细分，如"腌""钓""染（色）""比赛""旅行""表演"等都是一个复杂事件，可以细分为若干个内部子事件。它们不像前两个小类的动词那样，看向内部就像在看一块毛玻璃，看不透过程中发生了什么。事件类过程动词的过程是可预测的，可视性大大增强，如"安"，不论是"安窗户""安电话"还是"安空调"，纵然内部过程不同，但只要语境确定下来，动词的唯一意义无疑都是明确的，那么过程自然也就明确了。而这种明确是普遍的，与语言使用者的个体经验无关，即使一些专业性较强的事件动词，如"洗（显影）（2）""治疗"等，无论你是否知道照片怎么冲洗、中耳炎怎么治疗，动词的过程也都是明确的、可预测的。这种明确也与某一次具体的事件场景无关，"治疗"不同的疾病，针对不同的病人，甚至对同一患者的治疗，过程可能都不相同，但这种特异性不影响"洗（2）""治疗"这一类动词过程的明确性和可预测性。

　　事件类过程动词较前一类"目的类过程动词"，均质性有所减弱。比如，"战斗"和"保卫"属于同一义类，都与"战争、防务"等意义相关，但是"保卫"划入"目的类过程动词"，因为"保卫"一词无法准确预测具体的行为，即究竟通过什么样的动作、行为或方式来实施保卫，因而内部过程更加模糊；"战斗"划入"事件类过程动词"，因为"战斗"的过程相对更加具体、更加可预测，因此动词内部过程的特异性上升，均质性也就减弱了。

3.2.2.4　V_{24} 动作类过程动词

　　熬（煮）（ao2）（1），拔（抽、吸）（2），摆（1），绑，包（包东西）（1），背（背诵）（bei4）（2），奔（ben4）（奔上海）（1），编（编织）（1），表扬，擦（1），猜，缠，尝，唱（1），抄写，吵（闹腾）（1），吵（争吵）（2），炒，称（重）2，盛（放于容器）（1），吃（咀嚼吞咽）（1），吃（吸收）（4），冲1，冲（冲调）2（1），抽1（1），抽（吸）1（4），抽（打）2（2），锄，穿（马路）（2），穿（珠子）（3），穿（衣物）（4），传（传递）（1），传（传导）（4），传（传唤）（5），串（1），吹（演奏）（1），吹（吹气）（2），催（促）（1），搓，答应（应声）（1），搭（1），搭（放）（2），搭（抬）（5），搭（乘）（6），打（鼓）（1），打（殴打）（3），打（磨）（7），打（捆）（8），打（织）（9），打（涂抹）（10），打（电话）（13），打（除

去)(15)，打（草稿）(19)，打（玩）(21)，打（手势）(22)，打击(2)，戴，倒（倒水）(dao4)(2)，倒退，蹬（蹬车），点（种）(6)，点（账)(7)，叠，盯，钉（紧跟）(ding1)(1)，顶（从下拱起）(2)，钉(1)，钉(2)，动(3)，冻（冰冻）(1)，斗（斗嘴）(3)，读(1)，读(2)，堆，兑（兑水）(1)，对（比对）(5)，对（时间）(6)，对（掺和）(8)，发（发言）(4)，翻（翻动）(2)，翻（翻译）(6)，飞(1)，飞(2)，飞(3)，缝，扶(1)，扶(2)，赶（驾驭）(3)，赶（驱赶）(4)，割，跟随，耕，够，刮（去除）1(1)，刮（涂抹）1(2)，刮（风）2，挂（打电话）(3)，挂（挂糊）(5)，逛，滚(1)，滚（滚边）(3)，裹，过（经过处理）(3)，摸（寻找）(2)，磨（摩擦）(mo2)(1)，磨（打磨）(mo2)(2)，抹（涂抹）(1)，抹（擦）(2)，抹（除去）(3)，抹（抹平）(mo4)，磨（使细碎）(mo4)(1)，磨（掉转）(mo4)(2)，挠，闹（吵）(1)，捻，碾，念(1)，念叨，拧（ning2）(1)，拧（ning2）(2)，拧（ning3），挪，呕吐，爬(1)，爬(2)，攀（爬）(1)，榜（pang3），抛(1)，跑(1)，劈（分开）(pi3)(1)，劈（分裂）(pi3)(2)，劈（叉开）(pi3)(3)，拼（拼合)1，品尝，评(1)，破（使分裂）(2)，扑（扑粉）(2)，铺，沏，骑，乞求，起（起钉子）(4)，起（起草）(6)，砌，签（签名）1(1)，签（签意见）1(2)，签（缝）2，扫(1)，伸，生（生长）(2)，收（收衣服)(1)，收（收麦子）(3)，守（守护）(2)，守（遵守）(3)，受（忍受)(2)，梳，输（输送）1，数（逐个说出）(1)……

动作类过程动词由比较具体的动作行为构成，其中相当一部分是由一个可重复的动作片段组成。其与过程动词的前三个小类的区别主要体现在以下几个方面：

第一，透明度最高，可预测性最强。透明度高也就是之前所说的可视性强，带来的结果就是可预测性强。这一类动词的内部构成非常具体，大都是肢体动作或言说行为，不论什么人来做，这些动作行为都是一样的，可在不同主体、不同场景中重复。

第二，跨空间性弱。除了少数蕴含位移的动词（如"跑""走""拉"

等）以外，大部分动作类过程动词可以在一个明确的空间中通过具体可视、可感知的动作完成。但前面三个小类的动词常常会有跨空间性，一个动词所表的动态内容常常不是在一个时空中发生。

第三，均质性较弱。在动作类过程动词中，由可重复片段构成的动作过程可以看作一种"相对均质"，比如"奔跑"，就是一个典型的由相同动作片段不断重复构成的一个过程；再比如"擦"，不论是否使用工具，"擦"这个动作都是在对象物表面反复摩擦的过程；"绣""编""印""走""追""旋转""钻""刻""描"等也是一样。另外，还有一部分动作动词不是由完全等质的可重复片段组成，但是动词的内部动态差异可以忽略不计，仍可以看作"在 V 为真的区间内，V 的真子集也为真"，因此也可以算作相对均质。

第四，及物性最强。除了极少数几个动词如"跑""走""旋转""倒退""抱怨"等外，绝大部分动作类过程动词具有非常明确的客体指向。

3.2.2.5　V$_{25}$ 变化类过程动词

变（改变）(1)，变化，补充，沉，抽（抽穗）1（3），出（出汗）(5)，改变(1)，改变(2)，化（融化），加强，减少，降（降雨、降雪、降温)(1)，降（使下降)(2)，降低，降落，起（起墙)(7)，上（由低到高)(1)，渗，缩小，衰亡，提高，褪，下（雪)(2)，下降，削弱，延长，增产，增加，增长

从［均质性］角度来说，变化类过程动词均质性特征有两种不同表现。其中一部分均质性较强，如"出（出汗）""过（过桥、过日子）""下（下雪）""渗（渗透）"等，其变化过程是一个连续的均质变化；另一部分均质性较为特殊，不是体现为颗粒度的粗细，而是体现为程度的均匀增减，如"变（改变）""变化""补充""沉""抽（抽穗）1（3）""改变（1）（2）""化（融化）""降（降温）(1)""降（降旗）(2)""降落""衰亡""下降""延长""增产""增加""增长"等。

变化类过程动词与相邻类别的异同之处在于：首先，与过程动词的前四个小类相比，不同之处在于，变化类过程动词基本都是非自主动词，不

表示动作或行为，而表示一种变化，这种变化体现出前后的状态差异。比如，"化"前后的状态是从固体变为液体，而过程动词的前四个小类不一定附带结果即新状态的产生。相同之处在于，在时间性上它们都体现为一个过程，占据一个时段。比如，"化"虽然有新状态产生，但这种变化不是瞬间产生，而是逐步显现。其次，与"变化动词"（transition verb）相比，相同之处在于语义上相通，都表示新状态的产生，比如"降落"表示物体位置的变化，"增加"表示事物数量的变化。不同之处在于，从事件呈现的形态来看，变化动词是一种瞬间变化，而变化类过程动词是一种持续变化，状态的彻底变化需要一段时间来实现。

变化类过程动词的句法表现兼具上述两方面特征：变化与过程。其可以与"了"共现表示变化，可以与"正在"共现表示处于变化的过程之中，也可以与时段词共现表示变化过程所占据的时间，还可以与"一直"等副词共现表示变化过程的持续（而不是表示变化之后的状态持续）。但由于变化类过程动词在句法表现上更接近过程动词，因此将其归入过程动词。

3.2.2.6　过程动词小结

主要的过程动词编码了事物发展变化过程中，变化发生之前的动作、行为、过程和事件，是一个有动态而尚无质的变化的过程，具有［时段］和［相对均质］的特征。过程动词的均质性通过模糊透明度，也就是减弱动态的"可视性"来实现。根据动态"可视性"的依次递增，可以将过程动词分为"形式""目的""事件"和"动作"四个小类，其均质性依次递减。这四类过程动词的语义透明度不同，所表动作行为的可预测性也不同，它们在加"着"表示不同语法体意义时会有不同的表现。

另有一类较为特殊的过程动词，即"变化类过程动词"，不表示动作行为，而是编码事物发展变化的过程本身，具有［时段］和［变化］特征，［均质性］特征主要体现为程度的均匀增减；在语义和句法表现上介于"过程动词"和"变化动词"之间，由于其在句法表现上更接近过程动词，因此纳入过程动词。

3.2.3　V₃ 变化动词（transition verb）：［时点］＋［−均质］

变化动词是最先从三类动词中区分出来的，因为它的均质性最弱，时间最短。变化往往是在某种动力作用之下促成，一般来说先有动作（或事件）后有质变的结果。一些动词编码变化之前的动作行为，突显动作阶段；还有一些动词编码变化的结果，突显变化阶段。如"搁—下，劈—开，敲—碎，踢—倒，抽—出"等词组中，前后两个动词在时间性和均质性上的表现较为一致，基本都可以判断为［时点］和［−均质］，只是动词突显的时间阶段不同。

"搁、劈、敲、踢、抽"是动作，相对于动作之前的状态虽然也是一种变化，但是这种动作的变化不必然导致结果的变化，踢了不一定踢倒，劈了不一定劈开，也就不一定满足 Pustejovsky（1991）对"transition"的定义——变化动词前后一定是两种具有相反关系的状态，即 E₁和−E₂。这一类动词编码动作阶段，需要加体标记、结果补语或时量宾语才能共同编码变化。

"下、开、碎、倒、出"是变化的结果，变化前后的状态存在质的差异，符合 Pustejovsky（1991）的定义，变化前后确实是两种呈现对立关系的状态，即 E₁和−E₂。它们突显变化结果，不关心变化之前的情况，如"毁灭、暴露、提高、改进"等动词，对于变化出现之前的动作、行为、事件是在时点内发生还是时段内发生，这类动词都不关心，它们单独即可表达变化，不依靠体标记或结果补语等手段。

综合上述分析，需要通过两个步骤来鉴定"变化动词"及其内部小类。具体操作：首先，不与"正在"共现。在排除"反复体"而动词仅表单次动作的情况下，基本上能够与"正在"共现的动词都具有［持续性］，不能与"正在"共现的动词都具有［−延续性］。这样就得到了［时点］且［−均质］动词，也就是变化动词。这一步将"变化动词"与"过程动词"和"状态动词"区别开来。其次，以"V了，没 V+结果补语"作为进一步划分［均质性］差异的验证手段。比如，"下、开、碎、倒、出"

等［时点］动词能够导致新状态的产生，是一种典型的［-均质］动词；"搁、劈、敲、踢、抽"等［时点］动词只发生一个瞬间动作，不一定会带来新状态，是一种非典型的［-均质］动词。具体做法是，用"V了，没V+结果补语"验证"劈"时，如果"劈了，没劈断"成立，说明"劈"是一个准变化动词；验证"撤销"时，如果"撤销了，没撤销掉"不成立，说明"撤销"是一个真变化动词。这样的验证方法是为了将带有新状态的变化动词提取出来，它们才是真正意义上的"变化动词"。

第二步看起来大费周章，目的是避开"了"的多义性，较为稳妥地确定"真变化动词"。因为"了"既可以表示开始，又可以表示完成。与［时点］动词共现时，既可以表示动作完成如"劈了""砍了""拍了""敲了"等，又可以表示变化后新状态的出现，如"病了""撤销了""毕业了"等，而只有后者才是真变化动词。为了保证"V了"是表示变化后新状态的出现，可以选取"V了，没V+结果补语"作逻辑上的验证。根据上述两个步骤可以分出"变化动词"，并将其进一步分为"准变化动词"和"真变化动词"两个小类。

3.2.3.1 V_{31} 准变化动词

挨（碰）(ai1)(1)，抱（手臂围住）(1)，背（背驮）(bei1)，拔(1)，摆(3)，蹦，插(1)，踩，扯（撕）(2)，喘，闯（猛冲）(1)，凑（接近）(3)，答应（应声）(1)，掸，登（蹬水车）2(1)，登（踩）2(2)，滴，递，点（写画)(1)，点（点触)(2)，点（踮)(3)，点（点头)(4)，点（眼药)(5)，点（点火)(10)，垫（隔离)(1)，顶（用头撞击)(3)，丢（扔)(2)，丢（搁置)(3)，动弹，剁，翻（反转)(1)，放（搁置)(8)，放（弄倒)(9)，放（放于)(10)，搁（加)(1)，搁（搁置)(2)，夹（夹住)(1)，叫（呼唤)1(2)，砍(1)，砍（扔东西出去打)(2)，磕，咳嗽，扣（套住)(1)，扣（向下扣)(2)，拦，迈，扭（动)(3)，拍（拍打)(1)，碰（试探)(3)，披(1)，劈（pi1)（柴)(1)，劈（pi1)（雷)(2)，泼，扑（扑过去)(1)，掐（用指甲截断)(1)，欠（欠身)1，敲(1)，扔（扔球)(1)，闪（闪避)(1)，闪（晃动)(2)，闪（闪现)(4)，

拾，摔（因落下而破损）（3），踏，弹（弹球）（1），掏（掏出来）（1），踢，剔（剔除）（3），跳（向上跳）（1），跳（起伏跳）（2），捅（扎）（1），捅（触动）（2），捅（揭穿）（3），投（投掷）（1），吐（吐痰）（tu3）（1），吐（吐赃款）(tu4)（2），吞（咽）（1），摇，砸（1），扎（zha1），铡，蘸，撞（碰撞）（1），撞（试探）（3），坐（放）（3），抄（手抄在胸前）2（3），搭（连接）（3），挡（抵御，对向挡）（1）、挡（2）（庇护、遮挡，同向挡），顶（1），顶（抵住）（4），端，蹲（1），跪，合（闭拢）（1），挤（挤在一起）（1），举（托）（1），扛，靠（在）（1），拦，晾，搂（搂到面前）(lou1)（1），拿（抓）（1），捏（手指夹），扭（转动）（1），趴（俯卧）（1），趴（趴桌）（2），捧（双手托）（1），掐（掐脖子）（2），牵，欠（欠身）1，晒，缩（缩脖子）（2），抬（1），探（探头）（2），提（向上拿）（1），躺，贴（紧跟）（2），托1，握，咬（1），站1，指（指向）（1），抓（手指聚拢）（1），坐（坐下）（1）

准变化动词也是一些表示具体动作行为的动词，其动态类型接近过程动词中的动作动词小类。"准变化动词"的界定需要两个步骤：首先，确定其具备［时点］和［-均质］特征，将其与过程动词（process verb）和状态动词（state verb）区分开，纳入变化动词（transition verb）的范畴。其次，在变化动词内部将其与其他小类区分开。在确定其是否具有［时点］特征时，以母语者的理解为基础，以能够成立的最小动作为单位，只要在一个时点上能够成立，这个动词就可以算作准变化动词。其中一部分动词可以与"正在""一直"共现表示进行，也可以与表示时段的副词和时量补语共现，似乎具有［时段］特征，如：

蹦，跺，喘，掸，登（蹬水车）2（1），滴，递，点（写画）（1），点（点触）（2），点（点头）（4），顶（用头撞击）（3），丢（扔）（2），动弹，剁，盖（盖章）（2），砍（1），磕，咳嗽，迈，扭（动）（3），拍（拍打）（1），碰（碰撞）（1），劈（pi1）（柴），泼，扑（扑过去）（1），欠（欠身）1，敲（1），扔（扔球）（1），闪（晃动）（2），踏，弹（弹球）（1），踢，跳（向上跳）（1），跳（起伏跳）（2），捅（扎）（1），捅（触动）（2），投（投掷）(1)，摇，砸(1)，扎(zha1)，铡，撞（碰撞）(1) ……

上述"准变化动词"的所谓时段性和典型过程动词是不同的。准变化动词的"时段"是通过不断重复片段完成，而并非动词成立本身所必需，其最小片段可以在一个时点内单独成立。而"跑""走""游"等同样通过重复片段而占据时段的过程动词则不同，其最小片段是不能切分出来单独成立的，跑一步不叫"跑"，手脚在水中划拉一下也不能叫"游"。过程动词的"时段性"是此类动词情状的必有特征，而准变化动词的"时段性"是一种句法操作的结果，不是动词本身所具有的。Smith（1991）将这一类动词命名为"瞬间动词"（semelfactives），定义是"无结果无产出的单步骤事件"，这正与本书对"准变化动词"的定义相符。因此，本书仍将其判定为［时点］动词。只要具有［时点］特征，也就自然具有［-均质］特征。准变化动词是变化动词中靠近过程动词的一个小类，兼具动作动词和变化动词的一些特征。

其次，把"准变化动词"与"真变化动词"区别开。正如前文分析，"搁，劈，敲，踢，抽"和"下，开，碎，倒，出"的区别在于前者编码动作，后者编码变化。"准变化动词"只有动作或行为，没有变化或结果。从词典释义的角度看，这一类动词都指明了一种变化的动作行为，例如"拔"的释义是：

把固定或隐藏在其他物体里的东西往外拉；抽出。

其中，第一个释义指明的是往外拉的动作，未指明动作的结果。第二个释义"抽出"主要用于抽象意义的"拔"，词典中用以说明"抽出"的示例是"拔了祸根"，"抽出"之所以成立还是因为有体标记"了"共现。如果去掉体标记，从"拔祸根"就看不出"抽出"这个表示变化的含义。因此，"准变化动词"与"真变化动词"的区别就在于前者突显动作行为，后者突显变化的结果。

3.2.3.2　V_{32}真变化动词

安（1），拔（军事上夺取）(3)，包（包围）(2)，包（承包）(3)，包（租）(5)，保留（保存不变）(1)，保留（暂不处理）(2)，保留（不拿出来）（3），暴露，爆发，闭，避免，毕业，断绝，多（1），多（2），夺（取）（2），夺取，发（发出、交付）（1），发（发射）（2），发（发财）（5），发（发汗）（7），发表（发表文章）（2），发挥（长处）（1），发挥（特点）（2），发明，发生，发现（规律）（1），发现（发觉）（2），发行，换（交换）（1），换（更替）（2），换（兑换）（3），恢复，回（从别处到原来的地方）（1），回（掉转）（2），回（答复）（3），解决（处理问题）（1），解决（消灭敌人）（2），解散（集合的人分散开）（1），解散（取消组织）（2），戒（戒除），借（进）（1），借（出）（2），紧，尽，进（前进）（1），进（进入）（2），漏（遗漏）（2），埋没（1），埋没（2），买，卖（1），迷（1），密切，灭（熄灭）（1），灭（灭亡）（2），灭亡，模糊，抹杀，没收，谋害，闹（发生）（3），捏造，扭（伤）（2），派，派遣，叛变，抛（抛售）（2），抛弃，跑（逃）（2），跑（漏）（4），跑（损耗）（5），赔（1），赔（亏损）（2），赔偿，配（补足缺损）（3），碰（遇到）（2），碰见，批发，批准，披（裂开）（2），便宜，剽窃，聘请，破（不完整）（1），破（破钱）（3），破（打破）（4），破（打败）（5），破（破财）（6），破（破案）（7），破坏，破裂，气，签订，牵扯，牵连，欠（欠身）1，切除，侵占（财产）（1），侵占（领土）（2），请（请求）（1），区别，屈服，取（拿到）（1），取（采取）（3），取得，取消，去（去除）1（1），去1（2），散（分散）（san4），丧失，杀（削弱）（3），删，闪（腰）（3），伤，输（败）2，提（前）（2），提（举出）（3），替，替换，添，跳（越过）（3），贴（贴补）（3），听（接受）（2），听从，听见，听取，听说，停（停止）（1），停（停留）（2），停（停泊）（3），停顿（1），停顿（2），停留，停止，同意，统一，投入，投降，透（穿透）（1），推翻（1），推翻（2），褪，吞（并）（2），脱（掉落）（1），脱（脱离）（3），脱（漏掉）（4），脱离，托（拜托、委托）2，妥协，完，完毕，完成，弯，忘，忘记……

"真变化动词"的本质特征是变化前后是两种完全不同的状态，也就是说，真变化动词区别于状态动词、过程动词和准变化动词的本质属性是"新状态"的产生。如表3-1所示，在 T 的前后是 E_1 和 $-E_2$ 两种完全不同的状态。

表 3-1　Pustejovsky（1991）对变化事件（transition）的说明

transition	an event identifying a semantic expression, which is evaluative to its opposition	$\begin{array}{c} T \\ \diagup\ \diagdown \\ E_1 \qquad -E_2 \end{array}$	give/open/ destroy

因此，验证"真变化动词"[注]的第一步是确认动词是否具有［时点］特征，也就是［-持续性］特征，第二步是确认是否有新状态产生。它们编码着事物发展过程中的"质变"这个临界点，此点前后是呈现相反关系的两种完全相异的状态，用"V了，没V成"来检验，凡是进入这一格式不成立即说明有新状态产生。在"真变化动词"内部有两个问题需要特别说明：

第一，由于动作阶段和质变阶段存在本质上的差异，准变化动词和真变化动词的［时点］和［-均质］也不完全相同。首先，准变化动词的［时点］是相对的，可以被调整，如前所述可以通过句法操作将时点调整为时段，如与"一直""正在"等共现，可能表示瞬间动作的反复发生，形成时段。同时，也可能在某些特定事件情况下超越时点延长为时段。例如"拔，扯（3），放（10），盖"等动词，在"拔出一根较长的木桩""扯下一条很长的横幅""在天平上小心翼翼地放砝码""给整个大棚盖上薄膜"等情况下，准变化动词的时点性可能会发生变化。相反，真变化动词的［时点］是绝对的，不可调整，量变达到临界点时质变瞬间发生。比如，"毕业，撤销，丢失"等动词所表达的变化，无论在什么情况下，都只可能在时点内发生，因此不能与"一直"等共现。

第二，"真变化动词"中有一部分动词可以兼表两种情状类型。事物发展变化的不同阶段就是不同的动词情状，如图 3-3 所示，分别由 P、T、S 三个字母表示。T 表示事物出现质变（transition），P 表示事物质变之前的发展过程（process），S 表示质变之后的新状态。

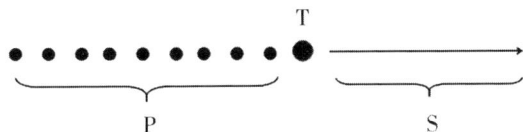

图 3-3　动词情状的不同阶段

一般来说，动词总是编码这三个阶段之一，或者表示过程，或者表示变化，或者表示状态。但有一些动词既能表示新状态的产生，可判定为"真变化动词"，又能表示变化发生之前的过程，可判定为"过程动词"，如：

暴露，端正，断绝，夺取，告别，发动（发动战争）（1），发动（机器）（3），分裂，粉碎，节约，结束，解放，解决（处理问题）（1），解决（消灭坏人）（2），揭发，揭露，纠正，觉悟，克服，排除，排挤，普及，说服，丰富，破坏，透露，改进，改良，改善，改造（1），改造（2），改正，贯彻，恢复，集中，降低，靠近，模糊，气，扰乱，深入，抬举，推翻（1），推翻（2），脱离，忘记，醒悟，提拔，破裂完成，稳定，泄露，展开（大规模进行）（2），震动（使人心不平静）（2），通，浪费，逃避，形成，移动，转变，启发，掩盖（隐藏）（2），隐藏，隐瞒……

从语义角度来说，这些动词在不加副词、体标记等各种前后成分的情况下，单独一个动词即可表达不同的情状，既可以表示事物产生新状态的变化（T），也可以表示新状态产生之前的动态过程（P）。从句法角度来说，不同的句法关系能够体现出动词的不同情状特征，如：

（1）a. 问题解决了——b. 解决问题

（2）a. 错误纠正了——b. 纠正错误

（3）a. 常识普及了——b. 普及常识

（4）a. 物质丰富了——b. 丰富物质

（5）a. 身份暴露了——b. 暴露身份

……

从例（1）到例（5），ab 两组结构中动词呈现了不同的阶段。a 组动词表现变化（T），这一变化主要由动词语义来表达，"了"主要承担成句功能，因为即便去掉"了"不能完句，动词所表变化依然是成立的。b组动词表示过程（P），即这一变化发生之前的过程。从词典（《现代汉语词典》第7版）释义来说，上述这一类动词中已有一部分动词的释义体现出上述ab两组结构存在细微差别的意义，分别是结果义和致使义，其中结果义对应变化，致使义对应过程，如：

【普及】①普遍地传到。（结果义—T）

②普遍推广，使大众化。（致使义—P）

结果义表示事物性质状态的改变，对应的是变化阶段（transition，T），致使义表示导致这个变化发生的过程，对应的是过程阶段（process，P）。上述两个动词的词典释义将同一动词表示的不同情状阶段分列为不同义项，但并不是所有同类动词都得到了相应的解释，有些动词的解释有结果而无过程，如：

【完成】按照预期的目的结束，做成。（结果义—T）

【暴露】隐蔽的事物、缺陷、矛盾、问题等显露出来。（结果义—T）

【透露】泄露；显露。（结果义—T）

有些动词释义过程和结果合并解释，但没有分立不同义项，如：

【解决】①处理问题使有结果。

②消灭坏人。

【纠正】改正缺点、错误。

【克服】战胜或消除缺点、错误不利条件等；克制，忍受。

【说服】用理由充分的话使对方心服。

【淘汰】在选择中去除不好的、弱的或不合适的。

由于本书对动词的研究是基于义项，如果词典释义能够尽量细致地区分不同情状的差异，分列不同义项，那么在判断动词情状类型归属的时候就会方便很多，如"普及（1）"是变化动词，"普及（2）"是过程动词。而像上述没有区分不同义项的动词，在判断情状类型时就比较困难，将其归入过程动词和变化动词理论上都说得通。词典释义普遍给出了"结果义"，因此就把上述动词归入"变化动词"。

3.3　本章小结

首先，在前人动词情状类型研究的基础上，调整了情状分类的参数，从［动态性］［终结性］和［持续性］三项调整为［时间性］和［均质性］两项，每项参数都有相应的形式验证标准，如表 3-2 所示，通过两层形式标准的验证将《汉语动词用法词典》中的动词进行了逐一甄别，先后得到变化动词、状态动词和过程动词。

表 3-2　动词情状分类操作

语义参数	时间性	均质性
形式标准	是否与"一直"共现	是否可重叠（VV/V—V）
验证结果	不可共现得到变化动词	不可重叠得到状态动词
示例	＊一直毕业、＊一直开除	＊恨恨、＊愁愁、＊害怕害怕

其次，在每个大类内部根据不同的意义或形式标准分出小类。状态动词内部根据是否能与体标记共现分出"零状态动词"和"真状态动词"；变化动词内部根据能否通过"V 了，没 V+结果补语"的验证，分出"准变化动词"和"真变化动词"；过程动词内部通过"可视性"（语义透明度）的差异分出形式类、目的类、事件类和动作类过程动词。介于过程动词和变化动词之间的、既有变化性又有过程性的一个小类（如"变""沉""过"渗"等），由于通过了过程动词的形式验证标准，因此归入过程动词，称为"变化类过程动词"。动词情状分类共计三大类 11 小类，如图 3-4 所示。

$$V_1 状态动词 \begin{cases} V_{10} 零状态动词 \begin{cases} V_{101} 关系动词：属于，是，比，算，使…… \\ V_{102} 情态动词：会，该，要，可以，打算…… \end{cases} \\ V_{11} 真状态动词 \begin{cases} V_{111} 存在状态动词：有，没有，缺乏…… \\ V_{112} 身心状态动词：爱，愁，相信，知道…… \end{cases} \end{cases}$$

65

$$V_2过程动词\begin{cases} V_{21}形式类过程动词：办，搞，做，整，干，跑，管，实行…… \\ V_{22}目的类过程动词：抵抗，发展，鼓励，奉承，剥削，争夺…… \\ V_{23}事件类过程动词：考，腌，比赛，辩论，表演，治疗，烹饼…… \\ V_{24}动作类过程动词：绑，炒，吃，打，刻，倒退，翻译，流动…… \\ V_{25}变化类过程动词：变，沉，出，过，渗，变化，增加…… \end{cases}$$

$$V_3变化动词\begin{cases} V_{31}准变化动词：鸣，滴，点，利，碰，闪，敲，踢，捅，咳嗽…… \\ V_{32}真变化动词：撤，出，倒，碎，断，穿，分裂，获得，结合…… \end{cases}$$

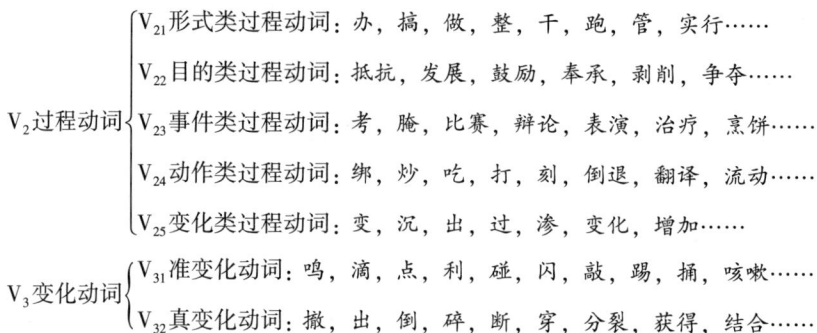

图 3-4　动词情状类型

　　动词的内部时间结构即情状类型，是体标记产生不同语法体意义的基础。Smith（1991）、Binnick（1991）等认为，动词情状类型跨语言共性较大，而"时""体"（这里指语法体）在不同语言间差异较大。"着"就是汉语所采用的作用于动词情状的语法体手段。本书的情状分类可以为其他语言的类似研究提供参考，更重要的是，这是对"着"的不同语法体意义展开讨论的基础。"着"与不同情状类型动词的结合及分析，将在下一章中讨论。

第 4 章
"着"的时体意义

◇◇◇◇◇◇◇◇◇◇◇◇◇◇◇◇◇◇◇◇◇◇◇◇◇◇◇◇◇◇◇◇◇◇◇◇◇◇

　　动词事件结构也就是动词情状的跨语言共性较大，而语法体的跨语言差异较大。在相似动词情状的基础上，不同语言选择了不同的方式来表达语法体。"着""了""过"作为体标记附着于动词之后，在具有普遍性的事件内部时间进程中为某一具体的情境定位。由于动词的内部时间结构不同，尤其是［时间性］特征的差异，必须对动词分情况进行讨论。

4.1　状态动词（state verb）与体标记的共现情况

　　状态动词中包括零状态动词和真状态动词。零状态动词主要是关系动词和情态动词，都不可与体标记共现。然而真状态动词中与体标记共现的能力存在内部差异，尤其是与"着"共现的情况各不相同。赵元任先生说"说有易，说无难"，不仅能加体标记的情况需要解释，不能加的情况也值得思考。

　　前人关于状态动词与体标记共现情况的研究，尤其是真状态动词内部小类的研究还不够详细。金奉民（1991）的情状研究中，在"无变"动词中涉及了本书所说的"零状态动词"，但是没有论及本书所说的"真状态动词"。陈平（1988）的研究对状态动词皆有所涉及，但是认为表示心理的状态动词也就是本书所谓"真状态动词"一般不带"着"和"在",这和语料调查的事实有出入,且没有对其中的差异进行详细区分和说明。郭锐(1993)注意到了状态动词内部的差异,尤其是"真状态动词"内部的差异,并且按照差异将这些动词分别划入"前限结构"和"双限结构",但由于文章的研究目的是划分动词的过程结构,对这一差异没有展开详细论述。

状态动词加"着"表示"主体处于动词所表状态之中"的时体意义。在表述功能上,加体标记陈述事件,不加体标记描绘属性;加"着"表示处于事件过程之中,加"了"表示事件有"系统分工"和"同音抑制"两个原因在起作用。"着"对状态动词的语义有"暂时性"和"可变性"要求。

前人研究普遍认为动词与体标记的共现与动词事件结构中的时间特性密切相关,表示事件不同进程的体意义。但事实上,体标记参与动词活动的首要作用是通过时体意义将事件与属性区别开来。体标记"了"和"过"可以与大部分真状态动词共现,"着"的情况稍微复杂一些,因此本书从这里开始讨论。能够加"着"的真状态动词如下:

爱(对人或事物有很深的感情)(1),爱好,爱惜,愁,担心,等待,等候,惦,惦记,饿(1),发愁,反对,服从,害怕,害羞,恨,后悔,忽视,怀念,怀疑(1),活,计较(比较)(1),忌妒,讲究,警惕,渴,留神,留心,迷(迷恋)(2),迷信,盼,盼望,佩服,期待,期望,轻视,热爱,伤心,生气,失望,贪(贪图)(2),贪图,讨厌,疼(痛)(1),疼(爱)(2),体谅,体贴,同情,误会,希望,喜欢,羡慕,相信,享受,想(思念)(5),想念,小心,心疼,信(宗教)(2),信任,向(偏袒)(2),哑,依靠,依赖,要求,阴,拥护,怨,晕(yun4),着急,指(仰仗)(4),指望,重视,注意,肿,醉,尊敬,尊重

前人研究普遍认为表示心理状态的动词加"着"表示主体正处于动词所表状态之中。状态动词加"着"与过程动词加"着"在事件进程上没有本质区别,而与真正的静态持续有明显区别,因此本书将状态动词加

"着"表示的语法意义归入"进行体",将在第 5 章详细论述,这里暂不展开。这里着重讨论真状态动词加"着"和不加"着"的区别,并通过"V着"的差异来观察真状态动词的一些特性。

郭锐(1997)通过"不""没"两个否定词的检验,将汉语谓词分为"过程"和"非过程"两种情况,认为"过程"的否定用"没","非过程"的否定用"不"。能够加体标记的动词属于过程动词,否定词用"没";不加体标记自行成句的动词属于非过程动词,否定词用"不"。真状态动词既可以不加体标记自行成句,也可以加体标记成句,可以同时用"不"和"没"两个否定词加以否定。那么,这也就意味着真状态动词具有"过程"和"非过程"两种性质。在与体标记共现的过程中,如何区分过程与非过程呢?所谓"非过程"可以理解为性质、意愿、态度、目的、计划等"非现实状况"(郭锐,1997),而"过程"则可以理解为具有时间性的心理过程、动态过程和事件过程。这突显出"真状态动词"具有较为特殊的二元特征。

真状态动词既可表示"非过程"(属性),又可表示"过程"(事件)。加"很"表示"非过程",指明主体的某种属性,否定形式用"不";加"着"表示"过程",表示主体处于某种事件状态①,否定形式用"没"。

如例(1)中的 a 组都表示"非过程"含义,表示主体的某方面属性,与特定事件无关。"很爱惜花草"不是表示某时某地爱惜特定花草,而是表示在任何情境下都爱惜花草,"很迷信权威"也不是指迷信某个特定权威,而是主体具有"迷信权威"这一特性。这里的"花草""权威"都不是定指而是泛指。b 组表示"过程"含义,表示主体处于某种特定事件的状态之中,"爱惜着花草"是指爱惜这片花草,"迷信着权威"是指迷信某个特定权威,都与特定事件相关。

(1) 爱惜花草:a. 我很爱惜花草。——我不爱惜花草。(非过程—属性)

　　　　　　b. 我爱惜着花草。——我没爱惜花草。(过程—事件)

　　迷信权威:a. 他很迷信权威。——他不迷信权威。(非过程—属性)

---

① 这一"状态"是进行状态,而不是"状态动词"的"状态"。

b. 他迷信着权威。——他没迷信权威。(过程—事件)

应当看到，汉语动词中能够同时被"不"和"没"否定的动词很多，不仅状态动词可以，绝大部分动态动词也都可以，但不能因此说动态动词也有"属性""事件"的二元特征。真状态动词的二元特征并不是因为与"不"和"没"的同时兼容，而是因为与"着"和"很"的同时兼容。真状态动词加"很"表"属性"，功能上用于描述事物性质；加"着"表"事件"，用于陈述事件过程。状态动词的二元特征同时印证着它处于连接形容词和动词的过渡地带。加"着"的作用就是使接近动词的那部分特性被激活，陈述主体处于事件状态之中。

需要特别说明的是，状态动词加"着"不可被直接否定，加"不"和"没"句子都不对劲，如"＊他不/没迷信着权威"。要对事件加以否定，只能去掉"着"以后加"没"。逻辑上对事件的否定就是否定其特定状态，只要主体处于此种状态之外的其他任何状态，都是对事件的否定。当然，对属性的否定自然也就覆盖了对事件的否定，没有"迷信权威"这一属性，也就没有"迷信权威"的各个状态。对属性的否定高于对事件的否定，对事件的否定就等于对事件中各种可能状态的否定，如：

（2）他迷信权威。

——他迷信着权威。(处于 $state_1$)

——他迷信过权威。(现在不迷信了，处于 $state_2$)

——他迷信着别的事物。(处于 $state_3$)

——……（$state_n$）

——他没迷信权威。(否定"迷信权威"这一事件，即否定相关的各种状态)

——他不迷信权威。(否定"迷信权威"这一属性，即否定一切可能的事件和状态)

（3）他同情弱者。

——他同情着弱者。(处于 $state_1$)

——他同情过弱者。(现在不同情了，处于 $state_2$)

——他同情着别的对象。（处于 $state_3$）

——……（$state_n$）

——他没同情弱者。（否定"同情弱者"这一事件，即否定相关的各种状态）

——他不同情弱者。（否定"同情弱者"这一属性，即否定一切可能的事件和状态）

通过上述对"没""不""很""着"的比较可以看到在真状态动词对属性、事件的表达中"着"所处的层级和功能。"着"的作用在于突显主体处于某一状态进行过程当中，语法上仍表示进行体意义，语用上具有陈述事件状态的功能，与加"很"表示主体属性的意义和功能相对立。如果"着""很"都不加，真状态动词以光杆形式出现，则其无标记地表达属性意义。由此可见，真状态动词表"事件状态"是其有标记的用法。

既然真状态动词无标记地表达非过程性，有标记地表示事件状态，那么真状态动词里那些能加"着"的动词就具有过程与非过程的双重属性，而不能加"着"的那部分则只具有非过程性，而不具有过程性。例如，下面这些真状态动词表示主体的某种特征或性质，而不表示与时间性相关的特定事件：

爱（喜欢）（2），爱（爱面子）（3），爱（爱生病）（4），懂（了解），多（2），放心，欢迎（乐意）（2），会（通晓）2（2），了解（知道）（1），满足（感到足够）（2），明白，明确，怕（害怕）（1），认得，认识（1）（知道），熟悉，嫌，信（相信）（1），晓得，欣赏（认为好）（2），愿意，知道，着想

如"爱（1）"这个动词，在表示"对事物有深厚感情"时，加不加"着"都可以，不加"着"表示非过程性，如例（4）中，"父亲爱他"是一种不与时间相关的属性，是非过程的。而"父亲爱着他"则是与参照时间相关的事件，具有过程性。

（4）他的父亲正是因为深深地<u>爱着</u>他，才把他贡献出来。（特雷莎修女《美丽的微笑与爱》）

（5）凯萨琳以全部身心爱着杰罗姆，这一点乔治也意识到了。（《当代世界文学名著鉴赏词典》）

"爱（2）"是表示"（对某种事物）的喜欢"，如"爱下棋""爱吃冰淇淋"等；"爱（3）"是"爱惜、爱护"的意思，如"爱干净""爱荣誉"等；"爱（4）"是表示"主体容易出现或发生某种状况"，如"爱生病""爱激动"。这三个"爱"都不能与"着"共现。同样是一种对客体的心理状态，同样具有［时段］特征，但是"爱（1）"可以加"着"，"爱（2）""爱（3）"却不能加"着"，这是问题之一。问题之二在于，"爱（2）""爱（3）"不能加"着"，同样表示对事物感情的"喜欢"却可以加"着"，如：

（6）a. 叶雪清学的是西医，却深深地喜欢着中医，久而久之，中西合璧，左右逢源。（1994年报刊精选）

b. 他像我记得的那样可爱，我像我记得的那样喜欢着他。（大陆作家《盛夏光年》）

c. 一个青涩的高二少年，怀着对足球最初始的爱，疯狂地崇拜着马拉多纳匪夷所思的盘带，迷恋着克林斯曼飘逸狂野的金发，同时喜欢着阿根廷、意大利、荷兰、德国四支球队。（《博客世界杯》）

不仅"爱（2）""爱（3）"不能加"着"，"懂""明白""愿意"等真状态动词也不能加"着"，如：

（7）a. 他爱下象棋。——＊他爱着下象棋。——他不爱下象棋。

b. 小明懂法语。——＊小明懂着法语。——小明不懂法语。

c. 他明白规矩。——＊他明白着规矩。——他不明白规矩。

d. 他愿意妥协。——＊他愿意着妥协。——他不愿意妥协。

"爱（2）""爱（3）"不能加"着"的原因，仍与上述过程与非过程、事件与属性的对立有关。不能加"着"的动词，几乎都不能用"没"否定，而只能用"不"否定。也就是说，不能加"着"的真状态动词表示事物的特征、情态、意愿等非事件属性，不具有过程性。

可以加"着"的（真）状态动词几乎都是可变的，也就是郭锐（1993）所提出的"双限结构"的第一个小类。这些动词与表示不同体意义的三个体标记都可相容，加"了"表示进入这一状态，如"爱了、恨了、害羞了、后悔了、忽视了、留神了、留心了"等；加"着"表示处于事件状态之中，如"爱着、恨着、愁着、担心着、等待着、等候着、惦记着、留神着、留心着"等；加"过"表示动词所表状态已经终结，主体处于这种状态之外，如"爱过、恨过、愁过、担心过、等待过、等候过、惦记过、害怕过、害羞过、后悔过、忽视过、怀念过、怀疑过、计较过、警惕过、留神过、留心过"等。"了""着""过"三个体标记分别表示进入某种状态、处于状态之中、处于状态之外三种不同的进程。这部分状态动词具有明显的"暂时性"和"可变性"语义，过去人们所谓的状态动词具有静态性，只是说进入这种状态之后相对静态，而并不是说这种状态不可变化、不可取消。由于可取消、可变化，这类动词就具有状态开始、状态之中、状态之外三种事件过程性，也就是 Smith（1991）所谓的三种"视点"（viewpoint）。相反，不能加"着"的状态动词呈现非过程的属性义，决定了它们只有两种情况，即［+属性］和［-属性］，如"懂、会、明白、知道、晓得"等，要么是，要么否。

从对真状态动词与体标记共现的分析可以看出，体标记的使用与否，不仅与（包括情状在内的）动词语义和体标记本身的功能相关，还和动词所表现的属性义或过程义有关系。这一部分比较详细地讨论了体标记与状态动词的共现情况和限制条件，有以下几个方面的发现：

首先，零状态动词无情状、无时间性，不与所有体标记共现，因此也就不能加体标记。

其次，真状态动词与体标记共现表示过程义，"着""了""过"分别指明事件过程中的不同阶段。加"了"表示进入（动词所表）状态、加"着"表示"处于状态之中"，加"过"表示"处于状态之外"。而不加体标记的真状态动词表示属性。

4.2　过程动词（process verb）与体标记的共现情况

过程动词与状态动词相比属性特征减弱，但仍然存在过程与非过程的区别。过程动词不加体标记表示一种惯常的情况，如"老张抽烟/小王上白班/他唱丑角儿/大鱼吃小鱼/自行车走非机动车道"等，围绕动词配置的名词尤其是宾语也都不是定指，整个句子都不与时间特性相关，不指示特定事件，而是表示一般情况。否定副词用"不"。

过程动词基本都能与体标记共现，与时间性建立联系，表示事件进程中的不同状态，否定副词用"没"，与体标记共现时带有过程性。其中，过程动词加"了"表示事件过程的完成，加"过"表示远时经历，加"着"表示处于事件之中。这里重点分析"着"的情况。

过去研究认为，活动动词加"着"表示动作进行，意义等同于"正在V"，例子大都是比较典型的活动类动词，如"跑""走""吃""看"等。本书通过"正在"和"了"两个形式验证标准和语义对比的方式，对过程动词进行逐一替换，发现有的"V着"可以替换为"正在V"，有的可以替换为"V了"，有的两者都不能替换；能够替换为"正在V"的"V着"还可以分为不同的意义。总之，"V着"能够表示的体意义非常丰富，"V着"内部的差异比较复杂。通过对这些纷繁现象进行梳理，发现"V着"共有五种不同的时体意义，分处于两个不同的事件层面。

第一，在单事件层面，"V着"表示三种各有差异的时间情况：一是表示动态过程的进行，相当于"正在V"，记作"V着$_1$"；二是表示动态过程的不断重复，也可以替换为"正在V"，记作"V着$_2$"；三是表示动词所表过程结束后某种状态的持续，相当于"V了"，记作"V着$_3$"。以"弯腰"这个过程为例，可以用图4-1表示"弯着腰"的三种体意义。

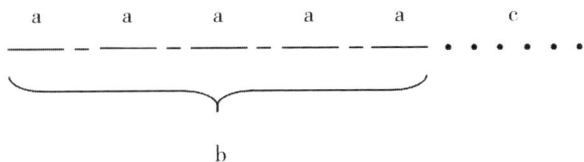

图 4-1 过程动词"V 着"的三种体

图中 a 表示单次弯腰的过程，也就是表示进行的"V 着$_1$"；b 表示多次弯腰的过程，也就是表示反复的"V 着$_2$"；a 和 a 之间的小短横表示弯腰后起身的阶段；c 表示弯腰这一过程完成之后一直保持弯腰姿势的状态，也就是持续体"V 着$_3$"，如：

（8）a. 康复训练时她不敢大动，只能慢慢地<u>弯着腰</u>。

　　　b. 为了练好一个下腰动作，她整个上午都不停地<u>弯着腰</u>。

　　　c. 她的背已经佝偻了，走路时一直<u>弯着腰</u>。

"弯着腰"表示的 abc 三种意义，就是过程动词构成的"V 着"能够表示的三种意义，分别是进行体（a）、反复体（b）和持续体（c）。例（8）的三个句子表示三种语法体，句中其他成分如"慢慢地""不停地""一直"等能将三种不同语法体意义的差异突显出来，但不同语法体仍然是通过"着"来实现。如例（8）a，去掉"着"以后虽然句子能成立，但已没有进行意义；（8）b 去掉"着"以后，"不停地弯腰"虽然能表示动作的重复，但是仍然缺少了"反复体"内涵中的"持续性"意义；（8）c 去掉"着"句子基本不成立。相反，如果去掉三个句子中各自的共现成分"慢慢地""不停地""一直"，"弯着腰"就会出现歧义。因此，语法体意义产生的核心作用还是在于"着"，"慢慢地""不停地""一直"等共现成分的作用在于分化了"V 着"的歧义。而歧义的存在更加能够证明"着"确实能表达这三种不同语法意义。

第二，在复数事件层面，"V 着"可以表示两种意义：一般性复数事件和惯常体。一般性复数事件，"V 着"表示多次发生事件构成的一种持续，事件之间可以有间隔，可以有不同的主体，还可以跨空间，记作"V 着$_4$"；惯常体，"V 着"表示一种规律性的事件或状态，记作"V 着$_5$"。

下面分别讨论过程动词加"着"的五种情况。

4.2.1 进行体——"V着₁"

"V着₁"的形式验证方法是"正在V",凡是"V着"与"正在V"真值相等能够互相替换,"V着"就表示进行体,即"V着₁"。虽然"V着₁"和"正在V"并不完全相同,但是如果排除它们在"时"(tense)意义上的差异,以及句法环境、音节数量等词汇以外的影响因素,单从"着"的语法体意义来看,"V着₁"和"正在V"都表示内部视点体的含义,即表示处于动词所表过程的内部。表示进行体的"V着₁"是过程动词加"着"最常见的意义,几乎所有的过程动词都能加"着"表示进行体。

然而,在实际语用中并不是所有过程动词加"着"都用于表达进行义,如"安着""穿着""戴着""裹着""画着""记着""抹着""擦着""涂着""镶着""嵌着""刻着""收着""绣着"等,这些"V着"更突出、更常用的意义是"V着₃",即动作完成后状态的持续,这将在后面详细讨论。从语料库检索的情况来看也是如此,以"穿着"为例,在随机抽取的100条表示"穿衣"义项的"穿着"中,有97条是表示持续体的"V着₃",有1条是表示惯常体的"V着₅",只有2条是表示进行体的"V着₁"。这是因为这些"V着"有歧义(既可以表示处于动作过程之中,也可以表示处于动作过程之外),为了分化歧义,这一类动词的进行义就多用"正在V"表示,"V着"则更多地表示动后持续,即"V着₃"。也就是说,理论上全部过程动词加"着"都可以表示进行体,但其中有些"V着"并不主要表示进行体。

常用于表示"V着₁"的动词有:形式类过程动词全部都可加"着"表示"V着₁",动作类过程动词的大部分加"着"表示"V着₁",事件类和目的类过程动词中也有一部分动词加"着"表示一次过程的进行,如:

动作类过程动词:抱怨,背(背诵)(bei4)(2),奔跑,比较,表扬,驳斥,猜,操纵(操控机器)(1),操心,尝,唱(1),吵(闹腾)(1),

吵（争吵）（2），扯（闲谈）（3），陈述，称赞，称（重）2，吃（1），冲1，抽（抽出）1（1），抽（吸）1（4），抽（打）2（2），锄，穿（马路）（2），传（传递）（1），传（传导）（4），传（传令叫人来）（5），传（传染）（6），吹（演奏）（1），吹（吹气）（2），吹（夸口）（3），凑（1），催（促）（1），搓，答复，打（鼓）（1），打（殴打）（3），打（磨）（7），打（电话）（13），打（除去）（15），打（买、取）（16），打（玩）（21），打（手势）（22），打击（击打）（1），倒（倒车）（dao4）（1），倒退，道歉，登（由低到高）1（1），蹬（蹬车），等（等候）（1），等待，等候，点（种）（6），点（账）（7），盯，顶（从下拱起）（2），钉（钉钉子）（1），钉（钉扣子）（2），动（动脑筋）（3），斗（斗嘴）（3），读（朗读）（1），读（阅读）（2），堆，对（比对）（5），对（时间）（6），发（发言）（4），翻（翻动）（2），冲（冲洗）2（2），飞（动物飞）（1），飞（机械飞）（2），飞（漂浮）（3），赶（驾驭）（3），赶（驱赶）（4），跟随，耕，够，刮（风）2，挂（打电话）（3），广播，逛，滚（滚动）（1），滚（滚边）（3），喊（大声喊）（1），喝，呼吸，捡，浇（淋）（1），浇（灌溉）（2），浇（浇铸）（3），嚼，搅，叫（发出较大声音）1（1），掘，解（解开）（1），开（开车）（6）……

事件类过程动词：吃（靠……过活，吃低保）（2），吃（承受）（5），监视，检查（1），教，进攻，设计，射，申请，审（审查）（1），审（审讯）（2），审查，审问，拾掇（修理）（1），搜查，慰问，袭击，修理（1），阅读，运，运输，战斗，招待，治疗，叫（叫车）1（3），接待，接见，介绍（2），进攻，开（开办）（8），看（看守）（kan1）（2），看（看诊）（kan4）（5），考，考试，拉（拉货物）1（2），炼，旅行，念（2），弄（做）（1），拍（拍摄）（2），拍（电报）（3），排2，排练……

目的类过程动词：安慰，熬（忍受）（ao2）（2），保卫，保持，保证，剥削，操纵（2），参考，传（手艺）（2），传（传播）（3），重复，催（变）（2），刺激（刺激消费）（1），刺激（打击）（2），对待，钉（督促）（ding1）（2），调动（2），打扮，抵抗，动员，斗（斗争）（1），捣乱，倒

（倒卖）2 (1)，哄（哄小孩）(1)，哄（哄骗）(2)，互助，护理（护理树苗）(2)，欢迎 (1)，汇报，活动 (3)，活动 (4)，计算（算计）(3)，纪念，假装，驾驭，坚持，监督，检查（检讨）(2)，检讨，检验，建议，鉴别，交代 (1)，交际，交流，教育，接洽，介绍 (2)，经受，警告，敬，救济，鞠躬，举行，开（开会）(10)，养（养家）(1)，养活（供给）(1)，养活（饲养）(2) ……

形式类过程动词：办（料理）(1)，奔（ben4）（奔着）(2)，处理（安排）(1)，闯（闯荡）(2)，打（工、杂、游击）(20)，打（比方）(23)，干 (1)，干（担任）(2)，搞，管（负责）(4)，混（混日子）(3)，活动 (4)，进行，闹（闹革命）(4)，弄（设法取得）(2)，跑（奔走）(3)，拼（拼命）2，实行，使（使筷子）(1)，玩儿（使用）(3)，用 (1)，折腾 (1)，做（从事）(2)，抓（着重某方面）(4) ……

变化类过程动词：变（改变）(1)，变化，补充，沉，抽（抽穗）1 (3)，出（出汗）(5)，改变 (1)，改变 (2)，化（融化），加强，减少，降（降雨、降雪、降温）(1)，降（使下降）(2)，降低，降落，起（起墙）(7)，上（由低到高）(1)，渗，缩小，衰亡，提高，褪，下（雪）(2)，下降，削弱，延长，增产，增加，增长……

其中，"V 着$_1$" 与 "正在 V" 意义和功能最接近的是动作类过程动词，如例 (9)，这些动词加 "着" 替换为 "正在 V" 以后，虽然表达风格不同，时 (tense) 意义有差异，但是表达的事件进程也就是体意义相同，整个语句仍然能够成立。事件类过程动词中也有相当一部分加 "着" 可以与 "正在 V" 替换，表示处于动词所表事件过程中，如例 (10)。进行体 "V 着$_1$" 最常见的句式是施事作主语的一般主谓句，例 (9) 和 (10) 中，除了 (9) b 以外都是陈述施事的一般主谓句。

(9) a. 皇太极骑着快马，风驰电掣般地<u>奔跑着</u>。（李文澄《努尔哈赤》）

　　——皇太极骑着快马，<u>正在</u>风驰电掣般地<u>奔跑</u>。

　　b. 今晚<u>吹着</u>南风。（《当代世界文学名著鉴赏词典》）

——今晚正在吹南风。

c. 她艰难地呼吸着，气若游丝。（张清平《林徽因传》）

——她正在艰难地呼吸，气若游丝。

d. 猪解开了缰绳，向后倒退着。（莫言《红树林》）

——猪解开了缰绳，正在向后倒退。

（10）a. 高翼满意地坐在一张胡床上，接见着留守的五屯屯长。（赤虎《五胡烽火录》）

——高翼满意地坐在一张胡床上，正在接见留守的五屯屯长。

b. 老太婆站在大石桥头，厉声审问着那军官模样的家伙。（罗广斌《红岩》）

——老太婆站在大石桥头，正在厉声审问那军官模样的家伙。

c. 然而那些顽皮的幻象还是继续进攻着。（茅盾《子夜》）

——然而那些顽皮的幻象还是正在继续进攻。

4.2.2　反复体——"V 着$_2$"

4.2.2.1　关于"反复体"

"反复体"这一术语在前人的研究中常用来指称不同的现象，如"看来看去""说说笑笑""说着说着就到了"之类（陈前瑞，2008）。陈前瑞（2008）将反复体的意义类型分为五种，分别是：①同一动作的反复，如"忽闪忽闪""走来走去"；②不同动作的交替反复，如"说东道西""走走停停"；③由不同主体交替进行的相对动作的反复，如"一唱一和""一问一答"；④不同动作的同时反复，如"一走一探头""旅客进进出出"；⑤不同动作的循环反复，如"吃了睡，睡了吃"等。刘丹青（1996b）将苏州方言的反复体分为短时反复、低频反复、中频反复和高频反复。

　　上述所提到的"反复体"都指称内涵不同的现象，它们的共同之处是都表示动作量的重复，但作为语法体层面的"重复"要和词汇意义本身包含的"重复"区别开，还要将单次事件内部的"重复"和事件的"重复"区别开。因此，在"反复体"界定过程中涉及主体、时间和事件界限等问题。

本书将"反复体"界定为同一主体在同一事件中的动作反复，每一个动作不具有独立性，不能单独构成事件。不论是主体不同造成的复数事件，还是事件本身的重复造成的复数事件，都不算作"反复体"。这样界定的目的是将不同事件层面的重复区别开来，这样才能将单事件和复数事件区别开来。例如，上文例（8）b 所示的"弯着腰"是在一个单事件内部不断重复的弯腰动作，动作的施事也是同一主体，因此算作"反复体"；而"说说笑笑""旅客进进出出"等情况，由于表示复数事件而非单事件内部的动作重复，都不算作"反复体"。另外，表示"小量""尝试"等语义的动词重叠也不算作"反复体"。

4.2.2.2　过程动词的反复体

过程动词构成的"V 着"可以表示反复体，常用"正在 V"替换，记作"V 着$_2$"。反复体"V 着$_2$"最常见的句式是施事作主语的一般主谓句，如：

（11）a. 安在天继续在人群中<u>猜着</u>、<u>找着</u>，忽然他下意识地一低头，一个孩子藏在他的身后，正在扯住他的袖口，想看他腕上的手表。（麦家《暗算》）

　　b. 唐念楚又是叹了一口气，一只脚<u>碾着</u>地面。（禹少少《贴身高手》）

反复体作为单事件有这样一些特征：①重复动作之间的间隔较小，不足以分立为单独事件；②动作的施事是同一主体，可以是单数也可以是复数；③事件一般发生在同一场景之中。

复数事件的特征有：①事件之间有较长的时间间隔；②动作的施事可以是不同主体，不论单数还是复数；③事件可以跨越时空，在不同的场景中发生。

过程动词能够形成反复体的情况比较受限，大都需要特定的事件场景才能成立。由于强调动作性，过程动词中只有动作类过程动词能够形成反复体意义，因此用"反复"作为鉴定字，凡是能够和"反复"搭配的动

词,基本上就能在一定语境下形成反复体。经过对全部过程动词的比对,大概有下面这些动词在语义上可以构成单事件的反复体:

绑,包(包东西)(1),背(背诵)(bei4)(2),比(比较)(1),比(比照)(3),比较,擦(1),猜,采(2),缠,尝,称赞,称(重)2,盛(放于容器)(1),抽(打)2(2),锄,穿(马路)(2),穿(珠子)(3),吹(吹气)(2),搓,打(击打)(1),打(捆)(8),打(涂抹)(10),道歉,点(种)(6),叠,叮,钉(钉钉子)(1),钉(钉扣子)(2),兑(兑水)(1),翻(翻动)(2),感谢,割,刮(去除)1(1),刮(涂抹)1(2),裹,喊(1),挤(推挤)(2),挤(挤牙膏)(3),嚼,搅,叫(叫唤)1(1),鞠躬,卷(裹住)(2),掘,啃,抠(1),捆(捆绑),捞(捞鱼)(1),抹(涂抹)(1),抹(擦)(2),抹(抹平)(mo4),捻,碾,念叨,拧(拧毛巾)(ning2)(1),拧(拧耳朵)(ning2)(2),拧(拧螺丝)(ning3),品尝,扑(扑粉)(2),切,亲,清洗(1),嚷(喊叫)(1),揉(揉眼睛)(1),扇,涮(涮肉)(2),撕,叹,剔(刮肉)(1),剔(剔牙)(2),涂(使附着)(1),涂(乱写画)(2),旋转,咬(狗叫)(3),抓(抓挠)(2),转(自转)(zhuan4)(1),转(他转)(zhuan4)(2),钻(钻眼儿)(1),钻(穿过)(2)

4.2.3　持续体——"V 着$_3$"

有一部分过程动词加"着",既可以表示主体处于动作行为过程之中,体意义相当于"正在 V",也可以表示动作行为结束后遗留状态的持续,真值相当于"V 了"。前人很多研究注意到了这一现象,如"山上架着炮""屋里摆着宴席"等。"V 着"在句中可作动态和静态两种理解,即"山上正在架炮"和"山上架好了炮"。对于其中的静态意义,朱德熙(1981)称之为"遗留状态",钱乃荣(2000)称之为"存续体",本书称之为"持续体",记作"V 着$_3$"。例如:

(12) a. 沙滩上<u>搭着</u>一座座茅草凉棚,供游客们乘凉、歇息。(《中国儿童百科全书》)

81

b. 还有三间南房，<u>里边安着</u>一盘碾子和一台磨。（刘流《烈火金刚》）

c. 每个人腰上都用细绳<u>拴着</u>拖鞋，长长的栈桥立即变得热气腾腾。（1994年《人民日报》）

在这些句子里，动词所表示的动作行为已经结束，在这些句子被表达出来之际，"搭""安""拴"等行为已然结束，"V着"表示动作行为结束以后事物的存续状态。这样的体意义不同于前述的进行体和反复体，并且其典型句式也与进行体和反复体不同。持续体意义的典型句式是以处所为主语的静态存在句，如例（12）。

通过对全部过程动词进行逐一考察甄别，构成"V着₃"的过程动词如下：

安（装）(2)，安排（规划）(2)，熬（煮）(ao2)(1)，拔（罐）(2)，拔（放于水中使变凉）(4)，办（经营）(2)，绑，包（包东西）(1)，编（编织）(1)，编（编辑）(3)，布置（安排、陈列物件）(1)，擦（擦掉）(1)，擦（涂抹）(2)，采(2)，藏（躲藏）(1)，藏（收藏）(2)，缠，抄写，炒，扯(1)，盛（放于容器）(1)，吃（吸收）(4)，冲（冲调）2(1)，穿（珠子）(3)，穿（衣物）(4)，搭（支、架）(1)，搭（放）(2)，打（建造）(5)，打（制造）(6)，打（捆）(8)，打（织）(9)，打（涂抹）(10)，打（凿）(11)，打（举）(12)，打（开具）(14)，打（收集）(18)，打（草稿）(19)，倒（倒水）(dao4)(2)，登记，点（种）(6)，叠，顶（用头支撑）(1)，钉（钉钉子）(1)，钉（钉扣子）(2)，冻（冰冻）(1)，堆，兑（兑水）(1)，兑（兑换）(2)，对（掺和）(8)，躲，缝，扶（用手支持）(1)，盖（建造）(4)，割，刮（涂抹）1(2)，挂（悬挂）(1)，挂（挂糊）(5)，挂（挂号）(6)，关，裹，糊，划（hua4），画（用笔做出图形）1，画（作记号或作为标记的文字）2，和（和面）(huo2)，和（和稀泥）(huo4)，积累，集合，挤（挤牙膏）(3)，记（保持印象）(1)，记（记录）(2)，煎（煎鱼）(1)，煎（煎药）(2)，剪，建设，接（连接）(1)，锯，卷（裹住）(2)，开（开办）(8)，开辟，烤，抠（雕刻）(2)，捆（捆绑），拉（使物体向自己的方向移动）(1)，流露，搂（搂钱）(lou1)(3)，搂（搂抱）(lou3)，埋葬，描（照底样画）(1)，描（重复涂抹）(2)，抹（涂抹）(1)，抹（擦掉）(2)，抹（抹墙）(mo4)，磨（使细碎）(mo4)(1)，拧（拧螺丝）(ning3)，排（按次序摆）1 (1)，泡（浸泡）(1)，配（按比例调配）(2)，配（搭配）(4)，劈（分开）(pi3)(1)，劈（分裂）(pi3)(2)，拼（拼合）1，破（使分裂）(2)，扑（扑粉）(2)，铺，沏，起（起草）(6)，砌，签（签名）1 (1)，签（签意见）1 (2)，签（缝）2，切，染（染色）(1)，绕（缠绕）(1)，洒，撒（sa3），塞，散布，上（安装）(7)，上（涂抹）(8)，上（发条）(10)，烧（加热）(1)，烧（烹调）(2)，伸，生（生长）(2)，收（收税）(2)，收（收麦子）(3)，收（收押）(5)，收集，收拾（整理）(1)，梳，树立，刷，拴，锁（锁车）(1)，锁（锁边）(2)，摊（摆开）(1)，摊（摊饼）(2)，烫（使变热）(2)，掏（挖）(2)，淘（淘米）(1)，套（罩）(1)，套（拴）(2)，腾，填（填平）(1)，调，贴（贴邮票）(1)，涂（使附着）(1)，涂（乱写画）(2)，吐（吐丝）(tu3)(2)，吐（不自主地从嘴里涌出）(tu4)(1)，褪（使套着的东西脱离）(tun4)，挖，弯（process），围，写（书写）(1)，卸（拆）(3)，修（兴建）(3)，绣，腌，养（养花）(2)，印，扎（za1），栽（树）1 (1)，宰，凿，造（制作）(1)，长（生长）(1)，织（1)，种，煮，装（装进）2 (1)，装（安装）2 (2)，钻（钻眼儿）(1)，作，做（制造）(1)

4.2.4　一般性复数事件——"V 着₄"

"V 着"在很多时候能够表示由单事件多次发生形成的复数事件，构成复数事件的单事件之间，允许跨空间或跨时间的情况存在，如：

(13) a. "九·一八"前夕，在中国东北这片黑土地上，伴随含着血和泪的歌声，人们纷纷以各种方式<u>纪念着</u>"那个悲惨的时候"。(2003 年新闻报道)

b. 即使在极"左"路线猖獗、"割资本主义尾巴"的年代，他们也在悄悄地<u>活动着</u>。(1995 年《人民日报》)

例（13）中的"纪念着"和"活动着"都不表示单事件的进行，而是表示单事件的多次发生或反复发生。与前述的表示单事件进行体"V着$_1$"及反复体"V着$_2$"不同，"V着$_4$"不能与"正在V"替换。"V着$_4$"表示的复数事件，可以是同一主体实施的多次事件如例（13）b，也可以是不同主体实施的同类事件如例（13）a。

从过程动词内部来看，不同小类形成复数事件"V着$_4$"的能力不同。动作类过程动词主要编码具体的动作行为，加"着"一般表示具体的单事件过程的持续，相当于"正在V"，但在语境因素作用下也可以表示复数事件；事件类过程动词与动作动词情况相似。例如：

（14）a. 儿子最感兴趣的是邻居韵韵家的小霸王学习机，玩过几次后，便<u>吵着</u>要买一台。（1995年《人民日报》）

b. 无数的战士认真地<u>检查着</u>自己的枪弹、衣着、炸药包、梯子、渡河器材是否合乎要求，根据自己的任务，不断地<u>演练着</u>进攻时的战斗动作。（1994年报刊精选）

例（14）的句子分别是动作类和事件类过程动词表示复数事件，通过语境提供的信息可知，句中的"吵着""检查着""演练着"都是复数事件。

目的类和形式类过程动词编码的是较为宏大的复杂事件过程，如"纪念""教育""拼""闯"等，本身就可能具备跨时空性，因此加"着"后更加倾向于表达复数事件。例如：

（15）a. 他们既是管理干部，又<u>干着</u>业务工作。（CWAC）

b. 它既不惋惜，也不责难，既不赞许，也不啜泣，它只是一纸实录，它的力量也正在这里，它冲刷乡愿意识，<u>教育着</u>人们。（《读书》）

c. 她不屈不挠地<u>拼着</u>，悠悠七载。（1994年报刊精选）

d. 该码头<u>处理着</u>全海地35%的进口集装箱业务。（2004年新闻报道）

这些句子里的动词都是非动作类过程动词，所编码的内容可以是一个具体的行为，也可以是一个较宏大的事件。例如，在"老师在教室外教育着迟到的同学"中，"教育"就是一个较为具体的行为，"教育着"表示一个单事件行为的进行。而例（15）b 的"教育着"则表示一种多次发生的复数事件的持续。"拼着"可以指一次拼搏，也可以指较长时间内的若干次拼搏。（15）d 的"处理着"不是一次"处理"事件，而是长时间内若干次"处理"事件的反复发生。不同类别的过程动词在"复数事件"上的表现不同，说明动词语义的内涵具有不同的层次。行为动词只能编码动作行为，事件动词和目的动词既能编码具体行为又能编码事件，形式动词如"办""拼""闯""干""搞"等，基本上只能编码由事件构成的宏事件。动词所表示的事件越复杂，加"着"就越倾向于表示复数事件。

4.2.5 惯常体——"V 着$_5$"

复数事件的进一步发展会产生惯常性意义。所谓"惯常体"（habitual aspect），是指情状在一定时段里呈现典型特征，也就是在一定时间里呈现某种常态。英语中用一般现在时或词汇手段（used to）来表示"惯常体"，汉语常用频率副词、状态动词以及光杆动词等形式表示。例如：

（16）a. 参加工作前我<u>一直</u>在学校读书/他<u>经常</u>光顾这家书店/小王<u>回回</u>开会都迟到

b. 他这个人<u>爱</u>打小报告/老王<u>喜欢</u>打太极拳/他就<u>好</u>吃两口好的

c. 我<u>住</u>学校宿舍/他<u>抽</u>烟/我爱人<u>骑</u>自行车上班

当复数事件在一段时间内有规律地、常规性地持续发生时，复数事件就发展成"惯常体"。除了上述例子，语料中有大量的"V 着"表达"惯常体"。比如，例（13）a 的事件从"一次纪念"延展到"每年纪念"，满足了有规律和高频率两个条件，事件就发展为"惯常体"。再比如：

（17）a. 部队的装备极度缺乏，很多的人都还是<u>用着</u>一些质量不高的兵刃。

b. 捕鱼的赫哲族姑娘穿起漂亮的花色连衣裙，<u>吃着</u>大米、白面和各种自己种植的蔬菜。

　　　　c. 他发现有的原始社会中，人们在舂米的时候，是一面舂米，

　　　一面<u>唱着</u>色情的歌谣。

　　"V 着"表达的惯常体和复数事件的共性在于，都表示事件的反复或多次发生；区别在于复数事件重在表示已经发生的客观事实，不一定具有预测性，而"惯常体"所表达的事件由于高频、稳定、有规律地发生，往往具有可预测性。比如，例（17）a 在装备极度缺乏的情况下，"用着一些质量不高的兵刃"是可以预见的常态现象；（17）b 捕鱼的姑娘吃上了大米白面也已成为常态；（17）c 人们舂米的时候总要唱色情的歌曲也是可预见的。应该说，"惯常性"事件是复数事件里具有规律性的一个下位范畴。

4.2.6　小结

　　上文讨论了过程动词加"着"的五种不同意义分别处于单事件和复数事件两个层面。

　　在单事件层面，"V 着"可以表示进行体、反复体和持续体。"V 着$_1$"进行体表示单事件内部动作行为的进行，"V 着$_2$"反复体表示单事件内部动作行为的重复。"进行体"和"反复体"都可以替换为"正在 V"。"V 着$_3$"持续体表示动作行为完成之后的遗留状态的持续。"V 着$_3$"主要出现在静态存在句中，表示"某处有某物存在"，在"存在"之上还指明了事物存在的来源或方式。

　　在复数事件层面，"V 着"可以表示一般性复数事件和惯常性复数事件（也就是"惯常体"）。"V 着$_4$"表示一般性复数事件，它单纯表示单事件的重复发生，没有预测性。当事件的重复发生成为一种常态，呈现规律化、高频化倾向的时候，"V 着"也就产生了"惯常体"意义。惯常体的产生与语境和"着"的性质两方面都有密切联系。

　　过程动词加"着"的体意义较状态动词更加复杂，因为过程动词兼具［持续性］和［动态性］两方面属性，使得过程动词加"着"的影响因素更加复杂。因为有［持续性］，动词内部过程就比瞬间动词复杂；因为有

［动态性］，过程动词呈现变化性，或对客体产生影响，或使事物发生变化，或导致某种结果或新状态产生，这些情况都会使过程动词加"着"的意义更加复杂。

4.3　变化动词（transition verb）与体标记

变化动词在时间进程上表现为一个点，过去一向认为，没有［+延续性］的动词不能加"着"。但实际上很多过去人们认为具有［+延续性］的动词并不是真正的延续性动词，如果不带任何体标记，单看动词本身所表明的事件，就是一个时点性的瞬间事件，它们的［持续性］并不是动词本身具有的，而是体标记赋予的。也就是说，在准确判定动词情状类型的前提下，才能更清楚地说明瞬间动词能不能加体标记、能加什么样的体标记。厘清了这一点，才能更准确地观察体标记在与这些动词搭配的过程中所发挥的作用，以及这些动词所能表示的时体意义。本部分仍以"着"为重点进行讨论。

事实上，确实有相当多的变化动词不能加"着"，但是能加"着"的变化动词数量也很可观，因此本节将尝试讨论以下三个问题：

第一，有的变化动词为什么不能加"着"？

第二，有的变化动词为什么能加"着"？

第三，变化动词加"着"表示什么样的意义？

要回答这三个问题，需要先从能加"着"的变化动词入手。对于能加"着"的变化动词能够表达的体意义，可以参考过程动词部分来观察。首先，从单事件层面来看，表示动作行为进行意义的"进行体"显然没有了，因此单事件层面只能有反复体和持续体，即图 4-1 中所示的阶段 b 和阶段 c。而至于变化动词加"着"能否表示复数事件的体意义，只要不是绝对不能重复的动词，理论上讲都是有可能的。因为变化动词内部的"准变化动词"和"真变化动词"差异较大，所以将这两类分情况讨论。

4.3.1 准变化动词与体标记

可以加"着"的准变化动词有：

拔（1），摆（1），摆（3），蹦，插（1），踩，扯（2），嗤，撑，登（蹬水车）2（1），登（踩）2（2），滴，递，点（写画）（1），点（点触）（2），点（踮）（3），点（点头）（4），点（眼药）（5），点（点火）（10），垫（隔离）（1），顶（用头撞击）（3），丢（扔）（2），丢（搁置）（3），动弹，剁，翻（反转）（1），放（搁置）（8），放（弄倒）（9），放（放于）（10），盖（蒙上）（1），盖（盖章）（2），搁（加）（1），搁（搁置）（2），挂（悬挂）（1），夹（夹住）（1），叫（呼唤）1（2），砍（1），砍（扔东西出去打）（2），磕，咳嗽，扣（套住）（1），扣（向下扣）（2），拦，迈，扭（动）（3），拍（拍打）（1），碰（试探）（3），披（1），劈（pi1）（柴）（1），劈（pi1）（雷）（2），泼，扑（扑过去）（1），掐（指甲指头按断）（1），欠（欠身）1，敲（1），扔（扔球）（1），闪（闪避）（1），闪（晃动）（2），闪（闪现）（4），拾，摔（因落下而破损）（3），踏，弹（弹球）（1），掏（掏出来）（1），踢，剔（剔除）（3），跳（向上跳）（1），跳（起伏跳）（2），捅（扎）（1），捅（触动）（2），捅（揭穿）（3），投（投掷）（1），吐（吐痰）（tu3）（1），吐（吐赃款）（tu4）（2），摇，砸（1），扎（zha1），铡，蘸，撞（碰撞）（1），撞（试探）（3），坐（放）（3）

所谓"准变化动词"是指在时点内发生的动作，虽然不一定导致状态变化，但动作的发生本身也可以看作一种变化。准变化动词基本都可以加"着"，其最常见的作用是使瞬间动作不断重复从而构成一种持续状态，在特定条件下，还能使事件复数化（郭锐，2017）。具体来说，准变化动词加"着"表达以下几种意义。

4.3.1.1 反复体——"V着$_2$"

"准变化"动词加"着"后，点动作不断重复构成一个连续的线性结构，从时点变为时段，如：

拔（刀）（1），摆（3），蹦，嗤，撑，登（应为"蹬"）2（1），滴，

点（2），点（4），顶（顶球）（3），动弹，剁，叫 1（2），砍（1），砍（扔东西出去打）（2），磕，咳嗽，搂（往上提衣服）（lou1）（2），迈，扭（3），拍（1），碰（试探）（3），劈（pi1）（柴）（1），敲（1），拾，踏，踢，弹（1），掏（掏出来）（1），跳（向上跳）（1），跳（起伏跳）（2），捅（扎）（1），捅（触动）（2），投（投掷）（1），吐（使东西从嘴里出来）（tu3）（1）摇，砸（1），扎（zha1），铡，撞（试探）（3）

例句如：

（18）a. "罢了，罢了，哪里还能来这个玩意儿！"钱夫人急忙挣脱了窦夫人，<u>摆着</u>手笑道。（白先勇《游园惊梦》）

　　　 b. 白手套、警棍焦灼地<u>拍打着</u>、<u>砸着</u>一扇扇沉睡的门扉。（1993 年《作家文摘》）

　　　 c. 芳契无意<u>踢着</u>床头，高敏轻轻睁开双眼。（亦舒《紫薇愿》）

经过"着"的作用后，这些表示时点动作的准变化动词具有了［持续性］特征，在句法上就有了与持续性动词相似的句法表现，如能够与表示时段的时间副词"一直"等共现。这与过程动词加"着"表示动作重复的反复体意义是一致的，都是表示处于某种动作反复发生的过程中，只不过差别在于，准变化动词（瞬间动作动词）的反复更加常见，瞬间动词表示动作进行的常态是通过重复形成一个过程，而过程动词表示进行的常态则是该动词本身的过程。

4.3.1.2 持续体——"V 着₃"

在准变化动词中，存在着这样一种情况：当人们说"V 着"时，点动词 V 所表示的动作已经结束，"V 着"表示这一变化之后状态的持续，如：

踩，扯（撕扯）（2），蹬（踩）2（2），滴，点（写画）（1），点（踮）（3），点（眼药）（5），点（点火）（10），垫（隔离）（1），丢（扔）（2），剁，放（放于）（10），盖（蒙上）（1），搁（搁置）（2），扣（套住）（1），扣（向下扣）（2），拦，披（1），劈（pi1）（柴）（1），泼，掐（用指甲截断）（1），扔（扔球）（1），拾，踏，摔（因落下而破损）（3），投（投射）（4），吐（吐痰）（tu3）（1），吐（吐赃款）（tu4）（2），蘸，坐（放）（3）

这些动词加"着"可能会有歧义，既能表示反复体，又能表示持续体。这里只讨论持续体，如：

(19) a. 卧房里小桌上盖着一个沉重的灰色大理石圆盘。(米兰·昆德拉《生活在别处》)

b. 一家人伫立在街头，脚边放着旅行箱，却无处可去。(《中国当代电影史》)

c. 每个人前边的桌子上，都扔着一个小包。(袁锐《藏锋》)

d. 炉子上坐着一壶水。(自拟)

(20) a 龙舟共两条，放在农家屋檐下，用油布盖着。(2001年新华社新闻报道)

b. 茶杯倒扣着，上面落了细细的尘土。(汪曾祺《珠子灯》)

例（19）中的"V着"都可以替换为"V了"，"V着"表达的情状阶段是在动词所表动作行为结束之后，当例（19）所述的状态存在之时，动词所表的动作早已完成。这与上一节过程动词加"着"的"V着₃"基本一致。同时，准变化动词加"着"还有一些不同于存在句的句式，如例（20）不是处所作主语的存在句，而是存在物作主语。虽然句式变了，但"V着"在句子里表达的情状阶段也是动作完成之后。"用油布盖着"表示一种状态，是在"盖"这个动词发生之后；"茶杯倒扣着"也表示一种状态，同样发生在动作"扣"完成之后。虽然例（19）和例（20）的句式不同，但"V着₂"表示的体意义是一致的，因此都标作"V着₃"。

4.3.1.3　兼表多种体意义——"V着₂₊₃"

以下动词既可以表示反复体，也可以表示持续体：

摆（安放）（1），踩（脚底接触物体），插（插入）（1），滴，点（写画）（1），点（眼药）（5），点（点火）（10），垫（隔离）（1），剁，翻（反转）（1），放（放倒）（9），盖（盖章）（2），搁（加）（1），夹（夹住）（1），泼，掐（用指甲截断）（1），扔（扔球）（1），摔（因落下而破损）（3），蘸

如"摆着酒席，插着秧，蹬着自行车"等，都可以表示动作的反复和

动作过后的持续。

例（21）中的"V着"，前句都是表示动作的反复，后句都是表示动作结束后遗留状态的持续。

(21) a. 厨师们在屋里摆着酒席。——屋里摆着酒席。

b. 孩子们在门外扔着球玩儿。——墙角扔着一双球鞋。

c. 他在文件上一份接一份地盖着章。——盖着国务院大印的批文终于下发。

d. 少年两脚不停地踩着脚下的黄泥。——走出山岗的蒙阴人依然脚踩着大山。

e. 刘春莲扶着猪草不紧不慢地剁着。——案上盆子里剁着满满一盆馅儿。

4.3.1.4 不能加"着"的准变化动词

一般不能加"着"的准变化动词有：

劈（pi1）(2)（雷），扑（1）（扑过去），闪（1）（闪避），闪（2）（身体猛然晃动），闪（4）（闪现），捅（2）（触动），捅（3）（揭穿）

从前面三种可以加"着"的情况来看，准变化动词加"着"主要表示两种体意义：一是反复体，二是持续体。不能加"着"的准变化动词也就意味着既不能重复，也没有后续的持续阶段。没有后续阶段的动词在语义上有特定的要求，也就是不能产生某种可持续的结果或状态，动作结束就结束了。不能重复的准变化动词非常有限，即使在典型事件场景中不重复，也可以在一些特定情况下重复，绝对不能重复的动词是很少的。

4.3.2 真变化动词与体标记

真变化动词数量众多，内部情况比准变化动词更加复杂。过去研究认为作为瞬间达成的动词，真变化动词不能加"着"。但是通过对真变化动词加"着"的全面考察发现，真变化动词不仅能加"着"，加"着"后不仅能表示变化完成后的状态持续，还能表示复数事件形成的过程，同时有一些真变化动词加"着"还能表示进行体意义。在讨论真变化动词加

"着"的意义的同时，还要分析不能加"着"的真变化动词有哪些，是什么样的语义特征造成了这些动词不能与"着"共现。

4.3.2.1 真变化动词加"着"的时体意义

真变化动词加"着"之后的时体意义可分为以下四类。

1. 持续体（"V着₃"）

这在前人研究中关注相对较多。许多研究者都注意到了"V着"能够表示动作之后遗留状态的持续。在过程动词部分已经谈到，朱德熙（1990）将这一现象称为"遗留状态"，钱乃荣（2000）称之为"存续体"。本书将过程动词、准变化动词（点动作动词）和真变化动词的同类现象统称为"持续体"，都记作"V着₃"。"V着"可以替换为"V了"或"V+结果补语"，如：

安（插）(1)，包（承包）(3)，包（租）(5)，保留（3），避免，盛（装、容纳）(2)，成立（1），充满，抽（抽穗）1 (3)，出（提供）(3)，串（串线）(2)，存（保存）(1)，存（蓄积）(2)，存（储蓄）(3)，存（寄存）(4)，存（存有）(5)，搭（加上）(4)，带（携带）(1)，带（呈现、含有）(3)，带（附带）(4)，代理，挡（抵挡）(1)，倒（倒下）1 (dao3)(1)，登（刊登）1 (2)，垫（垫付）(2)，点（菜、戏）(8)，订（订购）(2)，堵（transition），断（断电）(2)，发表（发表文章）(2)，放（加）(11)，分配（分房）(1)，分配（安排）(2)，该（欠）2，搁（加）(1)，勾结，雇，关（关押）(2)，混（1），集中，继承（遗产）(1)，继承（事业）(2)，寄存，寄托，夹（掺杂）(2)，卷（弯成圆筒）(1)，开（打开）(1)，开（开花）(3)，开（开具）(11)，开（开设）(16)，靠（倚靠）(1)，扣（扣留）(3)，扣留，拉（la2）（割破），落（遗漏）(la4)(1)，落（忘）(la4)(2)，裂，留（保留）(2)，留（收下）(3)，留（遗留）(4)，落（留下）(luo4)(4)，埋没（1），埋没（2），拿（掌握）(3)，派遣，抛弃，批发，聘请，赔（亏损）(2)，牵连，欠（欠债）2 (1)，欠（缺少）2 (2)，缺（缺少）(1)，缺（缺课）(3)，扔（丢弃）(2)，容纳，散（松开）(san3)，少（缺）(1)，少（丢失）(2)，少（欠）(3)，赊，剩，收

（接收）（4），输（败）2，摊（分摊）（3），贪（贪污）（1），提拔，贴（贴补）（3），停（停止）（1），停（停泊）（3），投（放入）（2），透（穿透）（1），透（显露）（3），拖（牵拉着）（2），掩盖（遮住）（1），养（生育）（3），遗留，栽（赃）1（2），沾，占领，占有（1），占有（2），掌握，住（居住）（1），租，补充，产生，团结，创造，掉（落）1（1），发行，公布，贡献，加（添加）（2），建立（1），建立（2），交（结交）（3），接（接水）（2），接收，接受，结合，开（开辟）（2），立（站立）（1），立（建立）（2），漏（渗漏）（1），落（下来）（luo4）（1），埋，拿（取，搬动）（1），佩戴，起（长出）（3），起（起墙）（7），侵占（财产）（1），侵占（领土）（2），渗，脱（掉落）（1），弯，吸收（1），下（投入）（6），下（生产）（10），压（下注）（6），摘（取）（1），摘（摘抄）（2），赚，组成，做（结成）（6）

这一类真变化动词，在加"着"之时，动词所表达的动作或变化已经完成，"V着"表示结果的持续，基本都可以替换为"V了"，但都不能替换为"正在V"。例如：

（22）a. 右上方的高墙上开着一孔铁窗。（1996年《人民日报》）

b. 中山医院里关着20几个做苦工的被俘女兵。（1994年报刊精选）

c. 传文旁边刊登着一张沈杰在60年代的照片。（1994年报刊精选）

d. 一家不足20平方米的游戏机室，竟挤着30多个孩子。（1993年《人民日报》）

e. 一爿小厂雇着三十几名工人，维持着手工作坊式生产。（1994年《作家文摘》）

（23）a. 只见窗纸上破着一个大洞，屋里静悄悄的。（史铁生《务虚笔记》）。

b. 以木板制成的阳窗俱已关上，只有一处裂着一条缝。（忆文《金斗万艳杯》）

c. 老刘妈瞎着一只眼，看不清娃娃的微有笑意的笑。（《老舍短篇》）

d. 尚不知胡同深处埋没着这么一位英雄。(霍达《红尘》)

d. 一望无际的茫茫盐积平原汇集着众多化学矿物质,形成了一块取之不尽的巨大福地。(1994 年报刊精选)

(24) a. 甭怕,咱订着牛奶呐,饿不着他!(陈建功《皇城根》)

b. 他秘密地勾结着一批流氓土匪,在这一带很有势力。(雪克《战斗的青春》)

c. 他掌握着生杀大权,可以随意决定谁进毒气室,谁得以苟延残生。(《读者》)

d. 如果不恢复(元气),哪怕日本还占有着关东州,都是毫无价值和意义的。(月影梧桐《国势》)

(25) a. 那枝叶垂蔓的圆柱形的树丛掩盖着那发出笑声的人。(考琳·麦卡洛《荆棘鸟》)

b. 我们的所见所闻与这些民间风俗一样体现着绚丽的边疆色彩。(不光《闯西南》)

c. (审美知觉)在一定程度上规定着诗人的情绪基调和艺术想象的大体趋向。(《读书》)

d. 骄傲与愚蠢蒙蔽着人们的眼睛,使他们看不到这个年轻人的杰出之处。(柳文扬《托马斯叔叔的推荐信》)

例(22)到例(25)的"V 着"都可以替换为"V 了"。在这些句子里,动词所表示的动作、变化已经发生,"V 着"表示动后的持续状况。但是这四组句子之间又都存在差异。例(22)的句子都是以处所为主语的存在句,"V 着"表示事物存在的来源或形态,动词既表示存在的方式,也是存在的来源。例(23)句式和例(22)一样,都是存在句式。其中,例(23)c 需要稍做解释,"老刘妈"并不是"瞎"的主事,逻辑上"眼睛"才是"瞎"的主事,"老刘妈"可以广义地理解为处所,指明瞎掉的眼睛的位置。例(23)和例(22)最大的区别在于,例(22)的动词都是自主动词,例(23)都是非自主动词。也就是说,例(22)动词的施事存在于句子之外,虽然没有在句中出现,但在事件的背景中是存在的;而例（23）的动词本身没有施事，动词所表示的是一种不受人力控制的自主变化，"破""裂""瞎""埋没""汇集"等动词都不能与"故意""专门"等副词共现。例（22）表示的是一种非自主意义的存在，但"V 着"仍然表示了事物存在的来源。

例（24）与前两组句子的最大差异在于句式不同，其不是存在句，而是以动词的施事为主语的一般主谓句。句子里的动词仍然表示动作、变化发生之后的状态持续，仍是静态意义。李杰（2003）认为能够产生此种体意义的动词都是"附着义"动词，而能够激活这些动词静态意义的句境是施事不突显的句式，如存在句等。前人研究涉及这类动词的用例，也几乎都是存在句。但例（24）的存在突破了这一认识，说明在施事主语句中，某些动词的静态语义同样能被激活。

例（25）和例（24）类似，也是一般主谓句而非存在句。例（25）句中主语都是事物甚至抽象概念，不能发出动作，但确实是动词所表变化或事件在逻辑上的施事。例如，例（25）a 中掩盖人的是树丛，例（25）b 中体现"绚丽边疆色彩"的是"所见所闻与民间风俗"，例（25）c 中"规定诗人的情绪基调和艺术想象的趋向"的是"审美知觉"，例（25）d "蒙蔽人们的眼睛"的是"骄傲与愚昧"。也就是说，变化动词加"着"表示动后持续的静态意义时，并不止出现在存在句中，也可以出现在施事为主语的一般主谓句中。

2. 复数事件（"V 着$_4$"）

动词所表变化的重复发生形成复数事件，可以替换为"正在 V"，也可以与"一直"共现。例如：

（26）a. 他们拥挤在肮脏的小木屋里，相互传染着天花、伤寒和肺结核。（《飘》）

b. 在现实粉碎着理想的痛苦中，我也……（《读者》）

c. 腐败现象严重干扰着建筑市场。（1994 年报刊精选）

d. 皮黔生艰难地解决着一个又一个难题。（1993 年《人民日报》）

e. 乘客们或看书，或听音乐，或和朋友谈笑，一切都在平淡而自然地<u>发生着</u>。（战红豆《武魂觉醒》）

f. 三个姑娘就好像投入山林的小鸟，不停地<u>发现着</u>从没见过的新品种野生菌。（离流《二流》）

例（26）中的"V着"都不表示单事件，而表示在一定时间范围内变化事件的多次发生。能够表示这一类意义的真变化动词如下：

传（传染）（6），传染，调动（更换位置）（1），断绝，兑换，夺取，花（耗费），发动（发动战争）（1），发动（机器）（3），发生，发现（规律）（1），否认，改革，干涉，感动，告别，告诉，解放，觉悟，领取，排除，派遣，碰（碰撞）（1），批发，迁移，让（让座）（1），受（接受）（1），赔偿，便宜，剽窃，听说，通知，投降，脱离，完成，忘记，响应，消灭（1），泄露，咽，邀请，影响，走（走棋）（2），淘汰……

这种意义不适合判断为反复体，本书将"反复体"限定在单事件层面动作、行为的重复。"真变化动词"表示事物状态发生质变，一次变化往往就是一个事件，因此不太可能出现单事件反复体。

3. 惯常体（"V着₅"）

（27）a. 毕其一生，他在不断地实践着他自己所倡导的生活美学，他不断地改变自己，<u>创造着</u>"某种根本不存在、我们一无所知的东西"，即一种具有不同的灵魂和不同的肉体的不同的人——一种"极新极美的人"。（李银河《性、爱情、婚姻及其他》）

b. 若若整天在网上<u>发表着</u>自己独特的见解。（雅《抗体》）

c. 我们看到许许多多的中国女性，她们用自己的双肩，支撑幸福的和不幸的家庭，同时，又十分出色地在祖国建设的各行各业中，<u>发挥着</u>"半边天"的作用。（卢勤《好父母、好孩子》）

d. 正如霍尔本人所谈到的："整体<u>规定着</u>部分的性质以及它们与整体的关系。"（安德烈·贡德·弗兰克《白银资本》）

一般能够表示复数事件，就能够表示惯常体，即在一定的时间范围内，事件呈现较高频率的规律性发生，复数事件就发展为惯常体。和过程动词表示惯常体的情况一样，变化动词的惯常体也是在一般性复数事件的基础上发展而来。例（27）中的"V 着"都表示在一定时间范围之内事件在不断地发生。

4. 进行体（"V 着₁"）

真变化动词加"着"以后表示持续体，是因为动词本身的语义中携带结果或后续状态；表示复数事件是通过事件重复构成持续段。这两种情况都能够通过词汇语义或句法操作解释持续段的产生。但是真变化动词的"V 着"表示进行体是讲不通的，因为它没有过程也就是持续段，不可能通过"着"这样的句法操作凭空生出持续段来。但是语料中确实存在这样的现象，如：

（28）a. 中国评剧院不遗余力地恢复着传统戏。（1994 年《市场报》）

b. 陈一平脸上的笑容随着医生的讲述渐渐消失着。（影视文学《冬至》）

c. 她在努力完成着正常人的学习课程。（1995 年《人民日报》）

d. 他感觉到邹景波无意中正在泄露着什么。（胖红红《成功传》）

e. 这批人士结合了种种具有时髦政治正确性的社会运动，推广着一套大人发懒、小孩发呆的野放教育哲学。（张大春《认得几个字》）

f. 虽已满脸通红，但王海霞仍然自若地向人们透露着自己的远大志向。（2001 年新华社新闻报道）

上述"恢复""消失""完成""泄露""推广""透露"都是真变化动词，例（28）中的这些"V 着"也确实是表示一个单事件过程的进行。"恢复着"表示彻底恢复前的过程，"消失着"表示"消失"这个变化到来之前的过程，"完成着"也表示"完成"之前的过程，其余同理。

出现这种现象的原因在于，"真变化动词"中有一部分动词能够同时编码"过程"和"变化"两种情状类型。上一章比较详细地分析了这一部分动词，其既可以表示变化，又可以表示致使变化发生的过程，分为"结果义"和"致使义"两种意义，其间有密切联系但又有细微差异。其中一部分动词在词典释义中分列为不同义项，而另一部分动词的释义则没有将这两种意义分开。本书的研究范围是基于词典给出的义项，因此这一部分动词虽然归入"真变化动词"，但其加"着"表示进行体意义的其实是"过程义"而不是"变化义"，所以不能说"真变化动词"能够加"着"表示进行体，但由于这一现象与真变化动词有关，需要在此做出说明。这部分可以编码结果和过程的动词有：

暴露，成为，调（调动、分派），端正，断绝，夺取，告别，发动（发动战争）(1)，发动（机器）(3)，分裂，粉碎，节约，结束，解放，解决（处理问题）(1)，解决（消灭坏人）(2)，揭发，揭露，纠正，觉悟，克服，排除，排挤，普及，说服，丰富，破坏，透露，改进，改良，改善，改造（1），改造（2），改正，贯彻，恢复，集中，降低，靠近，模糊，气，扰乱，深入，抬举，推翻（1），推翻（2），脱离，忘记，醒悟，提拔，破裂完成，稳定，泄露，展开（大规模进行）(2)，震动（使人心不平静)(2)，通，浪费，逃避，形成，移动，转变，启发，掩盖（隐藏）(2)，隐藏，隐瞒……

5. 兼表多种体意义——"V着$_{1+3}$"／"V着$_{3+4}$"

因为"真变化动词"加"着"能够有上面所示若干种意义，所以也就有可能出现相应的歧义现象。其中一些歧义是既可以表示持续体，又可以表示进行体，分别可以替换为"V了"和"正在V"，如例（29），前句"V着"表示持续体，后句"V着"表示进行体：

(29) a. 这个过程究竟掩盖着怎样的鬼蜮伎俩，还有待追查。（《读书》）

——高仁极力地掩盖着一切。（孟不空《异脑人生》）

b. 一些墓地修得十分豪华，除了占用土地之外，还浪费着宝贵的资本、资源。（1998 年《人民日报》）

——但是水照样哗哗地白流着，浪费着。（1996 年《人民日报》）

例（29）中前句表示持续体，可以替换为"V 了"而不能替换为"正在 V"，"掩盖着怎样的鬼蜮伎俩"可以替换为"掩盖了怎样的鬼蜮伎俩"，不能替换为"*正在掩盖怎样的鬼蜮伎俩"；后句表示进行体，可以替换为"正在 V"而不能替换为"V 了"，"极力地掩盖着一切"可以替换为"正在极力地掩盖一切"，不能替换为"*极力地掩盖了一切"。

还有一种歧义的情况是，"V 着"既可以表示持续体，能够替换为"V 了"，也可以表示复数事件，如：

（30）a. 在任建成办公室的墙上，<u>公布着</u>企业的经营数据。（1996 年《人民日报》）

——扩音器不时地<u>公布着</u>计分成绩。（1995 年《人民日报》）

b. 在此我奉劝那些目前还<u>侵占着</u>我国领海海岛的国家立即撤离。（龙帝冥王《现代奇人》）

——秋天悄悄地<u>侵占着</u>这座城市的每个角落。（离离原上草《不想分手》）

c. 晚清那些钱庄票号都是拿着几十万两的资本额，<u>发行着</u>上千万两的银票。（紫钗恨《黑旗》）

——关于我和王子之间恩恩怨怨的各种版本的书以迅雷不及掩耳之势上市且以铺天盖地的姿态<u>发行着</u>。（王丽丽《阳光正照在身上》）

d. 晋国当时<u>统一着</u>中原大地，是最强大的国家。（殷扬《大秦帝师》）

——用枪炮收复<u>统一着</u>中国各处领土。（康一沐《山窝里的科技强国》）

例（30）里的四组句子中，前句的"V 着"都表示持续体，可以替换为"V 了"而不能替换为"正在 V"，如"公布着企业的经营数据"可以替换为"公布了企业的经营数据"，但不能替换为"正在公布企业的经营数据"；后句"V 着"表示复数事件，不可以替换为"V 了"，可以替换为"正在 V"。因为复数事件在某种意义上形成了一个正在进行的过程，与

"正在"的语义相契合，如"不时地公布着计分成绩"可以替换为"正在不时地公布计分成绩"，但不能替换为"不时地公布了计分成绩"。

4.3.2.2 真变化动词语义标记共现的语义分析

真变化动词不能加"着"和能够加"着"的情况密切相关、相反相对。真变化动词加"着"表示持续体，要求动词完成后能产生某种结果，如"开着孔"的结果是产生了一个新事物，即"孔"；或遗留某种状态，如"关着囚犯""雇着工人"等遗留了一种状态，即"囚犯一直处于被关押的状态""工人一直处于被雇佣的状态"。

真变化动词加"着"表示复数事件，要求动词所表变化事件能够持续反复发生，如"感染着""传染着""拒绝着""发生着""发现着"等所表示事件往往重复发生。真变化动词加"着"表示进行体，要求动词能够同时编码变化和变化之前的过程，加"着"表示变化到来之前过程的进行，如"消失着""恢复着""完成着"等。如果"加"着以后不能表示上述任何一种体意义，这样的真变化动词就不能加"着"。通过逐一验证发现，不能加"着"的真变化动词有如下语义特征：

1. 减除义

动词语义中有"减少"或"去除"的含义，如：

裁（员）(2)，撤（除去）(1)，撤（撤职）(3)，撤（抽取）(4)，撤销，除（去掉）(1)，掉（丢）1(2)，掉（减少）1(3)，掉（转）2(1)，掉（换）2(2)，丢（失）(1)，放（开）(1)，放（学）(2)，放（松）(7)，放（改变）(12)，减（降低）(2)，解（解除）(2)，解散(1)，解散(2)，戒，开（解冻）(4)，开（开除）(5)，开（支付）(12)，开（消耗光）(14)，开除，漏（遗漏）(2)，落（下降）(luo4)(2)，落（落后）(luo4)(3)，卖（出卖）(2)，叛变，抛（抛售）(2)，跑（逃）(2)，赔(1)，破（打败）(5)，切除，取消，去（去除）1(1)，让（有偿转移/卖）(3)，杀（削弱）(3)，删，退（学）(2)，退（减退）(3)，退（退还）(4)，退还，脱（漏掉）(4)……

2. 断离义

动词语义中有"分离"或"破裂"的含义，如：

出（出城）（1），出（出界）（2），出来，出去，断（分成几段）（1），断（戒除）（3），发（送出，交付）（1），发（发射）（2），放弃，分（1），分（2），分别（离别）1，挂（断）（2），滚（斥责）（2），过（转移）（2），还（归还）（1），回（位移，回到）（1），回（掉转）（2），寄（邮寄）（1），揭（取下）（1），揭（揭盖）（2），离（1），离婚，披（裂开）（2），破（破钱）（3），破（打破）（4），破（破财）（6），起（起床）（1），起（起锚）（2），起来（身姿）（1），散（分散）（san4），上（去）（2），上（前进）（4），上（出场）（5），松，逃（逃跑）（1），逃（逃避）（2），逃走，提（前）（2），停（停留）（2），投（跳入）（3），投（寄）（5），投（参加）（6），推（推脱）（5），推（推迟）（6），下（场）（5），下（卸除）（7），下（低于）（13），下来，下去，转（转交）（2）……

3. 终结义

动词语义中有"终结"的含义，如：

毕业，吃（消灭）（3），处分，穿（透）（1），吹（告吹）（4），达到，打（打碎）（2），打倒，打破，倒（倒台）1（dao3）（2），到，到达，到来，夺（取）（2），翻（翻供）（3），翻（翻山）（4），翻（翻番）（5），翻（脸）（7），复员，关（倒闭）（3），落（好事落他身上了）（luo4）（5），落（得到）（luo4）（6），灭（熄灭）（1），灭（灭亡）（2），灭亡，破（破案）（7），取（拿到）（1），取得，收（结束）（6），摔（倒）（1），摔（落）（2），死，算（作罢）（6），通过（穿过）（1），通过（成立）（2），透（暗地里告诉）（2），完，完毕，忘，下（结论）（8），下（攻陷）（11），下（班）（12），谢（花谢）（2），醒（悟）（3），住（停）（2）……

4. 达成义

虽然本类动词语义比较纷繁，但共同点是变化在瞬间达成，且达成之后都没有结果或遗留状态产生，如：

变（变成）（2），成（成功）（1），成（为）（2），抽（收缩）2（1），

得（得到）（de2）（1），得到（获得所有权）（1），得到（获得评价）（2），
跌，赶（遇到）（5），过（超过）（4），合（合并）（2），换（更替）（2），换
（兑换）（3），混（蒙混）（2），活动（动摇）（2），获得，加入（组织）（2），
见（看见）（1），见（见光、见水）（2），见（见效）（3），见（参考）（4），
见（会面）（5），交（到）（2），结婚，进（前进）（1），进（进入）（2），决
定（做出主张）（1），开（始）（9），开始，看见，来（与"去"相对）
（1），来（来问题）（2），来（来两下）（3），理（理会）（2），留（使留）
（1），迷（迷路）（1），扭（伤）（2），碰（遇到）（2），碰见，批准，起（领
取）（8），起来（出现）（2），气，请（请求）（1），惹（招惹人）（2），惹（引
起反应）（3），认（认吃亏）（4），入（门）（1），入（学）（2），闪（腰）（3），
上（到达一定数量）（12），省（免去）（2），讨（媳妇）（2），提（举出）（3），
提（提审）（5），提（说）（6），提（举荐）（7），跳（越过）（3），听（接受）
（2），听见，推（推荐）（7），吞（并）（2），吓，赢得，遇，遇到，遇见，增
产，炸（破裂）（zha4）（1），炸（爆破）（zha4）（2），炸（愤怒）（zha4）（3），
着（挨，接触）（zhao2）（1），着（燃烧）（zhao2）（2）……

　　上述这些动词在语义上没有可存续的结果或状态，不能表示持续体；
本身没有可延续的时间性，不能表示进行体；动词语义所表示的事件往往
不能重复，因此没有反复体、复数事件或惯常体。因此，这些动词基本不
能加"着"表示上述语法意义。

4.3.3　小结

　　变化动词具有［-延续性］特征，在时间上表现为瞬时性。除了反复体
之外，瞬时性动词不能与"着"共现是学界长期以来的共识。通过对变化动
词加"着"的逐一甄别，发现变化动词中有相当一部分可以和"着"共现，
表达多种体意义。不能和"着"共现的变化动词在语义上有内在的原因。

　　在"准变化动词"部分，"V着"能够表示反复体和持续体两种体意
义，有些准变化动词加"着"能兼表这两种体意义，不能加"着"表示这
两种体意义中任意一种的动词比较少。其中，反复体相对而言没有这么强

的限制，它们在典型事件场景中不重复，但如果在语境允许的情况下也可以重复。绝对不能重复的动词较少。

在"真变化动词"部分，情况就要复杂得多。"V 着"能够表示持续体、复数事件和进行体，一部分也存在兼表多种体意义的歧义现象。其中，真变化动词"V 着"的重复判定为复数事件而不是反复体，判定依据和前面一样。这里有三个方面的问题需要特别说明：

首先，反复体是单事件内部动作的重复，每个单独的动作不具有独立性；复数事件则是多事件的重复，每一次变化可以作为一个独立事件存在。

其次，真变化动词"V 着"表示"进行体"的原因在于这部分真变化动词既编码了变化又编码了变化前的过程，表示"进行体"的其实是过程义，因此严格来说，并不是真变化动词加"着"表示进行体，而是过程动词加"着"表示进行体。

最后，不能加"着"的真变化动词在语义上有特定的表现。具有"减除义""离断义""终结义""达成义"的真变化动词，不能与"着"共现。具有这些语义特征的真变化动词不能产生可存在的事物或状态，因而不能表示持续体。相对来说，不能表示复数事件的真变化动词很难做出明确界定，因为复数事件很大程度上依靠语境提供成立条件，单从动词本身很难断定哪些能够重复哪些不能重复。

4.4　本章小结

通过对不同情状类型动词与"着"的共现情况的全面梳理和分类比较，笔者有两个方面的发现：

首先，"着"能够表示不同事件层面的体意义，分别是单事件层面的进行体、持续体和反复体，以及多事件层面的惯常体；在单事件向惯常体过渡的阶段也可以表达一般复数事件。"着"的语法意义并不是简单的动态和静态的对立，而是标记不同的事件进程。如表 4-1 所示。

表 4-1 "V 着"的四种语法体

语法体		例句	动词类型
单事件	进行体	皇太极骑着快马，风驰电掣般地奔跑着。 凯萨琳以全部身心爱着杰罗姆。	过程动词 P 状态动词 S
	持续体	香皂外包着一张小纸条。 一爿小厂雇着三十几名工人。	过程动词 P 变化动词 T
	反复体	唐念楚一只脚来回地碾着地面。 芳契无意踢着床头。	过程动词 P 变化动词 T
多事件	*复数事件	即使在极左年代，他们也在悄悄地活动着。 皮黔生艰难地解决着一个又一个难题。	过程动词 P 变化动词 T
	惯常体	在过去的年月里，我一直吃着母亲做的粽子。 若若整天在网上发表着自己的独特见解。	过程动词 P 变化动词 T

其次，动词加"着"的能力与动词语义有密切关系。除过程动词能够比较自由地与"着"共现表达进行体意义以外，状态动词和变化动词加"着"的能力受到动词语义的制约，具有"暂时性""可变性"语义的状态动词可以加"着"；不符合这两个语义特征的动词由于"系统分工"或"同音抑制"这两个因素的制约而不能加"着"。在变化动词部分，具有"断离义""减除义""终结义"的变化动词不可加"着"，其余变化动词即使具有［-持续性］也可以加"着"。如表 4-2 所示。

表 4-2 动词情状与加"着"的能力

动词情状类型	加"着"的语义要求	示例（或 * 反例）
状态动词	［+暂时性］［+可变性］	*懂着、*会着、*知道着
过程动词	［+持续性］	混着、教育着、旅行着、跑着
变化动词	［-减除义］［-断离义］［-终结义］	*开除着、*离着婚、*毕着业

这说明，"着"与动词的共现能力并不完全与动词情状类型有关。只

有表示进行体时,"着"才要求动词必须具有持续性情状特征,表示其他体意义时,"着"对动词情状之外的其他语义特征提出要求。这是因为,严格来说只有"进行体"表示观察视点处于状态或过程之中,所以要求动词情状具有持续性特征;而"反复体"和"惯常体"能够通过动作的反复或事件的规律性重复创造持续性,所以不要求动词情状本身必须持续;"持续体"是指动作过程或事件变化之后的结果状态的持续,只要求动词产出结果,而不要求动词本身具有持续性情状。

综合本章内容,"着"确实表达"处于某种状态或过程之中"的语法体意义,而这一语法体并不要求动词本身具有"过程性"或"持续性"。逻辑上说,如果词汇层必须具备持续性才能保证语法层的持续性,也就不需要任何句法手段或句法操作,仅动词自身就能表达语法体意义,那么也就没有体标记存在的必要。所以,"着"的作用正是体现在面对不同情状类型的动词,不论其本身是否具有持续性情状,也能使其通过"着"而获得持续性语义。

因此,"着"的语法意义是使各类情状特征不同的动词通过句法操作而获得"处于某种状态或过程之中"的持续性语义。第 5 章将从"着"所表达的不同语法体出发,观察"着"在句法层面的具体操作,进而试图提取"着"的语法功能和语法意义。

第 5 章
动词事件结构与时体意义

◇◇◇◇◇◇◇◇◇◇◇◇◇◇◇◇◇◇◇◇◇◇◇◇◇◇◇◇◇◇◇◇◇◇◇◇◇◇◇

　　本章将着重针对四种语法体的性质和特征进行说明，并对四种语法体所匹配动词的语义特征进行详细分析，观察不同事件结构的动词与时体意义的对应关系。Olsen（1997）认为，语法体是计算命题时间情况的算子，在固有的动词情状基础上呈现特定事件的时间情况。也就是说，动词情状所表示的事件结构是相对普遍、固定的，且具有跨语言共性（Binnick，1991），这些内容作为动词的语义特性储存在词库中，具有非真值性。语法体则是在动词情状所表示的普遍事件类型的基础上，通过某种方式为某一情况在事件进程中定位，汉语体标记就是为特定命题定位事件进程的语法手段。

　　体标记"着"作用于动词情状，对动词所表事件的进程和数量都有影响，由此产生了五种不同情况，包括四种不同的体意义和一种过渡性的复数事件，分别是单事件层面的进行体、反复体和持续体，以及多事件层面的复数事件和惯常体。划分这几种不同体意义的依据是不同情状的动词加"着"后所呈现的不同事件进程。进行体所呈现的事件进程是，主体处于动词情状的内部，表示一种已经开始尚未结束的持续状态；反复体所呈现的事件进程是，主体处于通过单个动词情状不断重复所构成的持续状态之中；持续体呈现的事件进程是，主体处于动词情状结束以后的遗留状态之中；复数事件呈现的事件进程是，主体处于动词所表事件不断重复所形成的持续性状态之中；惯常体所呈现的事件进程是，主体处于动词所表事件有规律、经常性重复所形成的可预见的持续性状态之中。

5.1　"V 着"表进行体

根据前文对"着"与动词共现情况的考察，进行体"V 着"与其他几种体意义的区别在于，"V 着"进行体表示的事件进程处于动词情状的内部，在起点和终点之间，在句法上一般能够和"正在"替换。如图 5-1 所示。

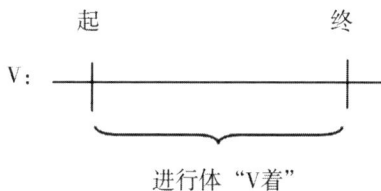

图 5-1　进行体所表事件进程

5.1.1　进行体"V 着"的动词

根据上一章的分析，能够加"着"表进行体的动词包括两种情况。

一是过程动词。如"奔跑，比较，表扬，猜，操纵（操控机器）(1)，唱 (1)，吵（闹腾）(1)，吵（争吵）(2)，陈述，称赞，称（重) 2，吃 (1)，抽（吸) 1 (4)，锄，穿（马路）(2)，传（传递）(1)，吹（演奏）(1)，吹（吹气) (2) "等。过程动词具备延续性，与进行体的要求天然契合。过程动词加"着"表示进行体，不论对过程动词而言，还是对进行体而言，都是较为典型的用法。例如：

(1) a. 1979 年刘绍棠右派问题得以平反，从此他更像一只上满了发条的闹钟，一圈又一圈地奔跑着。(1994 年报刊精选)

　　b. 叶琳娜切开后，见他们父子俩已开始大口大口地吞吃着那西

瓜，她们也立即吞吃起来。（李文澄《努尔哈赤》）

c. 每天晚上我会在公寓里非常漂亮和宁静的泳池里游泳，心平静气地数着天上闪动的星星，一天一天地感觉着身心的变化。（张晓梅《修炼魅力女人》）

二是真状态动词，如"爱（对人或事物有很深的感情）(1)，爱惜，愁，担心，惦，惦记，发愁，反对，服从，害怕，害羞，恨，后悔，怀念，怀疑（1），迷（迷恋）(2)，盼，盼望，期待，期望，热爱，讨厌，同情，喜欢，羡慕，享受，想念，信任"等。真状态动词加"着"所表示的状态持续也应归入进行体。例如：

(2) a. 我想以这句话向母亲说明女儿也同样爱她，同样在远方思念着她，虽然在她身旁时，我总违心地说我不想家。（1998年《人民日报》）

b. 度假者称，在呛鼻的火山烟尘中逆风蹬车，随时担心着身旁哪座火山可能喷发。（1994年《人民日报》）

c. 我们和读者一样，期待着这些可爱的外国女记者能够把她们生动的故事永远地讲下去。（1994年报刊精选）

过去研究认为"V着"进行体的一大特点就是动态性，并据此将"动态进行"和"静态持续"区别开来。本书将动态性相对较弱的状态动词"V着"纳入"进行体"有以下几个方面的理由：

首先，从概念本质出发理解语法体的含义。所谓"体"，按照 Comrie(1976) 的定义，是对情状内在时间结构的不同观察方式。最初的"体"的区分是完整体（perfective）和未完整体（imperfective）。可以说，从体的起源和目前较为权威的定义来看，"体"概念的本质是对事件进程内部与外部、完整与未完整的时间性观察视角。其中最核心的判断依据是事件结构的构成特点（情状）和时间特性这两个要素。这二者的结合即观察视点在事件进程中所处的位置才是判断体类型的依据。

动态与静态只区别事件的均质性，并不区别事件进程的时间性。而均质性差异只有积累到一定程度才能改变事件的时间特性，比如从状态动词到过程动词，均质性渐弱，但只是量变而非质变；而从过程动词到变化动词，从［时段］特征变成［时点］特征，均质性的差异导致事件的时间性出现质的变化，这时状态动词/过程动词与变化动词之间才有可能出现不同的语法体。因此，动态与静态不是判断"体"的依据，时间性所决定的事件进程才是。

其次，动态性强弱的判断依据不足。能够加"着"的状态动词大部分是心理动词，心理过程也是活动变化的过程，虽然不是外显可视的动态，但这种活动变化对真实世界的影响和改变有时更甚于外显的活动。

再次，状态动词加"着"的句法表现（包括常见句式和共现成分）和体意义都非常接近过程动词"V 着"的进行体，既能进入进行体的典型句式，又能和表示进行的副词"正在"等共现。"恨着"就是"正在恨"，"愁着"就是"正在愁"，"期盼着"就是"正在期盼"，等等。在"着"所表示的语法体中，"持续体"才是真正的静态，学界研究所指的"静态持续"也多是聚焦这种情况而非状态动词"V 着"。二者共性多于差异。

最后，一些方言中，状态动词所加的体标记是表示进行体的标记。比如，成都话中"倒"是进行体标记，"起"是静态持续标记。而成都话状态动词如果可以加体标记，都是加"倒"而非"起"，如"爱（对人或事物有很深的感情）（1），爱惜，愁，担心，惦，惦记，饿（1），发愁，警惕，留神，留心，迷（迷恋）（2），盼，盼望，期待，期望，贪图，稳，享受，向（偏袒）（2），依靠，依赖，阴，指望，注意"等，其表达的意义与过程动词加"倒"所表语法意义比较接近。

综合上述几点可知，状态动词"V 着"的语法意义完全符合图 5-1 所示的事件阶段，处于动词所表进程之内。因此，从操作定义到"V 着"意义等方面综合考查，将状态动词加"着"所表示的"处于某种状态之中"与过程动词加"着"所表示的"处于某种过程之中"合并处理为"进行体"似乎更为合理。

5.1.2　进行体"V 着"的典型句式

进行体"V 着"的典型句式是动作施事作主语的一般主谓句，如例

（1）（2）。动作施事是主要的陈述对象，表达主体处于此种动作、行为、活动或状态的延续过程之中。除此之外，"V₁着 V₁着"句中的"V₁着"也常常表达进行体意义。这一句式的使用率虽然不如一般主谓句高，但它却是典型的进行体句式。例如：

（3）a. 曹娜<u>说着说着</u>一下趴下来哭了起来。（随月听雨《数字人生》）

b. 一开始的确恨过，<u>恨着恨着</u>有一天我忽然发现，我恨的并不是雪絮，而是我自己。（忆锦《咱俩结婚吧》）

c. 这对思想偏为守旧的李广平来说，大概就像噩梦一样的事，何况那两个人纠缠就纠缠吧，可他们<u>爱着爱着</u>，竟然还出现了暴力事件。（小秦子《觉悟》）

例（3）a 中的动词是过程动词，"说着说着"是典型的进行体，可以理解为"正在说的时候一下就哭了起来"，"哭"发生之时，"说"正在进行当中。例（3）b、（3）c 都是状态动词，但都表现出了进行体的意义，"恨着恨着忽然发现……"可以理解为当"正在恨的时候忽然发现"，"发现"发生之时，"恨"正在进行；"爱着爱着竟然出现了暴力事件"可以理解为"正在爱的时候竟然出现暴力事件"，"出现暴力事件"发生之时，"爱"正在进行。王继同（1990）认为，"V 着 V 着"表示"动作正在短时持续进行"，与本书的观点是一致的；王继同（1990）强调"短时"，本书强调"进行"。

"V₁着 V₂"句式中，"V₁着"也可以表示进行体意义。例如：

（4）a. 龚平身上没有钱，所以不能坐车，只得"甩火腿"<u>走着去</u>。（南海十三郎《妖兽战警》）

b. 看到邪影有点羞愧地道歉，明帝马上豪爽地大<u>笑着体谅着说道</u>……（邪影《邪影本纪》）

例（4）a"走着去"从结构义来说，"走着"作为"去"的方式构成了整个事件的背景；从体意义来说，在"去"的过程中，"走"这个动作是正在发生的。与之相对的如"躺着看""坐着说"等例子中，"躺着"

"坐着"就不是进行体而是持续体，在主动词 V_2 发生之时，V_1 的动作已经结束。例（4）b 中，在"说"发生的同时，"体谅"这一行为也正在进行之中。由于"V_1 着 V_2"句式意义强调方式和伴随，"V_1 着"作为核心动词 V_2 的背景，往往具有时空延展性，作为核心谓词的背景表达进行体意义是与此契合的。

从上述例句可以看出，状态动词"V 着"在相关句式中表达的事件进程与过程动词一致。尤其例（3）b、（3）c 两个句子体现出状态动词"V 着"同样具有潜在变化的可能，并不是绝对的静态，这在第 4 章的分析中也曾经提到。能够加"着"的状态动词一般具有"暂时性"和"可变性"特征，加"着"之后将这种隐含的可变性激发出来了。

过程动词"V 着"能够进入上述三种句式表示进行体，如例（1）、例（3）a 和例（4）a；状态动词"V 着"可不受限制地进入一般主谓句表达进行体义，如例（2），但进入"V_1 着 V_2"句和"V_1 着 V_1 着"句式时比较受限，典型性略逊于过程动词进行体。

5.2　"V 着"表反复体

反复体"V 着"表示的事件进程是，处于通过动作不断重复构成的延续性过程之中。反复体与进行体的区别在于，进行体的事件进程处于动词情状过程内部，在动词所表动作的起止点之间；而反复体的事件进程处于单个动词所表动作或过程之外，处于单个动词重复构成的延续性过程之中。如图 5-2 所示。

反复体"V 着"

图 5-2　反复体所表事件进程

5.2.1　反复体与"V着"的歧义

反复体"V着"的分类价值，尤其是对过程动词进行体和反复体的区别，可以解释"V着"的歧义现象，如：

(5) a. 他真的像个答谢观众的滑稽演员似的，别扭而又小心地拧着身体，尽量不惹得脚下的地雷发火，还不断地向四周的看客们<u>鞠着躬</u>、行着礼，引得周围的人们对他的举动大笑连连，喝彩不断。(犟命牛《战争之王》)

b. 电话那头那孩童的声音仿佛拥有无穷的压力，长冈成贡站起身子拿着话筒对着空气不停<u>鞠着躬</u>。(云淡风静《重生之再来一次》)

(6) a. 身穿晚礼服、打着蝴蝶领结的餐厅经理笔直地站在门前，恭恭敬敬地<u>鞠着躬</u>表示欢迎。(森村诚一《人性的证明》)

b. 他带着甜蜜的微笑拜会了拿破仑，他向拿破仑深深地<u>鞠着躬</u>，对他的胜利表示热烈祝贺。(埃米尔·路德维希《拿破仑传》)

(7) a. 紧握那块白玉，鲁琴转过身去，<u>鞠着躬</u>等待着索昂给她致命的一击。(珍妮特·马丁《白玉》)

b. 除了上校和站在后面的士兵以及几位官员，其他所有的人都弯下腰<u>鞠着躬</u>。(卡夫卡《卡夫卡作品集》)

例(5)到例(7)的三组"鞠着躬"分别表示三种不同的体意义：例(5)的两例"鞠着躬"是反复体"V着"，例(6)是进行体"V着"，例(7)是持续体"V着"。"鞠着躬"的歧义来自三个方面：一是"鞠躬"本身是个过程动词，能够加"着"表示进行，也就是例(6)所展示的体意义；二是"鞠躬"具有内在终结点和非事件性，因此能够重复构成一个更高层次的延续过程，也就是例(5)所展示的反复体意义；三是"鞠躬"的动作完成之后能够产生一个可以持续的状态，也就是例(7)所展示的"持续体"意义。只有对三种不同体意义进行细致区分，才能够从根源上解释这三者之间的差异。

其中的反复体常常会与"不停""不住""不断"等表示频率的副词共现，但不能认为是这些副词表达了反复体的意义，应该说还是因为"着"具有反复体的语法意义，与这些动词共现时才允许这种意义产生，也才能与这些表频率的副词相容。

5.2.2　反复体的动词

"反复体"并不强制要求动词具有过程性，因此能够表示反复体的动词有过程动词也有变化动词；"反复体"的含义是单事件内部动作行为的反复发生，并共同构成一个独立事件，因此"反复体"动词基本都是表示行为或动作的动词。状态动词和真变化动词基本都没有反复体，因为状态动词均质性强，一个过程就是连贯不可切分的整体，体现不出"反复性"；真变化动词所表示的变化往往是事物的质变，新状态的产生往往标志着一个独立事件，因此真变化动词不能在单事件内部重复，也就没有"反复体"。

1. 动作类过程动词

绑，包（包东西）（1），背（背诵）（bei4）（2），比（比较）（1），比（比照）（3），比较，擦（1），猜，采（2），缠，称赞，称（重）2，盛（放于容器）（1），抽（打）2（2），锄，穿（马路）（2），穿（珠子）（3），吹（吹气）（2），搓，打（击打）（1），打（涂抹）（10），点（种）（6），叠，叮，钉（钉钉子）（1），钉（钉扣子）（2），兑（兑水）（1），翻（翻动）（2），刮（去除）1（1），刮（涂抹）1（2），裹，喊（1），嚼，搅，叫（叫唤）1（1），鞠躬，掘，抹（涂抹）（1），抹（擦）（2），抹（抹平）（mo4），捻，碾，念叨，拧（拧螺丝）（ning3），扑（扑粉）（2），切，亲，清洗（1），嚷（喊叫）（1），揉（揉眼睛）（1），扇，涮（涮肉）（2），撕，叹，剔（剔肉）（1），剔（剔牙）（2），涂（使附着）（1），涂（乱写画）（2），旋转，抓（抓挠）（2）……

2. 准变化动词

拔（拔出）（1），摆（3），蹦，喘，掸，登（应为"蹬"）2（1），滴，点（2），点（4），顶（顶球）（3），动弹，刹，叫1（2），砍（1），砍（扔东西出去打）（2），磕，咳嗽，迈，扭（3），拍（1），碰（试探）（3），劈（pi1）（柴）（1），敲（1），拾，踏，踢，弹（1），掏（掏出来）（1），跳（向上跳）（1），跳（起伏跳）（2），捅（扎）（1），捅（触动）（2），投（投掷）（1），吐（使东西从嘴里出来）（tu3）（1）摇，砸（1），扎（zha1），铡，撞（试探）（3）……

能够表示反复体的过程动词比较受限，必须是具有内部终结点的动作类过程动词，一方面要与过程动词的进行体区别开来，另一方面要与过程动词的复数事件区别开来。

第一方面，正如图 5-2 所示，单个动词本身要具备能够被整体识解的语义特征，这样才能够作为一个整体被不断重复，进而与过程动词构成的进行体区别开来。这是因为过程动词本身具有延续性，如果没有内在终点，动作行为的延续就会被视为动词内部的延续也就是进行体，如"吃""看""跑""走"等动词，走一步是走，走一百步也是走，都在这个动词所表过程的内部，不能视为重复。而"鞠躬""弯腰""查找""检查"等动词带有内在终结点，不能无限延长下去，每一次动作都能够清晰地与下一次动作区分开来，这才有重复的可能，也才能与无内部终结点动词的进行体相区别。

第二方面，强调必须是动作类过程动词是为了与事件性重复即复数事件区别开。也就是说，动作类过程动词每一次单独的动作不足以独立为一个事件，与"旅行""开会""纪念"等一次行为就可独立为一个事件的动词相区别。

综上，能够表示反复体的过程动词，要具备内在终结点和非事件性，既是一个独立的动作，但又不是一个独立的事件。

准变化动词构成的"V着"也应当归入反复体。如"摆（3），蹦，喘，掸，点（2），顶（顶球）（3），刹，磕，咳嗽，迈，扭（3），拍（1），敲（1），踏，踢，弹（1），跳（起伏跳）（2），摇，扎（zha1）"等，这些动词加"着"表示重复，主体处于由重复构成的延续性过程之中。

例如：

　　（8）a. 刘诗昆的两只手总是习惯性地伸开平放在桌面上，说到高兴的

　　　　 地方，手指还会轻轻地敲着桌面，好像弹钢琴一样。（电视访谈

　　　　《鲁豫有约》）

　　　　 b. 她在水里探出身来，大口地喘着气，毫无表情地望着教练。

　　　　（1994 年《人民日报》）

　　　　 c. 宋蔼龄心情兴奋，她的心咚咚地跳着，盼望早日到达父亲和步

　　　　 惠廉一家向她描绘的那个美丽的国家。（《宋氏家族全传》）

　　准变化动词加"着"所表示的反复体与过程动词的进行体很接近，尤
其是当这些过程动词是无内在终结点的累积性动词时，如"跑""走"
"看""吃"等。"跳着""蹦着""踢着""扭着"和"跑着""走着"
"吃着"，从延续性角度来看确实很接近，它们的句法表现也十分相似，常
见句式环境和共现成分都比较相似。但准变化动词可以单次量化，与"一
次""一下"等动量补语共现表示单次动作的成立；而那些无内在终结点
的过程动词则不能做单次量化。如果把准变化动词看作起止点重叠的特殊
的过程动词，则其重复过程同样可以用图 5-2 表示。

5.2.3　反复体动词的语义特征

5.2.3.1 量标性

　　无论过程动词还是变化动词，要构成表示反复体的"V 着"，在动词
的量化特征上必须具有"量标性"（quantization）特征。从认知上说，这
样的动词具有离散性，能够被识解为一个个整体。比如，准变化动词
"蹦，喘，掸，劈，滴，砍，敲"等，在时间性上呈现点状特征，动作边
界非常清楚，能够被数量词标记，"蹦一下"和"蹦三下"能够在数量上
明确区分出来。这样的动词就具有量标性特征。

　　与此相对的是"累积性"（cumulativity）特征，也就是那些动作边界
不明（没有内在终结点）的动词。比如，过程动词"熬，煮，奔跑，编
（编织）(1)，唱，抄写，吵（闹腾)(1)，吵（争吵)(2)，炒，扯（闲谈）

（3），陈述，吃（吃食物）（1），吃（吸收）（4），吹（演奏）（1）"等，以及状态动词"了解，满足，明白，喜爱，忧愁，害羞，后悔，怀念"等。这些动词没有内在终结点，动作、行为或状态的边界不明，体现出一种连续性，在量化特征上相应具有"累积性"。

不同情状类型的动词会有不同的量化特征，一般来说，瞬间动词都具有量标性特征，没有内在终结点的过程动词和状态动词则具有累积性特征。王媛（2011）在持续性语义分析中详细论证了动词量化特征在持续性语义中的不同表现，认为能够表示持续义的动词具有累积性特征。这是从单个动作或单个事件的角度来看，而涉及反复的时候，情况就不同了。因为反复能够使本身不能持续的动词产生持续性（包括进行）语义，而过程动词本身能够持续（单次动作），还能够通过反复构成另一重不同意义的持续，所以过程动词构成的反复体情况更加复杂。过程动词构成的反复体，一边要与过程动词构成的进行体相区别，另一边要与事件类过程动词构成的复数事件相区别，如此才能体现出这一体类型的分类意义。

过程动词反复体与过程动词进行体的区别在于，过程动词进行体是由动词本身的延续性形成的进行，是单事件单次活动的进行；而过程动词反复体是由过程动词的反复多次进行构成的持续。虽然都是持续，但是其内部构成不同，基于与动词情状的关系，仍然将其与单个过程动词的持续分开。所以，能够形成反复体的动词一定要有明确的界限，可以明确量化。比如，"鞠躬"是一个过程动词，"鞠躬"这个行为单次发生的时候可以形成进行体"V 着"；同时，由于它的界限分明，易于量化次数，因此可以构成表示反复体的"V 着"。而"吃"这个过程动词，由于边界不明，"吃"所构成的持续进行，无法分清是一次进行还是多次反复。郭锐（2017）对此进行过详细的论述：

> 比如"吃"表示的事件，是由"用餐具拿取食物""把食物送进嘴里""咀嚼食物""吞咽"这一系列具体动作的循环反复发生构成，一次吃一口是由一个"吃"的动作构成的一个"吃"事件，一次吃一百口是由一百个"吃"的动作构成的一个"吃"事件。不能认为吃一百口就有一百

个"吃"事件。

也就是说，类似"吃"这样的动词具有累积性，不能构成反复体。吃一口是一次事件，吃一百口也是一次事件，无论持续多长时间也不能看作重复。类似的动词还有前面提到的"熬，煮，奔跑，编（编织）（1），唱，抄写，吵（闹腾）（1），吵（争吵）（2），炒，扯（闲谈）（3），陈述，吃（吃食物）（1），吃（吸收）（4），吹（演奏）（1）"等。是否有内在终点决定着一个过程动词是量标性还是累积性。

因此，过程动词反复体的第一个要点是将累积性特征和量标性特征区分开来，只有具有量标性特征的动词可以加"着"构成反复体。

5.2.3.2　非事件性

过程动词反复体与复数事件在动词语义上的区别是，过程动词反复体的反复是单事件内部不具独立性动作的反复，而复数事件是多个独立事件的重复。从动词角度来说，过程动词中有一些动词表达的不是单纯的动作，而是一个内涵较为复杂的事件。这样的事件的单次发生即具有独立性，多次发生则不能看作单事件内部的反复，而应该看作复数事件。也就是说，区别单事件和复数事件的关键在于动词所表内容是事件性的还是动作性的，动词的重复是构成一个单事件还是各自独立。比如，"调解，陷害，协商，敲诈，庆祝，纪念"等比较典型的事件类过程动词，动词本身表示了一个较为完整的事件，因此单次发生就能表示一个独立事件，如果重复则表示复数事件。这种具有事件性特征的动词不能构成反复体。能够构成反复体的动词在事件性上不具备独立成立的特征，往往是表现一个事件内部的某个构成部分，且常体现为一个动作。

5.3　"V 着"表持续体

持续体表示的事件进程是，处于动词所表动作、行为、变化完成之后的遗留状态之中。这一语法体最明显的特征是动作、行为和变化已经完成。这一类持续体的产生，不是基于动词情状本身的内涵，而是动作、行为和变化作为一个事件发生之后产生的结果的后续状态，概括地说，这是一种事件后的存在状态，也是一种静态性极高的状态。它有独特的事件结构和句法表现，与其他几种体意义有非常明显的区别。这也是前文将其与状态动词"V着"截然分开的原因。如图5-3所示。

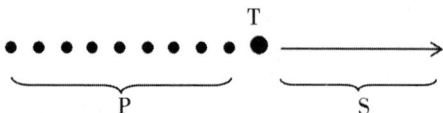

$$\underbrace{\bullet\ \bullet\ \bullet\ \bullet\ \bullet\ \bullet\ \bullet}_{P}\ \overset{T}{\bullet}\ \underbrace{\longrightarrow}_{S}$$

图5-3　持续体所表事件进程

在图5-3中，持续体的阶段应当是"S"，前面的"P"和"T"都是事件阶段。事件阶段可能是一个过程（P），也可能是一个变化（T）。"V着"表示的进程就是后事件阶段的遗留状态存续阶段"S"。

5.3.1　持续体的典型句式

持续体最为典型的句式是静态存在句，以处所为陈述对象表示某地存在某物的句式意义（范方莲，1963；刘宁生，1985；宋玉柱，1988），如：

（9）a. 南房里边安着一盘碾子。——南房里边有/是一盘碾子。

　　　b. 墙上安着一台空调。——墙上有/是一台空调。

　　　c. 当中安着一口锅。——当中有/是一口锅。

例（9）的三个句子都是存在句，意义相当于"某处存在某物"，但是和"有"字存在句不同，持续体意义的"V着"存在句还附着了更多的信息。

静态存在句"L+V着+O"的同义句式是"O+在+L+V着"，如"墙上挂着地图"和"地图在墙上挂着"。两个不同句式中的"V着"的体意义相同，都表示持续体。除此之外，动态持续体"V着"也可能出现在施事为主语的一般主谓句中，如"他秘密地勾结着一批流氓土匪""树丛掩盖着那发出笑声的人"。其中，静态存在句是"V着"表持续体最常见、最典型的句式。

5.3.1.1　"V 着"存在句及其句式意义

存在句的句式意义是表示事物存在，即"某处存在某物"。刘宁生（1985）认为静态存在句与普通存在句（"有"字存在句）的区别在于，"V 着"是"附丽于存在之上，表示存在的方式"。本书同意持续体在"存在"意义之上还附丽了其他更丰富的含义，但有一些表示持续体的"V 着"表示"存在"的来源，有一些表示"存在"的形态，"方式"说似乎是想把二者都囊括进去。但事实上，很多现象不宜概括在"方式"之内，因此将其分为"来源"和"形态"两种情况似乎更加准确。

1. "V 着"表示存在状态的来源

所谓"方式"，可以表述为"以××的方式存在"，但是对于下面这些情况来说，如果再以"方式"来解读似乎就有些说不通。比如：

（10）a. 墙上安着一台空调。——墙上有一台空调。（? 以"安着"的方式存在）

b. 桌上搁着一杯牛奶。——桌上有一杯牛奶。（? 以"搁着"的方式存在）

c. 墙角扔着一双鞋子。——墙角有一双鞋子。（? 以"脱着"的方式存在）

d. 地上漏着一摊油。——地上有一摊油。（? 以"漏着"的方式存在）

例（10）里的"V 着"难以解读成"空调以'安着'的方式存在""牛奶以'搁着'的方式存在""鞋子以'扔着'的方式存在"，以及"一摊油以'漏着'的方式存在"。上例中的"V 着"在这些句子表达之时已经结束，并且没有遗留的外显形态存在，因此不宜做"方式"解读。

相对于"方式"之说，"V 着"表示存在状态的来源或原因似乎更合理。就目前已有的观察来说，所有能够补出施事的持续体都表示这一意义：因为有"安"这个动作行为，才有"安着"的状态；因为有"漏"这个原因，才会有"漏着"这一状态。对于那些有外显形态的持续体来说，"来源"说也同样能够成立。对这个问题的讨论不仅旨在解决表示动后持续的"V着"在"存在"之中包含什么信息的问题，还关系到"V着"的动词其状态是否延续的问题，对于最后对"着"的语义和功能的认定也有重要作用，因此需要准确区分。

2. "V着"表示存在状态的形态

除了上述"V着"表示存在状态的来源，还有一些持续体的句子，其"V着"不表示来源，而表示事物存在的形态，如一些不能补出施事的情况。施事成分不存在，也就意味着动力源不存在，那么再将其看作存在状态的来源，也是不合适的。比如：

（11）a. 树缝里也漏着一两点路灯光。（散文）

b. 花岗岩的颜色非常美丽，呈粉红色，其中还均匀地散布着黑色的云母晶体。（《中国儿童百科全书》）

c. 新生儿出生后身体覆盖着一层奶油状的物质，这是胎脂。（《儿童心理》）

还有一些情况，动词本身的论元结构中虽然有施事，但是在具体的语境中无法补出施事。比如：

（12）a. 他提问的时候脸上挂着微笑。（姚明《我的世界我的梦》）

b. 祖逖往窗外一看，天边挂着残月，东方还没有发白。（《中华上下五千年》）

c. 泰山树的花太美了，那肥大的花瓣挂着雨露。（《世界文学名著鉴赏词典》）

d. 晴空挂着几丝白云。（老舍《骆驼祥子》）

（13）a. 早春或晚秋时节，清晨起来，常常可以看到地面、屋顶铺着一层薄薄的白霜。（《中国儿童百科全书》）

b. 蓝天白云下铺着无际的绿色草原，乳白色的蒙古包点缀其间。（1993年《人民日报》）

c. 南边就是铺着积雪的绵绵千里的祁连山，听得见马嘶声声，听得见兵戈碰撞。（1998年《人民日报》）

d. 背阳的山坡铺着一块块阴森的绿，早熟的稻田透着一层浅黄。

（《作家文摘》）

综合例（11）到例（13），表示持续体的"Ｖ着"在这些情况下更宜看作表示存在状态的形态。当然还有一些情况是，"Ｖ着"既能表示来源，又能表示形态，如"卷着""挂着""摆着""摊着""插着""嵌着""镶着""缠着""撒着""堆着""架着"等，既可以有施事，表示存在状态来源，也呈现出事物存在的某种形式或形态。概括地说，表示持续体的"Ｖ着"存在句，其句式意义是"某处由于某种原因或以某种形态存在某物"。

5.3.1.2　"Ｖ着"的语义特征

持续体"Ｖ着"关注的是动词完结之后的部分，动词内部包括起点和过程都不在持续体"Ｖ着"的关注范围内。"Ｖ着"所表示的存在状态是动词所表行为的结果，动词出现只是提示结果状态的来源或形态，持续体对产生这一结果的过程并不敏感，对过程的发起者施事也不敏感。可以从三个方面证明这一点：

首先，"Ｖ着"不关心施事。持续体"Ｖ着"最常见的句式是处所为主语的存在句，存在句的句式意义是表示"某地存在某物"，存在句关心的是存在这一状况本身，而对导致存在的行为或动作过程不关心。"Ｖ着"在存在句中虽然引出了动词，但是动词在其中并不表示过程。

其次，许多存在句没有施事。比如，例（11）中的"漏着""散布着""覆盖着"，动词都是非自主动词，本身没有施事；再如，例（12）（13）中的"挂着""铺着"，虽然动词本身论元结构中有施事，但是在某些具体的存在句中没有施事，又如：

（14）a. 脖子上安着那个元宝脑袋，脑袋上很负责地长着一大堆黑头发。(老舍短篇)

b. 黑黢黢的一张小圆脸上，安着两个让人喜爱的小圆眼。（冯志《敌后武工队》）

c. 又见潭左几株大树之上，高高低低地安着三十来个大蜂巢，绕着蜂巢飞来飞去的都是玉蜂。（金庸《神雕侠侣》）

从例（11）到例（14）所表示的事物的存在状态，都是自然产生，而非在施事的自主动力之下产生，"V着"在句中的作用是表现出存在的形态。这种情况说明了"V着"对施事不敏感的语义特性。

再次，有施事的"V着"也不关心施事。即使在能够补出施事的存在句里，"V着"同样不关心施事，可以通过将"着"替换为"了"来进一步证明这一点，如：

（15）a. 墙上挂了一幅画。——他在墙上挂了一幅画。

　　　b. 墙上挂着一幅画。——? 他在墙上挂着一幅画。

（16）a. 墙角扔了一双鞋子。——他在墙角扔了一双鞋子。

　　　b. 墙角扔着一双鞋子。——? 他在墙角扔着一双鞋子。

例（15）（16）中的"挂"和"脱"都是自主动词，施事是必有论元。在上面两例 a 句的"V了"存在句中，可以补出施事而动词的体意义不变；而在 b 句的"V着"存在句中，施事一旦进入句子，"V着"的含义就变了，不再是表示动作结束以后的状态持续，而是表示动作正在进行。意义变了，替换不能成立。究其原因，是"了"作用于动词的过程部分，表示动词过程的结束或完成，也就能够容纳施事进入句中；存在句里"着"关注的是动词过程结束以后的部分，在表示存在的时候，施事的活动已经结束。因此，由于"了"和"着"作用于动词的不同阶段，它们在句法上相应会有不同的表现。

5.3.2　持续体的动词

能够表示持续体的"V着"有两类动词：一是过程动词，二是变化动词（包括准变化动词和真变化动词）。不过这两类动词的情状不同并未对持续体的意义产生太大影响。因为持续体并不关心动词情状内部是延续还是瞬间、是有界还是无界，这些都不影响持续体的意义。持续体关心动词过程完结以后是否有后续阶段的存在。如下面的例子，虽然动词情状不同，但"V着"表达的动后持续义别无二致。

（17）a. 沙滩上搭着一座座茅草凉棚，供游客们乘凉、歇息。（《中国

儿童百科全书》）

b. 还有三间南房，里边<u>安</u>着一盘碾子和一台磨。（刘流《烈火金刚》）

c. 每个人腰上都用细绳<u>拴</u>着拖鞋，长长的栈桥立即变得热气腾腾。（1994 年《人民日报》）

（18）a. 卧房里小桌上<u>盖</u>着一个沉重的灰色大理石圆盘。（米兰·昆德拉《生活在别处》）

b. 一家人伫立在街头，脚边<u>放</u>着旅行箱，却无处可去。（《中国当代电影史》）

c. 每个人前边的桌子上，都<u>扔</u>着一个小包。（袁锐《藏锋》）

（19）a. 右上方的高墙上<u>开</u>着一孔铁窗。（1996 年《人民日报》）

b. 尚不知胡同深处<u>埋</u>没着这么一位英雄。（霍达《红尘》）

c. 一爿小厂<u>雇</u>着三十几名工人，维持着手工作坊式生产。（1994 年《作家文摘》）

例（17）到（19）分别是过程动词、准变化动词和真变化动词构成的持续体，虽然动词情状各不相同，但是"V 着"表示动后的持续意义却是一致的。因此，持续体并不关心动词情状类型，需要从动词语义的其他方面来寻找体意义产生的原因。

5.3.2.1　几类相关句法现象

（20）屋里摆着酒席。/山上架着炮。

（21）a. 墙上挂着一幅画。——a'. 墙上挂了一幅画。

b. 椅子上坐着两个人。——b'. 椅子上坐了两个人。（转引自戴耀晶，1991）

（22）a. 台上坐着主席团。——主席团坐在台上。

b. 台上唱着戏。——＊戏唱在台上。

首先是存在句的歧义现象，如例（20）；其次是存在句中"V 着"和"V 了"对立中和现象，如例（21）；再次是存在句句式变换的不平行现象，如例（22）。这几类重要的句法现象，都与持续体有关。

针对"V着"存在句的歧义现象，朱德熙（1961）用句式变换的方式将句子的歧义分化出来：一是从时间角度表述动作，如"屋里正在摆酒席"，二是从空间角度表述存在方式，如"屋里摆好了酒席"。这种分化的实质其实就是进行体和持续体的区分。

针对"V着"和"V了"的对立中和现象，戴耀晶（1991）认为两个句子只是都能成立，但二者语法语义特征并不相同，因为"V着"表现内部视点体，"V了"表现外部视点体，体意义不同，可替换之说不成立。本书赞同可替换之说不成立的结论，但是具有内部视点体的"V着"是进行体而不是持续体，对此前文已经进行过反复说明。二者的区分在于，进行体"V着"是内部视点体，表示事件进程处于动词情状过程中；持续体"V着"不是动词情状的内部视点体，而是指明动词所表事件结束以后某种结果状态的持续，事件进程已经结束，且不处于动词情状的内部。因此，不能用表进行的"V着"来证明表持续体的"V着"的问题，"V了"对立中和的是持续体"V着"，而不是进行体"V着"。所以，将进行体"V着"和持续体"V着"做理论上的明确区分是研究的前提。

针对"V着"存在句句式变换的不平行现象，前人研究发现了相同表层结构内部不同句子之间的差异，并且发现了在变换中能够与如"台上坐着主席团"平行的句子，提出动词应当具有"附着义"（陆俭明，1991）。李杰（2003）则从句式准入的角度探讨了哪些句式能够激活动态动词的静态义，即持续体可以出现在哪些句式中。

上述现象都与持续体有关，从动词语义角度能够比较合理地将上述几种既有区别又有内在关联的现象统一起来，同时能回答"着"产生持续体的原因。已有一些研究发现"着"有动作和状态的对立，并提出能够与"着"共现的动词应当具有"放置义"（李临定，1985；刘宁生，1985）。刘宁生（1985）认为"附着义"动词应该分出动作状态两个义项；李临定（1985）认为应当将其分析为动作动词和状态动词的兼类；任鹰（2000）认为这些动词有动态义和静态义之分，和前两者的观点本质上相同。李杰（2003）将动作和状态视为同一动词，并提出这类动词静态化的条件是三种表示存在的句式，并解释了原本表示动作行为的"挂""坐""穿"等动词在什么条件下会激活静态语义，从表示动作转而表示状态，但是没有解释为什么在这样的句式下静态义（附着义）会被激活。

任鹰（2000）还从动词语义分解的角度，明确提出体标记"着"和"了"作用于动词的不同阶段。这是前人研究中视角与本书最接近的一个观点，但本书不太赞同某些动词具有不同阶段的看法，如"挂""穿"作为光杆动词只能表示动态行为，而不能表示状态。一定是"挂着""穿着"才能表示状态。因此，这种状态的产生不是动词在词义层面本身具有的，而是"着"将动词背后特有的事件特征激活以后产生的。这将在后文详细论述，此处暂不展开。这些研究的语言材料虽然多是研究者构拟而出，所举动词也限于比较常见的典型动词，没有对动词进行更大范围的筛选和甄别，但这些成果由表及里，从句子到词汇，帮助人们一步步加深了对问题的认识，正是站在这些成果的肩上才有机会对相关现象进行更深入的探讨。

对于加"着"之后能够表示持续体的动词，前人有"附着义""放置义""安置义"等不同称谓。由于这类动词的语义范围远远大于"放置"或"安置"等义类，本书统一采用"附着义"动词这一称谓。

5.3.2.2 "附着义"动词在动词情状类型中的分布

能够表示持续体的动词在过程动词的四个小类和变化动词的两个小类中都有分布，分别如下：

1. 过程动词

安（装）(2)，安排（规划）(2)，熬（煮）(ao2)(1)，拔（罐）(2)，拔（放于水中使变凉）(4)，办（经营）(2)，绑，包（包东西）(1)，包围，编（编织）(1)，编（编辑）(3)，布置（安排陈列物件）(1)，擦（涂抹）(2)，藏（躲藏）(1)，藏（收藏）(2)，缠，抄写，炒，扯(1)，盛（放于容器）(1)，吃（吸收）(4)，冲（冲调）2 (1)，穿（珠子）(3)，穿（衣物）(4)，搭（支、架）(1)，搭（放）(2)，打（建造）(5)，打（制造）(6)，打（捆）(8)，打（织）(9)，打（涂抹）(10)，打（凿）(11)，打（举）（12），打（开具）（14），打（收集）（18），打（草稿）（19），倒（倒水）（dao4）（2），登记，点（种）（6），叠，顶（用头支撑）（1），钉（钉钉子）（1），钉（钉扣子）（2），冻（冰冻）（1），堆，兑（兑水）（1），兑（兑换）（2），对（掺和）（8），躲，缝，扶（用手支持）（1），盖（建造）（4），割，刮（涂抹）1（2），挂（悬挂）（1），挂（挂糊）（5），挂（挂号）（6），关，裹，糊，划（hua4），画（用笔做出图形）1，画（作记号或作为标记的文字）2，和（和面）（huo2），和（和稀泥）（huo4），积累，集合，挤（挤牙膏）（3），记（保持印象）（1），记（记录）（2），煎（煎鱼）（1），煎（煎药）（2），剪，建立（开始产生，建立感情）（2），建设，接（连接）（1），锯，卷（裹住）（2），开（开办）（8），开辟，烤，抠（雕刻）（2），捆（捆绑），拉（使物体向自己的方向移动）（1），流露，搂（搂钱）（lou1）（3），搂（搂抱）（lou3），埋葬，描（照底样画）（1），描（重复涂抹）（2），抹（涂抹）（1），抹（抹墙）（mo4），磨（使细碎）（mo4）（1），拧（拧螺丝）（ning3），排（按次序摆）1（1），泡（浸泡）（1），配（按比例调配）（2），配（搭配）（4），劈（分开）（pi3）（1），劈（分裂）（pi3）（2），拼（拼合）1，破（使分裂）（2），扑（扑粉）（2），铺，沏，起（起草）（6），砌，签（签名）1（1），签（签意见）1（2），签（缝）2，切，染（染色）（1），绕（缠绕）（1），洒，撒（sa3），塞，散布，上（安装）（7），上（涂抹）（8），上（发条）（10），烧（加热）（1），烧（烹调）（2），伸，生（生长）（2），收（收税）（2），收（收麦子）（3），收（收押）（5），收集，收拾（整理）（1），梳，树立，刷，拴，锁（锁车）（1），锁（锁边）（2），摊（摆开）（1），摊（摊饼）（2），烫（使变热）（2），掏（挖）（2），淘（淘米）（1），套（罩）（1），套（拴）（2），腾，填（填平）（1），调，贴（贴邮票）（1），涂（使附着）（1），涂（乱写画）（2），吐（吐丝）（tu3）（2），吐（不自主地从嘴里涌出）（tu4）（1），褪（使套着的东西脱离）（tun4），挖，弯（process），围，写（书写）（1），卸（拆）（3），修（兴建）（3），绣，腌，养（养花）（2），印，扎（za1），栽（树）1（1），宰，凿，造（制作）（1），长（生长）（1），织（1），制定，种，煮，

装（装进）2（1），装（安装）2（2），钻（钻眼儿）（1），作，做（制造）（1）

2. 变化动词

准变化动词：踩，扯（撕扯）（2），登（踩）2（2），滴，点（写画）（1），点（踮）（3），点（眼药）（5），点（点火）（10），垫（隔离）（1），丢（扔）（2），剁，放（放于）（10），盖（蒙上）（1），搁（搁置）（2），扣（套住）（1），扣（向下扣）（2），拦，披（1），劈（pi1）（柴）（1），泼，掐（用指甲截断）（1），扔（扔球）（1），拾，踏，摔（因落下而破损）（3），投（投射）（4），吐（吐痰）（tu3）（1），吐（吐赃款）（tu4）（2），蘸，坐（放）（3）

真变化动词：安（插）（1），包（承包）（3），包（租）（5），保留（3），避免，采（采摘）（1），盛（装、容纳）（2），成立（1），充满，抽（抽穗）1（3），出（提供）（3），串（串线）（2），存（保存）（1），存（蓄积）（2），存（储蓄）（3），存（寄存）（4），存（存有）（5），搭（加上）（4），带（携带）（1），带（呈现、含有）（3），带（附带）（4），代理，挡（抵挡）（1），倒（倒下）1（dao3）（1），登（刊登）1（2），垫（垫付）（2），点（菜、戏）（8），订（订购）（2），堵（transition），断（断电）（2），发表（发表文章）（2），放（加）（11），分配（分房）（1），分配（安排）（2），该（欠）2，搁（加）（1），勾结，雇，关（关押）（2），混（1），集中，继承（遗产）（1），继承（事业）（2），寄存，寄托，夹（掺杂）（2），卷（弯成圆筒）（1），开（打开）（1），开（开花）（3），开（开具）（11），开（开设）（16），靠（倚靠）（1），扣（扣留）（3），扣留，拉（la2）（割破），落（遗漏）（la4）（1），落（忘）（la4）（2），裂，留（保留）（2），留（收下）（3），留（遗留）（4），落（留下）（luo4）（4），埋没（掩埋）（1），埋没（埋没人才）（2），拿（掌握）（3），派遣，抛弃，批发，聘请，赔（亏损）（2），牵连，欠（欠债）2（1），欠（缺少）2（2），缺（缺少）（1），缺（缺课）（3），扔（丢弃）（2），容纳，散（松开）（san3），少（缺）（1），少（丢失）（2），少（欠）（3），赊，剩，收（接收）（4），输

（败）2，摊（分摊）(3)，贪（贪污）(1)，提拔，贴（贴补）(3)，停（停止)(1)，停（停泊）(3)，投（放入）(2)，透（穿透）(1)，透（显露)(3)，拖（牵拉着）(2)，掩盖（遮住）(1)，养（生育）(3)，遗留，栽（赃）1 (2)，沾，占领，占有（占据位置）(1)，占有（掌握）(2)，掌握，住（居住）(1)，租，补充，产生，团结，创造，掉（落）1 (1)，发行，公布，贡献，加（添加）(2)，建立（开始成立，建立基地）(1)，交（结交）(3)，接（接水）(2)，接收，接受，结合，开（开辟）(2)，立（站立）(1)，立（建立）(2)，漏（渗漏）(1)，落（下来)(luo4)(1)，埋，拿（取，搬动）(1)，佩戴，起（长出）(3)，起（起墙）(7)，侵占（财产）(1)，侵占（领土）(2)，渗，脱（掉落）(1)，弯，吸收（1)，下（投入）(6)，下（生产）(10)，压（下注）(6)，摘（取）(1)，摘（摘抄）(2)，赚，组成，做（结成）(6)

这些动词都能够加"着"表示持续体，它们虽然情状类型不同、语义类别各异，但是都有一个共同点就是能够在动作过程或某种变化之后产生一个结果。这个结果可以是某种具体的产出，如"写、刻、挖、凿、修、绣、描"等，动词的宾语在动词所表动作或变化发生之前是不存在的，是过程或变化之后的产出物；也可以是某种新状态的产生，如"穿、挂、戴、披"等，宾语在动作或变化之后有一种新的存在状态；还可以是一种姿势的产生和保持，如"坐、站、躺、蹲、靠"等。总之，经过对上述动词的全面分析发现，能够与"着"共现表示持续体的动词，在语义上都有"附着义"内涵，只是一些比较具体，一些比较抽象。

5.3.2.3 以"挂""坐""穿"为例

下面以前人研究中讨论较多的"挂""坐""穿"三个动词为例，尝试对"附着义"动词进行说明。"挂""坐""穿"在《现代汉语词典》（第7版）中的释义如下：

【挂】①（动）借助绳子、钩子、钉子等使物体附着于某处的一点或几点。

【坐】①（动）把臀部放在椅子、凳子或其他物体上，支持身体重量。

【穿】⑤（动）把衣服鞋袜等物套在身体上。

这三个动词的释义中都包含两个部分：一是"使某物处于某处"的结果意义，二是同时造成这一结果的动作。"挂"包括将物体移动并置于某处的动作，以及物体重心垂坠于此处的状态；"坐"包括身体重心下移，臀部落于某处的动作，以及安坐以后保持坐姿的状态；"穿"包括将衣裤鞋袜往身体相应部位套的动作，以及套好以后的状态。其中，一个是显性的，一个是隐性的；导致结果出现的动作义是显性的，结果义是隐性的、有条件的。作为光杆动词的词义，很显然只包含显性意义，至于动作可能产生的后果，则隐含在词义背后的概念结构中。动作和结果两个意义在句法上有相应的表现，如：

(23) a. 从礼仪小姐的手中接过那块奖牌，欧烨不由分说挂到了加斯东的脖子上。

　　 b. 小林进门的时候，她正在往墙上挂一张画。

(24) a. 月亮挂在天上更高的地方。

　　 b. 卓越走了过去，只见墙上挂着9块编着号码的公告牌。

例（23）a 中，"挂"是几个连续动作的其中一个，后面还有一个表示移动终点的补语"到……"，可见此句中的"挂"表示动作；例（23）b 中，时间参照小句"小林进门的时候"和进行标记"正在"的存在，证明了此句的"挂"也表动作，且句中也有表示移动终点的状语"往墙上"。而例（24）a 中"挂"表示"某物处于某处"，例（24）b 中"挂"表示"某处存在某物"，都是动作"挂"的结果，两句概念结构相同，只是焦点不同。"坐"和"穿"的情况同理可证，不再赘述。

词典释义和句法表现两个方面都说明，"挂""坐""穿"的词义兼有"动作+状态"的动静两个方面的语义信息。通过一定的句法操作，"附着义"动词既可以表示动作，也可以表示状态，并且这两种意义在时间上前后相继，逻辑上因果相承。

5.3.2.4　"附着义"动词的语义类型

安置类（挂）、姿势类（坐）和穿戴类（穿）动词在前人研究中涉及较多，但本书搜集的450个"附着义"动词的语义类型远不止这三种，有以下七种语义类型：

安置类： 安（插）（1），安（装）（2），安排（规划）（2），安放，安置，拔（罐）（2），拔（放于水中使变凉）（4），摆，保留（3），布置（安排陈列物件）（1），擦（涂抹）（2），藏（躲藏）（1），藏（收藏）（2），插，扯（1），穿（珠子）（3），串（串线）（2），存（保存）（1），存（蓄积）（2），存（储蓄）（3），存（寄存）（4），存（存有）（5），搭（放）（2），打（10），倒（倒水）（dao4）（2），登（刊登）1（2），点（眼药）（5），点（种）（6），垫（隔离）（1），垫（垫付）（2），吊，叠，钉（钉钉子）（1），钉（钉扣子）（2），冻（冰冻）（1），堵，堆，兑（兑水）（1），对（掺和）（8），躲，发表（发表文章）（2），放（加）（11），分配（分房）（1），分配（安排）（2），缝，放（放于）（10），搁（加）（1），搁（搁置）（2），关（关灯）（1），关（关押）（2），混（1），集合，集中，继承（遗产）（1），继承（事业）（2），寄存，寄托，夹（1），夹（掺杂）（2），拉，落（留下）（luo4）（4），晾，刮（涂抹）1（2），挂（悬挂）（1），挂（挂糊）（5），关，记（保持印象）（1），加（添加）（2），接（连接）（1），靠（2），扣（扣留）（3），扣留，拉（使物体向自己的方向移动）（1），立（站立、树立）（1），留（保留）（2），留（收下）（3），留（遗留）（4），搂（搂钱）（lou1）（3），抹（涂抹）（1），抹（抹墙）（mo4），拧（拧螺丝）（ning3），排（按次序摆）1（1），泡（浸泡）（1），配（按比例调配）（2），配（搭配）（4），扑（扑粉）（2），漆，签（缝）2，嵌，塞，散布，晒，上（安装）（7），上（涂抹）（8），上（发条）（10），收（聚拢）（1），收（收押）（5），收集，收拾（整理）（1），拴，锁（锁车）（1），锁（锁边）（2），树立，拴，摊（摆开）（1），摊（摊饼）（2），烫（使变热）（2），淘（淘米）（1），贴（贴邮票）（1），涂（使附着）（1），镶，养（养花）（2），投（投射）（4），扣（向下扣）（2），蘸，坐（放）（3），填（1），停（停止）（1），停（停泊）（3），投（放入）（2），团结，下（投入）（6），压（对物体施加压力）（1），压（积压）（5），压（下注）（6），遗留，栽（树）1（1），栽

（赃）1（2），沾，种，装（安装）2（2），住（居住）(1)，拽，装饰

产出类：熬（煮）(ao2)(1)，办（经营）(2)，包（承包）(3)，包（租）(5)，编（编织）(1)，编（编辑）(3)，采（2），抄，抄写，炒，呈现，成立(1)，充满，抽（抽穗）1(3)，冲（冲调）2(1)，充盈，刺，搭（支、架）(1)，打（建造）(5)，打（制造）(6)，打（织）(9)，打（涂抹）(10)，打（凿）(11)，打（开具）(14)，打（收集）(18)，打（草稿）(19)，登记，兑（兑换）(2)，炖，盖（建造）(4)，割，挂（挂号）(6)，划（hua4），画（用笔做出图形）1，画（作记号或作为标记的文字）2，和（和面）(huo2)，和（和稀泥）(huo4)，积累，积聚，挤（挤牙膏）(3)，记（记录）(2)，架，煎（煎鱼）(1)，煎（煎药）(2)，剪，建设，结（冰），结（绳），锯，开（开办）(8)，开辟，烤，刻，抠（雕刻）(2)，流露，弥漫，描（照底样画）(1)，描（重复涂抹）(2)，磨（使细碎）(mo4)(1)，劈（分开）(pi3)(1)，劈（分裂）(pi3)(2)，拼（拼合）1，破（使分裂）(2)，铺，汹，起（起草）(6)，砌，签（签名）1(1)，签（签意见）1(2)，切，染（染色）(1)，烧（加热）(1)，烧（烹调）(2)，生（生长）(2)，收（收税）(2)，收（收麦子）(3)，梳，刷，掏（挖）(2)，套（拴）(2)，腾，调，涂（乱写画）(2)，吐（吐丝）(tu3)(2)，吐（不自主地从嘴里涌出）(tu4)(1)，挖，弯（process），写（书写）(1)，修（兴建）(3)，绣，腌，印，扎（za1），宰，凿，造（制作）(1)，长（生长）(1)，织（1），煮，钻（钻眼儿）(1)，作，做（制造）(1) 扯（撕扯）(2)，点（写画）(1)，点（点火）(10)，剁，拦，劈(pi1)（柴）(1)，掐（用指甲截断）(1)，拾，吐（吐痰）(tu3)(1)，吐（吐赃款）(tu4)(2)，点（菜、戏）(8)，订（订购）(2)，勾结，雇，卷（弯成圆筒）(1)，开（打开）(1)，开（开花）(3)，开（开具）(11)，开（开设）(16)，拉(la2)（割破），批发，聘请，赊，剩，收（接收）(4)，摊（分摊）(3)，贪（贪污）(1)，提拔，养（生育）(3)，占领，占有(1)，占有(2)，掌握，制定，租，补充，产生，创造，发行，公布，贡献，建立(1)，建立(2)，交（结交）(3)，接（接水）(2)，接收，接

受，结合，开（开辟）(2)，立（建立）(2)，起（长出）(3)，起（起墙）(7)，侵占（财产）(1)，侵占（领土）(2)，渗，吸收(1)，下（生产）(10)，显现，摘（取）(1)，摘（摘抄）(2)，赚，组成，做（结成）(6)

姿态类：矗立，点（踮）(3)，挡（抵挡）(1)，倒（倒下）1(dao3)(1)，扶（用手支持）(1)，靠（倚靠）(1)，跪，立（站立）(1)，趴，蜷缩，伸，耸立，躺，拖（牵拉着）(2)，弯，站，坐

持握类：背，踩，打（举）(12)，带（携带）(1)，登（踩）2(2)，顶（用头支撑）(1)，端，夹(2)，举，扛，拎，搂（搂抱）(lou3)，拿（取、搬动）(1)，拿（掌握）(3)，捏，踏，抬，提，咬，抓

包装类：绑，包（包东西）(1)，缠，盛（放于容器）(1)，吃（吸收）(4)，打（捆）(8)，覆盖、裹，糊，卷（裹住）(2)，捆（捆绑），绕（缠绕）(1)，套（罩）(1)，围，装（装进）2(1)，埋没(1)，埋没(2)，埋葬，容纳，埋，盖（蒙上）(1)，扣（套住）(1)，盛（装、容纳）(2)，掩盖（遮住）(1)，笼罩

穿戴类：穿（衣物）(4)，披(1)，佩戴，戴，系，围，扎，挂，打(8)

去除类：擦（擦掉）(1)，抹（擦掉）(2)，洒，撒(sa3)，褪（使套着的东西脱离）(tun4)，避免，滴，丢（扔）(2)，泼，扔（扔球）(1)，摔（因落下而破损）(3)，出（提供）(3)，搭（加上）(4)，断（断电）(2)，落（遗漏）(la4)(1)，落（忘）(la4)(2)，裂，抛弃，赔（亏损）(2)，欠（缺少）2(2)，缺（缺少）(1)，缺（缺课）(3)，扔（丢弃）(2)，散（松开）(san3)，少（缺）(1)，少（丢失）(2)，少（欠）(3)，贴（贴补）(3)，掉（落）1(1)，漏（渗漏）(1)，落（下来）(luo4)(1)，脱（掉落）(1)，脱（取下、除去）(2)、散布，卸（拆）(3)

前六类都与"附着"存在或远或近的联系，第七"去除类"比较特殊，词汇意义是"去除"，但动作的结果仍是"附着"，符合前面三条鉴定标准，如例（25）。附着义主要出现在上述七种语义类型之中，但不同的语义类型却有相似的句法表现，因此需要对"附着义"动词的意义进行进一步分析和梳理。

（25）a. 墙角扔着一双鞋。——墙角扔了一双鞋。——一双鞋扔在
墙角。

b. 地上漏着一摊油。——地上漏了一摊油。——一摊油漏在
地上。

不同语义类型的动作动词都产生了附着义，原因何在？这需要从词汇
的深层意义即概念结构来分析。

5.3.3　"附着义"动词的概念结构

"附着"的概念结构中有三个核心要素：附着物 O（Object）、动作 M
（Motion）和附着处所 L（Location）；还有施事 A（Agent）、工具 I（Instru-
ment）、方式 M（Manner）、形态 F（Feature）、目的 P（Purpose）、原因 C
（Cause）等可选要素。不同语义类型的"附着义"动词概念结构有差异，
概念要素的选择也有差异，主要有下面几种情况。

5.3.3.1　L＝A 或 L≤A

附着位置 L 就是施事者 A，或者是施事者 A 的一部分，如"持握类"
中的"拿、捏、提、端、抓、拎、举、背、扛、抬、咬、夹（2）"等，
"穿戴类"中的"穿、戴、系、围、扎、披、挂、打（8）"等及"安置
类"中的"藏、存、收、留、扣、关"等。位移事件的方向总是靠近而不
是远离施事 A，如图 5-4 所示。

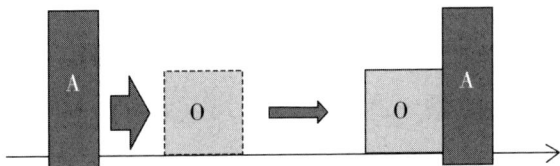

图 5-4　附着义概念图式 1

5.3.3.2　O＝A

施事 A 本身就是附着物 O。施事 A 自行位移到附着处所 L，并附着于 L，
并将保持这种状态。比如，姿态类的"坐、趴、躺、站、立（1）、倒、跪、
靠（1）、蜷缩、矗立、耸立"，施事 A 就是附着物 O，如图 5-5 所示。

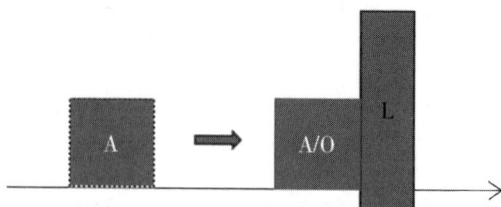

图 5-5　附着义概念图式 2

5.3.3.3　L 是容器

附着物 O 在施事 A 的作用下，以某种形态或方式置于容器 L 中，并将保持这种状态，以"包装类"动词为代表，如"包、盛、装 2（1）、卷、裹、埋、载、埋葬"等，如图 5-6 所示。

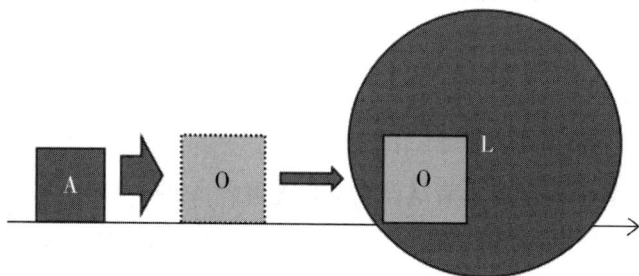

图 5-6　附着义概念图式 3

5.3.3.4　产出类附着物 O

附着物 O 在施事 A 的作用下产生出来并处于附着处所 L，且将继续保持这种状态，以"产出类"动词为代表，如"写、画、描、刻、漆、刷、安、搭、架、织、刺、绣、抄、记、沏"等，如图 5-7 所示。

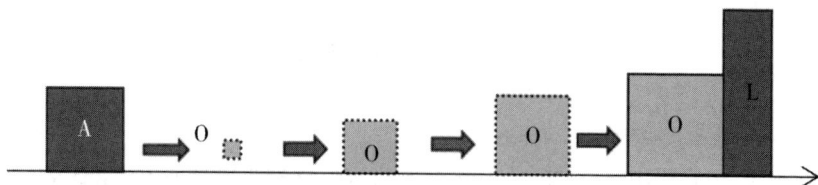

图 5-7　附着义概念图式 4

不论上述四个小类存在何种差异，它们都具有共同的特征：位移动作+存在状态。位移动作在空间上体现，存在状态在时间上体现。它们由附着物 O、动作 M 和附着处所 L 三个最核心的部分构成，如图 5-8 所示。

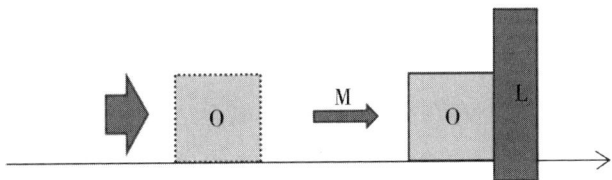

图 5-8　附着义概念图式

图 5-8 所示是高度抽象的概念结构：附着物 O 在某种作用下，位移到附着处所 L，并保持"附着"于 L 的存在状态。动作进行阶段是一个位移事件，状态持续阶段是一个存在状态，位移事件致使存在状态的发生，二者存在因果关系。"位移"的动作一般由施事 A 完成，"附着"的状态由附着物 O 保持，这能够说明为什么在以施事 A 为主语的句子里"附着义"动词多表动作，如例（23）；而在以附着物 O 或附着处所 L 为主语的句子里，"附着义"动词往往表存在状态，如例（24），这也正是李杰（2003）所谓的能够使"挂"类动词静态化的几种句式。

"附着义"动词概念结构中的内容通过不同的表层形式体现出来。附着物 O、动作 M、附着处所 L、施事 A 和工具 I 以句法成分的形式在表层结构中体现出来；方式 M'、形态 F、目的 P、原因 C 等内容则直接编码进动词，如"挂"突显动作方式 M'，"钉"突显工具 I，"晾""晒"突显目的 P，"漏"突显原因 C，"站""立""跪""趴"突显形态 F 等。如例（26）至例（28）所示，原本表示动作的动词在这些句式中转而表达状态，指明了存在的来源或形态等非路径信息：

（26）墙上有（是）一幅画。——墙上挂着一幅画。

（27）院子里有（是）两棵树。——院子里种着两棵树。

（28）地上有（是）一个伤员。——地上躺着一个伤员。

参照 Talmy（1991）对位移事件（motion event）的描写，编码位移结果的是路径动词（path verb），编码位移方式的是方式动词（manner verb）。在例（26）到例（28）的存在事件中，"有（是）"仅仅指明存在本身，没有包含存在的来源或形态等信息，类似位移事件中的路径动词，蔡维天（2009）将其视为轻动词。而"附着义"动词则能够将存在的方式、形态、目的、原因等非路径信息直接编码进动词，类似位移事件中的方式动词。

附着义动词指明与存在有关的信息，概念结构中不同信息的选择和组合造就了不同附着义动词的编码方式，也造就了不同附着义动词的句法表现。本书根据 Pustejovsky（1991、1995）的理论将事件结构看作概念结构向句法表层映射的接口。

5.3.4 "附着义"动词的事件结构与句法表现

分析"附着义"动词的事件结构时，既要将其与概念结构相衔接，又要能够解释动词在句法表层的表现。"附着义"动词所表事件由两个子事件构成：一是动作事件（位移），二是存在状态（附着）。这两个子事件整合到"附着义"动词的语义中，任何一个部分的差异都会造成整个动词语义的差异，进而造成句法表现上的差异。"附着义"动词的事件结构有以下几种情况。

5.3.4.1 自主的"位移+附着"事件

自主的"位移+附着"，是指附着物 O 自行位移，并附着到处所 L，附着物 O 就是发出动作的施事 A，以"姿态类"动词为典型代表，如"坐、趴、躺、站、立（1）、倒、跪、靠（1）、蜷缩、矗立、耸立"等。这一类动词的附着物以有生名词尤其是指人名词为主，"附着"的动作由附着物 O 自行完成，"附着"的状态也由附着物 O 保持。整个附着事件有"动作 M""附着物 O"和"附着处所 L"三个必备要素。假设子事件 1 是一个以动作动词为核心的位移事件，子事件 2 是一个以附着状态为核心的状态事件，则此类事件可以描写为：

$\exists e\,[e1\,(a,\,l)\prec s1\,(o,\,l)\,\wedge a{=}o]$（注：$\prec$ 表示时间先后。）

由于这一类附着状态中除了动词以外只有两个事件要素，即附着物 O

和附着处所 L，因此称之为"二元附着"，它是所有附着事件中构成要素最简单的一类。这一类动词最常见的句子是"O/A+M+在 L"句型和"L+M着+O/A"句型，如例（29）。但此类动词不能允准动作施事 A（附着物自身就是施事）、工具 I 等其他事件要素，因此不能进入把字句和被字句，如例（30）：

（29）那只小猫趴在沙发上。——沙发上趴着一只小猫。

（30）那只小猫趴在沙发上。—— ＊那只小猫被他趴在沙发上。

　　　—— ＊他把那只小猫趴在沙发上。

5.3.4.2 非自主的"位移+附着"事件

非自主的"位移+附着"，是指附着物 O 在动作施事 A（或某种外力）的驱动下，附着到附着处所 L。除去"姿势类"动词以外，其余的"附着义"动词都属于非自主附着动词。这一类事件结构存在一个外部动力源（绝大部分情况下动力源是动作施事 A，少数情况动力源不明），在外部动力源的作用下附着物 O 附着于处所 L。当动力源是施事 A 时，事件构成要素至少有三个：施事 A、附着物 O、附着处所 L。当动力源不明时，施事 A 无法在句中补出，因此事件构成要素只有附着物 O 和附着处所 L，也是一种"二元附着"，如例（24）a"月亮挂在天上更高的地方"。

1. 三元附着

本类事件结构由施事 A、动作 M、附着物 O 和附着处所 L 四个基本要素构成，除了动作以外还有三个事件要素，因此称之为"三元附着"。"安置类""穿戴类""产出类""持握类""包装类""去除类"动词中的绝大部分动词属于这种事件结构。这也是整个"附着义"动词中最基本的一种事件结构。此类事件同样由两个子事件构成，即位移事件和状态事件，不同之处在于施事 A 不是附着物 O，可以描写为：

$$\exists e\ [e1\ (a,\ l)\ \prec s1\ (o,\ l)\ \wedge a\neq o]$$

这一类动词可以进入"O+M+在 L"句型和"L+M 着+O"句型，也可以通过介词允准动作施事 A 进入句子构成把字句或被字句，如：

（31）茶杯搁在桌上。——桌上搁着茶杯。

（32）茶杯被爸爸搁在桌上。——爸爸把茶杯搁在桌上。

2. 四元附着

本类事件结构除了动作 M 之外，还有施事 A、附着物 O、附着处所 L 和工具 I 四个基本要素，因此称之为"四元附着"，如"盛、钉、装、压、锁、粘（2）、贴、拴、夹（1）、缠、绕、捆、绑、晾、晒、挂、吊"等。此类事件同样由两个子事件构成，不同在于增加了工具 I，可以描写为：

$$\exists e \, [e1 \, (a, \, l, \, i) \prec s1 \, (o, \, l, \, i) \, \wedge a \neq o]$$

这一类动词可以进入"O+M+在 L"句型、"L+M 着+O"句型、把字句、被字句，还可以通过介词"用"允准工具要素进入句子，如：

（33）背包上面捆着睡袋。——睡袋捆在背包上面。

（34）背包上面被同学捆了一个睡袋。——睡袋被同学捆在背包上面。

（35）背包上面被同学用绳子捆了一个睡袋。——睡袋被同学用绳子捆在背包上面。

（36）同学把睡袋捆在背包上面。——同学用绳子把睡袋捆在背包上面。

按照动词的论元数量将三类事件结构罗列如下：

二元附着事件，描写为 $\exists e \, [e1 \, (a, \, l) \prec s1 \, (o, \, l) \, \wedge a = o]$，如"坐、趴、躺、站、立（1）、倒、跪、靠（2）、蜷缩、矗立、耸立"。

三元附着事件，描写为 $\exists e \, [e1 \, (a, \, l) \prec s1 \, (o, \, l) \, \wedge a \neq o]$，除姿态类动词以外，大部分"附着义"动词属于这一类事件结构。

四元附着事件，描写为 $\exists e \, [e1 \, (a, \, l, \, i) \prec s1 \, (o, \, l, \, i) \, \wedge a \neq o]$，如"盛、钉、装、压、锁、粘（2）、贴、拴、夹（1）、缠、绕、捆、绑、晾、晒、挂、吊"等。

事件结构越复杂，涉及的事件要素越多，动词在句法层面允准的论元就越多，句式结构也就越复杂。二元动词在表达"附着义"时，只能出现在"O/A+M+在 L"句型和"L+M 着+O/A"句型中，不能允准附着物 O 以外的施事 A、工具 I 等要素，没有把字句和被字句；三元动词则可以允准把字句和被字句；四元动词可以允准更多论元进入句子，包括"O/A+M

+在 L" 句型和 "L+M 着+O/A" 句型、把字句、被字句、用字句等，句式
结构在三类中是最复杂的。丁加勇、张慧（2016）关于动词 "放" 句式匹
配序列的八种句式中，处所句、把字句、被字句和介词句是放置义动词几
种强势的匹配句式，其中处所句最为常见。本书的研究从理论上证明了这
一观点，同时说明了句式匹配的优先顺序由动词词义的事件结构决定。

5.3.5　"附着义" 动词的编码模式

"附着义" 事件中的一些名词性要素如施事 A、附着物 O、附着处所
L、工具 I 等，可以直接进入句子或通过介词进入句子；而行为、方式、目
的、形态等状词性要素则直接编码进动词。笔者根据符淮青（2004）动词
的释义模式把《现代汉语词典》（第 7 版）对 "附着义" 动词的释义中与
动作有关的内容提取出来做简要分析，得到了下面几种情况。

5.3.5.1　动作+结果

动词词义的核心内容是动作+结果。释词中往往出现 "使" 这样标记
结果的词语，以及涉及结果的补语成分，如 "停、放、留、盛、安放、安
置、散布" 等。例如：

【停】停放，停泊。

【留】停止在某一处所或地位上不动。

【安放】使处于一定的位置。

【安置】安放、安排，使人或事物有着落。

【散布】使广泛传播。

【盛】把东西放在容器里。

5.3.5.2　动作+工具+结果

工具可以在句法层通过介词引出，在词义层面，也有一些 "附着义"
动词编码了工具信息，如 "刷、钉、漆、锁" 等，词汇形式虽然突出了工
具，但词义中仍然表达了结果的含义。例如：

【刷】用刷子清除或涂抹。

【漆】把涂料涂在器物上。

【锁】用锁把门窗、器物等的开合处关住或拴住。

5.3.5.3 动作+形态+结果

动词释义中详细描述一种形态，以姿态类动词为典型代表，如"坐、趴、躺、站、立（1）、倒、跪、靠（2）、架、垫、铺、堆、缠、绕、裹、蜷缩、矗立、耸立、覆盖、积聚、弥漫、充盈"。从广义的角度说，形态也是一种结果。例如：

【趴】胸腹朝下卧倒。

【跪】两膝弯曲，使一个或两个膝盖着地。

【卷】把东西弯转裹成圆筒形。

【裹】（用纸、布和其他片状物）缠绕，包扎。

【堆】用手或工具把东西堆积起来。

【架】支撑，支起。

5.3.5.4 动作+方式+结果

词义中编码了动作、方式和结果，安置类、持握类、产出类动词中有相当数量的动词属于这一类型，如"洒、撒、摆、晾、晒、冰、扔、涂、抹、画、写、刻、擦、镶、嵌、载、种、养、装（2）、摆、藏、存、捆、绑"等。例如：

【撒】把颗粒状的物体分散着扔出去。

【洒】使水或其他东西分散地落下。

【画】用笔或类似的东西做出图形。

【写】用笔在纸上或其他东西上做字。

【刻】用刀子在竹、木、玉、石、金属等物品上雕成花纹、文字。

【摆】安放，排列。

5.3.5.5 动作+方式

词义中主要编码动作和方式，没有突出结果，如持握类动词中的"捏、提、端、拎、举、背、扛、抬、咬"等。例如：

【捏】用拇指和别的手指夹。

【端】平举着拿。

【拎】用手提。

【举】往上托、伸。

由此可见，绝大部分"附着义"动词的词义中除了动作，总是离不开"结果"这一内容。这能够从词义的角度解释为何这些动词会产生"附着义"，因为结果的产生是"附着"的前提，动作转瞬即逝，无法附着，而某种结果却可以在时间上持续。只有第五小类"动作+方式"略有不同，这部分动词的词义中没有明确包含结果，而是通过"V+着"的形式转喻结果。也正是由于这一差异，这一类"V+着"的意义和其他几类"V+着"不同："拿着、提着、扛着、背着"的动态性明显强于"挂着、刻着、安置着"；加"着"时，后者动作已经结束，而前者的动作并未结束，还在继续中。可见，不同小类动词加"着"的语法化程度和动态性程度都不一样，这是"附着义"动词内部性质不均衡的表现，需要另文论述，这里不再展开。

5.3.6　小结

"附着义"动词广泛存在于语言使用中，其范围远远不止"挂""坐""穿"这三类，也不止过去以为的"放置"等义类。"附着义"动词不仅是一个独特的动词类别，更是一个值得关注的动词语用现象。本书用"附着义"将这些动词统摄在一个概念结构之下，明确了它的边界，丰富了它的内容，更加便于今后的进一步研究。

"附着义"动词本身表示动作行为，"状态义"是位移动作产生的结果，表示事物的存在。不同语义类型的"附着义"动词有不同的概念结构和事件结构，因此也有不同的句法表现。"附着义"动词在编码过程中，用表示动作行为的动词转指动作行为产生的结果状态，是一种相邻关系的转喻。这种动词的编码方式容纳进了更加丰富的词义深层的信息，使表示存在的动词变得异常丰富，每个动词的信息含量也大大增加，拓展了存在动词的表意空间。"结果义"的存在是"附着义"动词产生"附着状态"的根本原因。对"附着义"动词的语义（包括概念结构、事件结构、词典释义）和句法表现的研究，至少有两方面的意义：

首先，有利于对动词情状类型的研究。"附着义"动词在整个动词情状类型体系中占有重要位置，是连接活动动词（activity verb）和状态动词（state verb）的中间阶段，因此明显表现出两种性质兼有但又存在过渡和渐变差异的独特性质。"附着义"动词的研究，对于建立动词情状类型的连续统是不可或缺的。

其次，有利于加深对"着"的语法意义的认识。这与前一点一脉相承。对于"V 着"的性质长期以来争议颇多，必须从动词入手才有可能回答"着"的问题。围绕"V 着"究竟表示动作进行还是状态持续的许多争议恰恰与"附着义"动词密切相关，如本书开头提出的三类问题，实质上都是"附着义"动词的问题。

对"附着义"动词的语义（包括概念结构、事件结构、编码模式）和句法表现的研究，更加清晰地展现出"结果"意义决定了"附着义"动词的句法表现，是"附着义"产生的根源，也是"V 着"能够与存在句式兼容的根本原因。包含"结果"意义的"附着义"动词更加倾向于状态（state），未包含"结果"意义的"附着义"动词更加倾向于活动（activity）。"附着义"动词内部的不平衡正是活动动词向状态动词过渡的体现。

综上所述，持续体的动词统称为"附着义"动词，它们可能存在不同的情状类型和语义类型，也存在略有差异的概念结构和事件结构，但它们都能够加"着"表示持续体，根本原因在于它们都有"结果义"这一语义特征。广义"结果义"的存在，是动词加"着"产生持续性语义的根本原因。

5.4 "V 着"表示复数事件和惯常体

复数事件"V 着"表示的事件进程是，处于由多个事件重复发生形成的延续性过程之中。可以用图 5-9 来表示复数事件的事件进程。

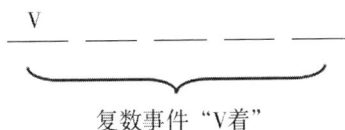

复数事件 "V着"

图 5-9　复数事件的事件进程

复数事件和反复体在构成形式上很相似，都是重复形成的延续性过程；二者的区别在于构成重复的内容不同。复数事件的每一个重复部分都具有独立性，能够单独成为一个事件；反复体的重复部分没有独立性，不能成为一个独立事件。

这种差异会对动词产生不同的要求。复数事件的动词多是（真）变化动词和事件类过程动词，这些动词不表动作行为，而是表事件，通过事件的重复形成复数事件。而反复体的动词多是表示动作行为的过程动词和准变化动词，动作或行为的重复构成单事件内部的重复。另一方面，过程动词的复数事件容易与进行体混淆。比如：

（37）a. 无线电静噪轻微地<u>响着</u>，直升机上的人在<u>处理着</u>例行之外的一个小小意外。（兰晓龙《士兵突击》）

b. 她有条不紊地<u>处理着</u>父亲的后事，于是我对她本人感到的惊奇和佩服压倒了对父亲的悲痛。（残雪《残雪自选集》）

（38）a. 20 世纪 40 年代电子计算机的问世，更是给人类科学技术的宝库增添了可贵的财富，它以可靠和高效的本领<u>处理着</u>人们手头上数以万计的各种信息，使人们从汪洋大海般的数字、信息中解放出来。（SBE0384. txt）

b. 于是，在编辑岗位上，我也<u>学着</u>这些编辑老师的样子，认真地<u>处理着</u>每一篇稿子。（1993 年《人民日报》）

例（37）的两个句子是进行体，例（38）是复数事件。在过去的研究中，人们没有将这两种情况做出区分，都将其统一划入进行体之中。但如果以动词情状类型为基础严格划分语法体类型的话，上述两组例句确实是两种不同的事件进程。进行体是在动词情状表示的事件进程内部，复数事件则高于单个事件的单一过程，处在多个事件重复构成的更加漫长的时间线里。

这两种意义所表达的事件类型也不同。进行体表示某个具体的单一事件，复数事件则往往表示更加广阔的时空范围内的某种普遍情况。进行体所述事件更加具体，复数事件所述情况更加具有概括性和普遍性。复数事件所表现的概括情况进一步发展，就会成为普遍性更强、概括性更高的"惯常体"。比如：

(39) a. 她几乎是在女性的真空中生活着，她反复而刻板地处理着日常事务，她劳动得多么勤快，她应付爹和自己的生活多么简单，多么有条不紊！（徐兴业《金瓯缺》）

b. 张小姐是酒店管理专业毕业的，在一家外企酒店从前台一直做到行政助理，总是处理着酒店里大大小小的琐事，三年过去了既没前途，也看不到个钱途，更别谈高薪了，最后张小姐选择了离开。（C000022. txt）

当"V 着"所表示的情况总是一惯性地发生，复数事件就进一步发展为惯常体。不论是"她处理着日常事务"，还是"张小姐处理着酒店的大小琐事"，都是经常的、一惯的情况。

惯常体是一种规律性发生并保持较高频率的复数事件。惯常体所表示的事件进程是，处于高频率、规律性发生的重复事件形成的延续性过程之中，正如上例（39）所示的情况。

5.4.1 复数事件及其动词语义

"V 着"表示复数事件是"着"的语法功能中比较特别的一点，它是在事件重复的基础上形成的，不同于进行体和持续体，但又是同样具有持续性语义的一种语法体。能够构成复数事件的比较常见的两类动词是过程动词和变化动词，由于是事件的重复，对动词的选择限制相对来说比较宽松，但是也不是所有过程动词和变化动词都可以通过重复构成复数事件。

5.4.1.1 过程动词构成复数事件

由于过程动词有［持续性］，能够加"着"表示过程的进行，因此当加"着"要表示复数事件时，需要语境中的其他信息提供复数事件的条件。一般来说有两种方式：一是通过由副词、时间词等充当的状语提供事件重复的信息，如：

（40）a. 两名船员<u>搜查着</u>那些乘客的包袱。（犀利《瞬间百年》）

b. <u>20 年来</u>，法国和西方国家的警方<u>一直密切监视着</u>卡洛斯的行踪。（1994 年《人民日报》）

二是通过论元的复数化体现事件的复数化，这一方式更为常见，如：

（41）a. 彼得·弗拉基米罗维奇·帕潘科夫坐在自己的办公室里，<u>处理着</u>即将结束的这一年的最后几件紧要公事。（《读者》合订本）

b. 他决定不理睬他，埋头<u>办理着</u>一个又一个存取手续。（《冬至》）

c. 他们<u>安慰着</u>匆匆赶来、极度悲伤的乘客家属。（2002 年新华社新闻报道）

在过程动词中，事件类过程动词本身就是编码一个事件，因此它的重复能够形成复数事件；动作类过程动词构成复数事件的情况相对较少，因为动作动词相对来说事件性不强，独立构成事件的情况较少。

5.4.1.2 变化动词构成复数事件

变化动词表示事物的质变，因此一个动词往往就编码一个事件，所以变化动词构成的复数事件就是通过加"着"实现的。比如，下面这些变化动词本身没有［持续性］特征，但通过加"着"，这些瞬间动词获得了重复性的持续语义。

传（传染）(6)，传染，调动（更换位置）(1)，断绝，兑换，夺取，花（耗费），发动（发动战争）(1)，发动（机器）(3)，发生，发现（规律）(1)，否认，改革，干涉，感动，告别，告诉，解放，拒绝，觉悟，领取，排除，派遣，碰（碰撞）(1)，批发，迁移，让（让座）(1)，受（接受）(1)，赔偿，便宜，剽窃，听说，通知，投降，脱离，完成，忘记，响应，消灭(1)，泄露，咽，邀请，影响，走（走棋）(2)，淘汰……

再比如，下面的例子正是通过加"着"实现其复数化，其中一些也配合着语境因素，提供复数事件的信息：

（42）a. 眼下也有女孩子追求他，但他一再地拒绝着。（《故事会》）

　　　b. 乘客们或看书，或听音乐，或和朋友谈笑，一切都平淡而自然地发生着。（战红豆《武魂觉醒》）

总的来说，复数事件在变化动词部分主要通过加"着"实现。在过程动词部分，由于其可以与"着"共现表示进行体，因此复数事件的实现需要在加"着"之外提供更多的语境信息，如例（42）a 的"一再"，例（42）b 的前一分句提供的事件背景。过程动词"事件化"需要语境信息辅助，但不能说这就不是"着"的语法功能。

下面详细分析例（42）的两个句子，通过去掉"着"来比较前后的意义。两个句子去掉"着"以后都可以成立，但意义发生了变化。例如，"他一再地拒绝"仅指向已然事实，没有涉及对未来状况的一种预测性；而加"着"的句子"他一再地拒绝着"则不仅指明已然事实，还指向未来的一种可能性。这种可能性实际上就是"持续性"本身带有的内涵。也就是说，是"着"赋予了句子这种持续性含义，没有"着"就没有持续性含义，而这种持续性不同于单事件内部的持续，是跨事件的持续。因此，复数事件的持续需要语境信息辅助，但归根到底仍然通过"着"来实现。

5.4.2　惯常体及其动词语义

当复数事件在一定的时间范围内有规律地、常规性地持续发生时，复数事件就发展成"惯常体"。惯常体在语义上具有如下特征。

5.4.2.1　规律性、高频率

（43）a. 部队的装备极度缺乏，很多的人都还是用着一些质量不高的兵刃。

　　　b. 捕鱼的赫哲族姑娘穿起漂亮的花色连衣裙，吃着大米、白面和各种自己种植的蔬菜。

　　　c. 他发现有的原始社会中，人们在舂米的时候，是一面舂米，

一面唱着色情的歌谣。

"V 着"表达的惯常体和复数事件的共性在于，它们都表示事件的反复或多次发生；区别在于复数事件重在表示已经发生的客观事实，不一定具有预测性，而"惯常体"所表达的事件往往具有可预见性，即在惯常性事件发生的时间范围内呈现出规律性。例如，例（43）a 在装备缺乏的情况下，"用着质量不高的兵刃"是可以预见的常态现象；例（43）b 中捕鱼的姑娘吃上了大米白面也已成为常态；例（43）c 中人们舂米的时候总要唱色情的歌曲也是可预见的。应该说，"惯常性"事件是复数事件里具有规律性的一个下位范畴。

当惯常体模糊了复数事件之间的界限，事件颗粒度下降，均质性上升的时候，惯常体会趋向一种状态；当事件性完全消失时，"V 着"惯常体趋向一种性质。例如：

（44）a. 这差役吃着官饭，办着官事。

b. 她虽然比他小一岁，但总是像个姐姐一样爱护着他。

c. 认真地读书是一种认识活动，训练着我们识别、判断来自大千世界的各种信息符号。

例（44）的惯常意义已经很难分出一个个具体的事件，如"吃着官饭"很难说是吃了多少次官饭，"爱护着他"也不能理解为"爱护过很多次"；例（44）c 更是对"认真读书"的作用的一种评价。"V 着"在这种惯常意义中已经逐渐失去了事件性，"着"作为体标记表示事件进程的作用也相应弱化，例（44）a 和例（44）b 去掉"着"也可成立，与光杆动词表"惯常性"的用法比较接近。可见，在惯常体内部也有程度等级的差异，有惯常事件、惯常状态和惯常性质之分。

"V 着"产生"惯常性"意义，与语境及"着"本身的性质都有关系。首先，语境提供了更加广阔的知识背景，有助于判断句子表述的事件性质，如例（44）a，母语文化的人知道"吃官饭"不是表示"吃官家的饭"，而是表示"为公家服务以为生计"的意思。"吃着官饭"也就不是表示单次事件或复数事件，而是表示一种具有惯常性的职业。有时语境提供的场景和事件性质不匹配也是一种提示。例如，"他在厨房刷着盘子"和"他在纽约刷着盘子"，前句的场景与事件匹配，"刷盘子"发生在"厨房里"很可能就是表示一个单事件，而后句"刷盘子"和"纽约"的搭配不符合人们普遍的背景知识，这种不匹配提供了一种暗示，"刷盘子"很有可能不是指某次特定的事件，而是指某种惯常情况，进而指代某种职业。因此，类似后句这样的句子，语境提供了背景知识或时空范围，帮助人们判断句子表述的是特定事件，还是跨时空复数事件，又或者是一种更加普遍的惯常情况。

其次，"着"本身的性质允许跨时空事件的表述。一方面，由于"着"多用于描述性语体，所述事件或情况与听说双方和现实世界都没有太强的相关性，无论说（写）的人，还是听（看）的人，都是站在一种抽离的视角看待所述事件或情况，"V 着"所能表述的时间范围几乎不受限制。张旺熹（2006）认为"着"具有"点/段二重性"，石毓智（2006）认为"V着"的时间范围可以从过去、现在一直延续到将来。这些观点都认同"着"具有较广阔的时间范围。尤其复数事件和惯常体，都有较大的时空纵深，"着"的性质能够与此契合。

5.4.2.2　惯常体与个体谓词

惯常体可以看作对实体的恒常性状态的一种表述，恒常性和事件性在谓词表达中对应着个体性谓词（Individul Level Predicates，ILP）和阶段性谓词（Stage Level Predicates，SLP）（Rothstein，2004）。惯常体意义在很大程度上表示主体的一种比较恒定持久的状态或性质，可以看作一种个体性谓词的表达模式。

Rothstein（1999）认为，光杆形容词易被理解为一种常态的性质谓词，而如果增加标记比如系动词 be 之后，就从个体性谓词转变为阶段性谓词。比如：

（45）Mary made Jane polite. ——Mary made Jane be polite.

由于没有系动词而只有一个光杆形容词"polite"，前句表达的意义就比后句更倾向于一种恒常性状态。而后句加了"be"以后就倾向于与一个特定事件相连，占据时空，显著性更高。因此，惯常体的表达中通过某些标记的有无而产生不同程度的连续统：一般性复数事件—惯常性事件—惯常状态—性质。这个连续统越往右，事件的界限性越弱，均质性越强，越是表示"性质"时常用光杆形容词，如"他个子高"；表示"惯常状态"时常用光杆状态动词，如"他爱热闹"；表示"惯常性事件"时常用无标记的光杆动词，如"他抽烟"，标记往往更倾向于出现在连续统左边。表示"惯常状态"时，如果状态动词后面加"着"，则恒常性减弱了，而"暂时性"和"可变性"增强了（这一点在状态动词部分已经做过讨论）。由此可见，所谓"恒常性"是很容易被调整的，有标记的"惯常体"呈现出一种较为弱势的恒常性。

5.4.2.3　动词应具有"事件性"或"状态化"语义

通过对语料的观察发现，能够加"着"表示惯常体的过程动词似乎受限较少，行为类、事件类、目的类和形式类过程动词都可在一定语境下表示惯常体意义。比如：

（46）a. 在过去的年月里，我一直吃着母亲做的粽子，从而认识了端午节，走近了传统。（1998 年《人民日报》）

b. 一双在家穿的黄颜色的软底鞋，也是缝了又缝的一直穿着。（1993 年《人民日报》）

c. 许多人的贫穷和不幸，是因为有少数人剥削着他们。（欧阳山《苦斗》）

d. 在冰、血中，在肉搏中，人们前仆后继地斗争着。（杨沫《青春之歌》）

e. 中国队的情况就像一个不好好学习的学生，从初一到高二一直是混着的，底子打得也不牢。（《像男人一样去战斗》）

但是只要仔细观察就会发现，即使是表示动作行为的动词，一旦进入复数事件或惯常体也不再表示某种具体动作，而表示事件，因此这两种语法体对动词的要求是具有事件性语义。无论是复数事件还是惯常体，都是从宏观视角对事件、情况的远距离观察，当一个具体的动作动词转而表示事件语义甚至惯常语义时，总是会模糊掉作为动作动词的很多限制。比如，"他在庙里年复一年敲着钟"，这个句子里"敲着钟"表示的是长期性、惯常性的情况，而不是指某一次具体的行为，这时候的远距离观察模糊了"敲"这个动词的很多特性，如瞬间性、动作性等。对于那些本身就没有明确动作性而倾向于事件性的动词，惯常体则会要求它们进一步状态化，如"剥削着""斗争着"等，不仅动作行为模糊了，连事件间的界限也模糊了，出现了"状态化"倾向。

5.5　体标记的语法意义

前人研究发现动词所表内涵有过程性与非过程的区别（郭锐，1997）。根据前文分析发现，体标记与动词的组合对应着过程性的突显。体标记成为与"没""不""很"等相对立和平行的验证手段，成为验证动词表示过程与非过程的标记。其中尤其以"着"的表现最为明显，因为"着"与过程性的相容度最高，最能够体现动词的过程性。

5.5.1　"着"的时体意义

5.5.1.1　可变的趋势

所谓"趋势"往往是隐而未发的、非显性的。体标记表示事件进程的不同观察视角这个含义本身就蕴含着"可变"的因素。所有动词中不能加体标记的是零状态动词，只有这部分动词表示的是易变性较低、较为恒常的状态或关系。除此之外的动词都具有程度不同的变化性或可变性。体标记"了"和"过"分别表示事件现时相关的完成和远时距离的完成，都是典型的变化标记。而"着"过去认为表示状态的延续或动作的进行，实质上都指明其不变性。但是必须看到，"着"的意义中蕴含着潜在的可变性，因为真正不变的那些动词其实不能加"着"，加"着"的动词都是可变的。"V着"表示的是动态或可变过程中相对稳定的那一段。

同时，与"V了"和"V过"相比，"V着"所表内容具有潜在的变化可能。"V 了"和"V 过"都表达某种"既成"语义，对于已经完成的事件，即使后来再发生变化，也无法取消已发生事实的成立，对于"V过"尤其如此。"V 过"表示经历体，已经经历的事件永远无法取消。对于"V 了"来说，即使事情的后续发展可以与原本的"V 了"相悖，但也无法取消已经发生的"V 了"，如"吃饱了"之后可能再饿，但曾经"吃饱了"这一事实是无法取消的。因此，与"着"相比，"了""过"都无法取消，也就不存在隐含的"可变性"。从逻辑上来说，"着"之所以有"可变性"，是因为"着"表达的是持续性状态或事件，是还未到达终点的状况，在这个过程中，当然具有随时变化的可能性。

5.5.1.2　无变的状态

不论共现动词的情状类型是否具有持续性，"V 着"都呈现出持续性语义特征，可以说"着"的语法意义就是表达"持续性"意义，语法功能就是一个持续性语义算子。前人普遍认为"着"是一个未完整体标记，但是"未完整体"的概念基于单事件视角，表示单一事件的"未完整性"，而从前面的分析可知，"着"的语法作用不仅限于单事件层面，还可作用于复数事件层面，不仅可以作用于动词情状内部，也可以作用于动词情状外部。因此，再将"着"看作内部视点的未完整体标记似乎已经不够妥当。"着"可以看作一个持续性标记，表示处于一种"无变"的状态或过程之中，既可以是动态的持续性无变，也可以是静态的持续性无变。

首先，并不是"着"要求动词具有持续性语义，而是动词具有持续性语义只不过是"着"所表示的若干种持续意义的其中一种情况。通过第 3、4章的分析可以看出，状态动词、过程动词和变化动词中的相当一部分都分别可以与"着"共现，这说明与"着"共现的动词并不是像过去认为的那样必须具有持续性情状。通过第 5 章的分析可以看出，"着"不论表示哪种语法体、进行体、反复体、持续体或是惯常体，归根到底都是一种持续性语义。综合第 3、4、5 章的研究发现，不论是哪种情状类型的动词，不论其情状是否具有持续性，"着"都通过各种不同的方式使其具有"持续性"意义。

比如，进行体是动词本身就有的一个过程，"V 着"表示事件进程处于动词本身的这一过程之中，这是一种动态的持续性；反复体是通过动作行为的不断重复来产生持续性，"V 着"表示事件进程处于这一反复性的持续过程之中，这也是一种动态的持续性；持续体是通过动词所产生结果的遗存状态产生持续性，"V 着"表示的事件进程是处于动词情状之后、遗留状态之中，这是一种静态的持续性；复数事件和惯常体是通过事件的重复来产生持续性，"V 着"表示事件进程处于这种持续性过程之中，这是一种动态的持续性。上述情况除了"进行体"以外，都不要求动词本身必须具备持续性。因此，所有这些不同类型的持续性是通过"着"进行的一种句法层面的操作运算，"着"是一个持续性语法算子。

其次，其他体标记的情况也能证明体标记的语法意义和动词情状不必一定吻合。比如，"了"在表示完成义的时候并不要求动词同样具有完结性，如"吃了两碗饭""抽了一支烟"里，动词"吃"和"抽"本身不具有内在终结点，也就是没有完结性，而这两个句子的完结性是通过宾语"两碗饭"和"一支烟"提供的。也就是说，"了"所要求的完结性不是动词的完结性，而是事件的完结性。而事件的完结性可以通过多种多样的方式实现，如动词本身具有内在终结点，或者通过宾语或补语提供终结点，或者通过"了"实现终结点。正因为动词不能总是满足某种语法体所要求的情状，才需要体标记出来发挥作用。"了"是如此，"着"也同理。它们都是通过语法层面上的不同操作，使不同情状类型的动词都产生相应的语法意义，"了"标记变化，"着"标记无变的持续性状态或过程。

"着"的语法意义是表示"处于某种持续性状态之中"，这一"状态"的本质特征是"无变"。只要没有发生变化，就是某种状态的延续。前人对于"着"的语法意义的许多论述其实都包含着这一层含义，不论是"进行—持续"说，还是"状态—惯性"说，都表明"着"的语法意义是表示一种"无变"的状态。不论是进行体、反复体、持续体还是复数事件或惯常体，不论"V 着"是动态还是静态，"着"的语法意义都可以归结为"主体处于某种尚在延续的无变的状态"。但和过去观点的不同之处在于，"着"表示的持续性状态可以是静态也可以是动态，可以在动词所表状态或过程之中，也可以在这一状态或过程之外。

如果"V 着"是进行体或反复体，那么这种状态还将持续下去；如果"V 着"是静态的持续体，这种静态也将持续下去；如果"V 着"是表示事态的重复或惯常发生，这一状况也将继续保持。"着"在无限量的时空中，不知其所起止，"V 着"所表情况将会持续下去。黎天睦（1991）的"惯性"和刘一之（2001）的"静态"所揭示的实质其实就是事态本身的"无变"，尤其张旺熹、朱文文（2006）的"时点平行移动"观点，表明人的观察视角随着事态进程平行移动，其实质就是"相对静止"的含义。"着"的这一"无变"的属性正好与"了"表示"变化"的属性对应起来，体现着汉语体范畴的系统性分工。

动词情状与"V 着"情状的差异，就是"着"的意义所在。无论动词是否具备持续性的情状特征，加"着"之后都能表示持续性意义，其功能是调节动词情状特征与体意义之间的差异，作为一种句法操作使这些动词在相应的表达中具有持续性语义。在这些情况下，将"着"作为验证动词情状类型的手段是不可行的。

综上，"着"的语法功能是在动词情状基础上进行语法操作，产生出"持续性"的语法意义，它是一个标记状态无变的持续性标记。

5.5.2　"V 了"表状态变化

学界对"V 了"的研究已经非常丰富，普遍接受区分"了$_1$"和"了$_2$"。本书关注动词后面的"了"，则既有可能是"了$_1$"也有可能是"了$_2$"。这里不区分二者而是将"V 了"的体意义放到本书的分析逻辑之中，按照前文对动词的情状分类对体标记"了"进行逐一梳理，发现"了"对［时点］和［时段］并不敏感，而对状态变化的节点比较敏感。以往研究认为，"了$_1$"表示完成或实现，"了$_2$"表示新情况的发生。从动词事件结构所表示的状态变化来看，"了"实际上可以作用于过程的起点，也可以作用于过程的终点。这也是本书不区分"了$_1$""了$_2$"的原因，即"了"的背后有共同的时体意义。

　　具有［时段］特征的动词包括状态动词和过程动词，"了"与这两类动词共现时表示的语法体语义存在一些系统性差异。

　　状态动词加"了"一般表示进入状态动词所示的状态。假设动词表示的状态为 E，"V 了"就表示从−E 进入 E 的状态，如"有""爱""渴""饿""后悔""满足""明白""羡慕""伤心""生气"等。与状态动词共现的"了"作用于状态的起点。

　　如果状态动词加"了"后再加时段成分，如"饿了三天""后悔了好长一段时间""满足了两分钟"等，表示"V 了"这一状态的持续时间。整个结构是一个完整体，但是过程的终点是时段成分带来的，而不是"了"带来的。"了"仍然还是表示进入某种状态，时段成分表示进入某种状态以后的持续时长。

　　过程动词加"了"与状态动词加"了"有很大的不同，表示动词所示事件过程的完成。假设过程动词表示的状态为 E，"V 了"表示从 E 的完成进入−E 的状态，如"吃""问""等""试""帮助""保护""调解""照顾""审查""说明""打扫""修剪"等。"V 了"都表示动词所示事件过程的完结，"V 了"是否加宾语都不影响这一完结。如果"V 了"后加时量成分，如"跑了三圈""等了俩小时""打扫了三次"等，仍表示这一时量的完结。

　　状态动词加"了"和过程动词加"了"有很大的内部差异，前者表示进入动词所表状态之中，而后者表示完成动词所表过程，也就是离开这一状态。

　　具有［时点］特征的动词是变化动词，不论是表示瞬间动作的准变化动词（踢、拍、敲）还是表示性质或状态变化的真变化动词（毕业、到达、暴露），加"了"以后都表示某种变化的发生。准变化动词加"了"表示瞬间动作的发生，"V 了"是一种变化；真变化动词加"了"表示状态发生质变，"V 了"更是一种变化。

　　因此，综合上述三种情况可见，"了"与不同类型的动词共现，总是作用于动词所表事件发生变化的节点，如状态和过程动词的起点和终点以及变化动词本身的这个点。总之，不论进入某种状态还是退出某种状态抑或发生某种变化，"了"都标记着从一种状态 E 向另一种状态–E 的变化。

5.5.3　"V 过"表完结体①

动词加"过"表示一种远时距离视角的完结体。不论动词是何种情况特征，与"过"共现都表示动词所表的事件、过程、状态或变化已经完结，即在说话时间动词所表事件已经完结、动作已经结束、变化已经完成、状态已经改变。整个"V 过"都表示此时已不在动词所表过程或状态之内。综合来说，动词加"过"有以下三个方面的语义特征：

首先，"V 过"具有过去时意义。"过"作为远时距离视角的体标记，与动词共现并非表示与现时相关的事件完成或完结，而是表示与现时有一定距离的远时视角的完结，因此"V 过"总是表示过去时意义。比如，在例（47）的即时对话中，问答句之间有较强的现时相关性，回答"吃了"可以但"吃过"不行。《现代汉语词典》（第 7 版）将其解释为"曾经发生但并未持续到现在"。从"时"（tense）的角度来说，"过"具有过去时的意义，设计在虚拟语气中表将来的完结体中，"V 过"不可接受，如例（48）。

（47）你吃饭了吗？——吃了。/＊吃过。

（48）a. 明天这个时候，我已经吃完饭洗完澡躺下睡觉了。

　　　 b. 明天这个时候，我已经吃过饭洗过澡躺下睡觉了。（过₁）

　　　 c. ＊明天这个时候，我已经吃过饭洗过澡躺下睡觉了。（过₂）

例（48）b 之所以可接受是因为其中的"过"是"过₁"，义同"完"，如果做"过₂"理解如例（48）c，则句子不成立。

其次，"V 过"具有隐含现时否定含义。"V 过"作为与远时距离视角的完结体，其动词所表事件或过程与说话时间无持续关联，当说话人说"V 过"的时候就表示此时此刻不在动词所表事件过程或状态之中，因此隐含现时否定含义，尤其状态动词加"过"更加明显，如"爱""恨""愁""怨""希望""清醒""怀疑""相信"等。当说"V 过"时，隐含

---

① 本书讨论的"过"是指表示曾经发生但并未持续到现在的"过 2"，不包括表示"完毕"的"过 1"。

的意义是"现在不 V 了"。

最后，"V 过"具有现时影响力。虽然"过"表示与现时无持续关联的某个远时事件或状态的完结，说话当下不处于该状态之中，但是已经发生的事情对后续是存在影响的。这也是前人将"过"表述为"经历体"的原因。在语篇中相当多的"V 过"隐含表述某种现时影响力，如"吃过烤鸭"隐含着"所以知道烤鸭的味道"，"见过大海"隐含着"知道大海的辽阔"，阿 Q 说"我们家也阔过"隐含着"你不要小看我"。前世之事，后事之师，经历过的事件作为经验通过"V 过"对后续的认知、判断和行为产生影响。

5.6　本章小结

本章着重讨论了现代汉语以体标记"着""了""过"为典型代表的时体意义，关于其中"V 着"的四种体意义，讨论了它们的典型句式和匹配动词。进行体的意义是"主体处于动词所表情状的状态或过程中"，要求动词具备［时段］特征，因此（真）状态动词和过程动词能够与"着"共现表达这一体意义。反复体的意义是"同一主体在同一事件中的动作反复"，本质在于单事件及不具独立性的动作的重复，要求动词具有量标性和非事件性特征。持续体的意义是"主体处于动词所表过程或变化之后，但处于一种结果遗留的状态之中"，要求动词必须具有"结果义"。以上三种体意义都是在单事件层面。

多事件层面主要是复数事件和惯常体两种情况。复数事件要求动词具有"事件化"或"状态化"特征。惯常体是在复数事件的基础上进一步发展而来的，对动词语义特征的要求和复数事件是一样的。在具备了规律性和高频率两个特征以后，复数事件发展成惯常体。

"着"的四种语法体对动词的要求可以归纳为表 5-1。需要特别说明的是，同一个动词可能同时满足多种语法体的要求，也就可以加"着"表示多种语法体意义，如表 5-1 中加下划线的动词。

表 5-1　"着"的语法体对动词的要求

语法体	动词语义	动词示例	典型句式
进行体	［+持续性］	奔跑、陈述、看、写、吃/发愁、 害怕、害羞、担心	施事主语句
反复体	［量标性］ ［非事件性］	跳、刹、摆、敲、鞠躬、陈述、称赞	施事主语句
持续体	广义 ［结果义］	安、写、包、穿、雇、洒、扔、靠、背	存在句、 施事主语句
惯常体	［事件性］ ［状态化］	混、拼、教育、警示、吃、买	施事主语句

　　本章的重点内容之一是对持续体及其动词语义的分析。持续体广为人知的现象是与进行体的歧义以及"V 着"和"V 了"的中和现象，其原因在于动词作用于事件进程的不同阶段。区别清楚动词所表事件的不同进程，才能比对清楚不同"V 着"的不同含义。持续体表示动词所表动作、行为和变化结束以后的某种持续状态，最典型的句式环境是静态存在句。"V 着"存在句除了具有普通存在句的"某地存在某物"的句式意义之外，还通过"V 着"附加了存在状态的来源和形态，表示"某处由于某种原因或以某种形态存在某物"。动词的存在只是为了指出这种来源或形态，句式本身对施事并不敏感。

　　持续体的 450 个"附着义"动词分为 7 个语义小类，范围大大超出前人研究的类别，切实地获得了能够表示持续体动词的明确范围和相应的验证手段。持续体动词基本都符合广义"附着"概念，并包含"位移"和"附着"两个子事件。不同的概念结构和事件结构导致"附着义"动词不同的句法表现，事件结构中涉及的事件要素越多，能够进入的句式类型也就越多。"附着义"动词的编码机制中基本都包含"结果义"，这个"结果"是"附着义"产生的根源，也是"位移"和"附着"两个子事件的交点与核心。

　　在讨论完"着"的时体意义之后，本章将"了"和"过"一并纳入考虑。汉语时体意义呈现出明确的系统性分工："了"作用于某种状态质变节点，表示状态的变化（进入某种状态或脱离某种状态）；"着"主要表示处于事件进程之中和事件结束后持续阶段的无变状态之中；"过"则是一种远时距离的完结体视角。因此，如 Smith（1991）和戴耀晶（1991）所谈到的"内外视点"，"着"并不完全是内部视点，"了"也不完全是外部视点，"过"才是真正的外部视点。如图 5-10 所示。

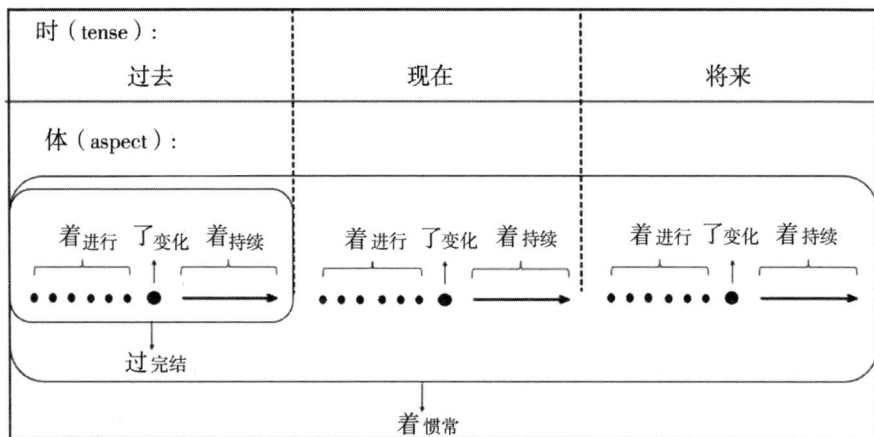

图 5-10　现代汉语体标记的时体意义

由图 5-10 可知，体标记"了"总是作用于质变节点（可能是变化动词，也可能是过程动词的终点），表示"变化"；而"着"总是作用于一段相对"均质"的过程（可能是状态动词和过程动词的词内阶段，也可能是过程动词或变化动词的词后阶段），表示"无变"（无论是表进行、持续还是惯常的"着"都如此）。王昭（2019）通过实验证明了不论二语者还是母语者，"了"总是倾向作用于"强终结性动词"，而"着"倾向作用于"弱终结性动词"。这里的终结性实质就是变化性，"了"和"着"分别作用于状态变化的临界点和状态无变的过程中。这一实验结论佐证了我们对"着""了"意义的判断。"过"则是一个对远时距离事件整体打包的具有现时影响力和隐含现时否定含义的体标记。现代汉语体标记"着""了""过"的分工并不局限于体系统内部，还涉及"时"的范畴。

第 6 章
体标记语法意义的进一步论证

◇◇

本章将从两个方面进一步论证体标记的语法意义:一是表示体意义的副词"正在"及其与"着"的对比研究。二是方言个案中表示事件过程义的体标记研究。前者是对体标记意义和功能的进一步对比分析,后者将方言个案作为证据证明前文所分的几种语法体范畴。

6.1　"正在"在体范畴中的分工

"正在"的语义和功能与"着"既有相似性又有区别,二者的异同一直是现代汉语"体"研究的重要问题。对二者分工的研究不仅能解决语言教学等应用问题,反过来也能观照"着"和"正在"的意义与功能,尤其能够更好地证明"着"的语法意义。

《现代汉语虚词例释》《现代汉语八百词》等认为"着"和"正在"都可以表示动作进行,这一观点目前已取得了共识。但是二者除了共性,在语义和用法上还存在诸多差异,对此学界还没有形成比较明确的共识,目前已有一些研究专门针对或涉及"着"和"正在"的问题,如陈月明(1999)、陈前瑞(2003)、肖奚强(2002)、石毓智(2006)和王媛(2011)等研究,从辖域、聚焦度、语用、时范畴和动词选择限制等角度讨论了"着"和"正在"的语义差异，形成了一些较有见地的观点，但都不能全面解释"着"和"正在"的语义差异和相互替换的问题。

通过对"着"和"正在"的替换情况进行分析，发现"正在 V"和"V 着"的替换情况非常复杂：有些"正在 V"不能替换为"V 着"，如例（1）；有些"V 着"不能替换为"正在 V"，如例（2）；有些"V 着"和"正在 V"看似能够替换，但实际意义却并不相同，如例（3）；还有些"V 着"和"正在 V"意义相同，能够替换，如例（4）：

（1）a. 一些不符合素质教育要求、违背教育规律的问题<u>正在逐步得到纠正</u>。

b. 这种网上教学<u>正在逐步发展成</u>人们愿意接受的又一种办学模式。

c. 知识经济、信息经济的时代<u>正在到来</u>。

（2）a. 部队的装备极度缺乏，很多的人都还是<u>用着</u>一些质量不高的兵刃。

b. 捕鱼的赫哲族姑娘穿起漂亮的花色连衣裙，<u>吃着</u>大米、白面和各种自己种植的蔬菜。

c. 他发现有的原始社会中，人们在舂米的时候，是一面舂米，一面<u>唱着</u>色情的歌谣。

（3）a. 她扶着老奶奶。≠她正在扶老奶奶。

b. 她弯着腰。≠她正在弯腰。

c. 她红着脸。≠她正在红脸。

（4）a. 当时大哥<u>正在办</u>天津教案，心情抑郁。——当时大哥<u>办着</u>天津教案，心情抑郁。

b. 成靖东也坐在那里，<u>正在安慰</u>他姑姑。——成靖东也坐在那里，<u>安慰着</u>他姑姑。

c. 我现在同时<u>处理着</u>三个方面的事情。——我现在正在同时处理三个方面的事情。

d. 威尔俯身在车罩下，<u>检查着</u>什么。——威尔俯身在车罩下，<u>正</u>

在检查什么。

从例（1）到例（4），"着"和"正在"不能替换的原因是什么？二者语义上有什么差别？例（4）的替换又为什么能够成立？这其中是否存在什么限制条件？

过去的研究大都认为，"着"和"正在"都表示体意义，差异也主要体现在"体"层面。但通过详细比较发现，"着"和"正在"之间的差异在时体层面都有体现，其中包括了一些过去研究较少提到的意义和用法。这些时体意义的差异正是"着"和"正在"替换的重要依据和限制条件。本节将对"着"和"正在"在时体两层的意义进行分析，详细讨论"着"和"正在"的语义对立。为了排除特殊句式对二者语义、语用的影响，如"V 着"存在句、"V 着"祈使句、"V₁ 着 V₂"连动句等特殊句式将被排除在讨论之外。

6.1.1　"着"的时体意义

6.1.1.1　"着"的时意义

"V 着"在表示单事件时基本没有时意义。单事件"V 着"句较少与现实相关，也就没有明确的时间指向，如"妈妈在厨房里做着饭"更像是在描绘一个场景，这个场景的时间需要通过句内外其他信息来判断。

"V 着"的时意义主要体现在表示"惯常性"复数事件时。"惯常体"体现出一种从过去延及现在，甚至指向将来的时间信息。在句中有时间词的时候，"惯常性"事件指向时间词所表示的时间；在句中没有时间信息的时候，"惯常性"事件一般表示现时状态。例如：

（5）a. 每个王朝在田制税法上进行着各种各色的斗争。

b. 这座名城的主要街道上至今奔跑着一种老式电车。

c. 从他那时以后，雅典的青年就背诵着荷马，而这就成为他们教育中最重要的部分。

d. 这差役吃着官饭，办着官事。

（6）a. 她虽然比他小一岁，但总是像个姐姐一样爱护着他。

　　b. 认真地读书是一种认识活动，<u>训练着</u>我们识别、判断来自大千
世界的各种信息符号。

　　例（5）和例（6）中的"V着"所表示的时间不太一样。例（5）的
四个句子里都有表示时间信息的词语：（5）a中的"每个王朝"表明"进
行斗争"是对历史事件的描述，发生在过去；（5）b中的"至今"表明
"电车奔跑"发生在从过去到现在的时间范围内；（5）c中的"从他那时
以后"表明"背诵荷马"的时间起点是过去，而终点在句中没有表明；
（5）d中的"差役"有历史词色彩，因此可以推测出"吃官饭、办官事"
是对过去事件的描写。例（6）的句子中都没有明确的时间词：（6）a的
事件在没有其他证据的情况下，应该是表示说话时间相关的现时情况；
（6）b表明了一个公理性认识："V着"所表的事件从过去到现在乃至未
来都会成立。由此可以看出，即使是在"惯常性"事件的表达中，"V着"
对绝对时间的提示作用也非常有限。

6.1.1.2　"着"的体意义

　　通过前文的分析可以把"着"的体意义分为两大类：一是单事件的体
意义，对动词的情状类型有明确要求；二是复数事件的体意义，通过语境
提供的信息辅助表达体意义，对动词情状没有严格的要求。通过表6-1可
以将两个事件层面上的五种体意义表示出来。

表6-1　"着"的四种语法体

语法体		例句
单事件	进行体	皇太极骑着快马，风驰电掣般地<u>奔跑着</u>。 凯萨琳以全部身心<u>爱着</u>杰罗姆。
	持续体	香皂外<u>包着</u>一张小纸条。 一爿小厂<u>雇着</u>三十几名工人。
	反复体	唐念楚一只脚来回地<u>碾着</u>地面。 芳契无意<u>踢着</u>床头。
多事件	惯常体	在过去的年月里，我一直<u>吃着</u>母亲做的粽子。 若若整天在网上<u>发表着</u>自己的独特见解。

过去的研究涉及较多的进行体、持续体和反复体都是单事件层面的体意义，而很少涉及复数事件的体意义。复数事件的体意义存在一个均质性上升和事件界限性下降的连续统：一般性复数事件—惯常性事件—惯常状态—性质。

6.1.2 "正在"的时体意义

6.1.2.1 "正在"的时意义

现代汉语没有专门表示"时"意义的语法手段，多使用时间副词、时间名词等词汇手段，或通过语境提供参照时间来表达事件的时间信息。"正在"作为一个副词，有明确的表达"时"意义的功能。

"正在 V"的时意义是"同时发生"，无论句中是否还有其他事件，"正在 V"的时间总是与一个对应时间同时发生，"正在"具有明确的时间定位功能。当句中没有其他参照时间时，"正在 V"与说话时间同时发生，如"妈妈正在做饭"，"妈妈正在做饭"的时间定位于说话时间；当句中有参照时间的时候，"正在 V"与参照事件同时发生，如"我进门的时候，妈妈正在做饭"，"妈妈正在做饭"的时间定位于"我进门时"。

由于受到对应事件的制约，"正在 V"所表事件的时间跨度就是对应事件的时间跨度。不论是"我进门时妈妈正在做饭"还是"孔子出生时诸侯正在争霸"，"正在 V"所述事件可大可小，但总要受到对应时间的限制。因此，"正在 V"的时间范围都相对比较窄小。

同时，"正在"的时间定位功能在不同语体中有不同体现。在与说话者有较强的现实相关性的语体如日常对话、新闻报道等语体中，在句中没有其他参照时间的情况下，"正在 V"都指向说话时间，如：

（7）a."妈妈正在做饭。"

　　b."老师正在批改作业。"

　　c."我父母正在闹离婚，我不希望这样。"

　　d. 国际社会正在进行一场新技术革命。

　　e. 北京市宣布正在研究十二年义务教育的实施准备。

f. 积极心理学是美国心理学界<u>正在兴起</u>的一个新的研究领域。

例（7）中前三个句子都发生在对话中，句中"正在V"所表述的事件都指向说话时间；后三个句子是新闻报道和科技文献中的句子，"正在V"所述事件指向行文时间。小说、影视及话剧对白语体，虽然与说话者的现实时间无关，但也是模拟日常对话语体，因此"正在V"也是指向说话时间。

在小说的叙述性语体和传记、记录等文体中，事件或发生在虚构场景下，或发生在过去史实中，与听说双方都没有太强的现实相关性。这些文体中"正在V"的时间，在没有参照时间的情况下，指向所叙述事件的时间；有参照时间的情况下，指向参照时间。例如：

（8）a. 一次我<u>正在桥底下睡大觉</u>，过来一个戴着眼镜的知识分子模样的人。

b. 繁杂的启动工作和这两个危机事件，让谷歌<u>正在损失宝贵的市场份额</u>。

c. 抗战时期，解放区的史学工作者<u>正在力图用马克思主义研究近代史诸问题</u>。

d. 主要由商人、包买商、手工工场主、农场主组成的城乡资产阶级<u>正在形成</u>，其中商业资产阶级占首要地位。

例（8）a中的"一次"指明了"正在睡大觉"是所叙述过去某次事件的时间；（8）b是描述李开复回顾"ICP牌照风波"的句子，"正在损失市场份额"发生在牌照风波之后，对于说话时间来说，是过去时；（8）c有明确的时间信息，即"抗战时期"；（8）d虽然没有时间信息，但是"手工工场主"及"资产阶级正在形成"等信息，已经可以提示读者"正在V"所指向的是这一史实发生的时间。在这一类文体中，事件的时间主要通过上下文语篇提供，"正在V"指向参照时间。

例（8）的四个句子除了a句可以替换为"着"，其余三句都不能替换为"着"。a句能够替换在于划线句为整个句子提供事件背景，其余三句不能替换的"正在"都出现在主句中。这说明"着"不具有"正在"那样的指明"同时发生"的时意义。

6.1.2.2　"正在"的体意义

"正在 V"的体意义比"V 着"的体意义要简单得多。回到图 4-1 所示的三个阶段，能够被替换为"正在弯腰"的只有进行体 a 和反复体 b，"她正在慢慢地弯腰"和"她正在不停地弯腰"，也就是说，在单事件层面"正在 V"只能表示进行体和反复体，不能表示动作结束以后的持续体 c。同时，复数事件的"V 着"都不能替换为"正在 V"，说明"正在 V"不能表示复数事件的体意义。"正在"的体意义主要有两个特点：一是有变化，二是有过程。

1. 有变化——"正在"倾向于作用在动作阶段

"正在"倾向于作用在动态阶段，这是"正在"区别于"着"的一个重要特征。如前例所示的问题：

她红着脸≠她正在红脸；她蹲着≠她正在蹲；她扶着老奶奶≠她正在扶老奶奶

"她正在红脸""她正在（往下）蹲""她正在扶老奶奶"，其中的"正在 V"表示变化、动作和行为的发生，且这一变化过程还在继续，是图 1 所示的进行阶段 a。而这里的"V 着"则存在歧义，既可以表示进行阶段 a，也可以表示变化发生后的持续阶段 c。为了避免歧义，"正在 V"和"V 着"出现了功能的侧重。"正在 V"表示变化阶段 a，"V 着"则侧重表示持续阶段 c。"她红着脸"表示脸变红以后脸红状态的持续，"她蹲着""她扶着老奶奶"同理，都表示持续阶段 c。

"正在"与大部分状态动词不能共现，只有少数状态动词可以与"正在"共现，如"认识""了解""熟悉"等动词，其实是因为这些动词既可以表示过程，又可以表示状态，而能够与"正在"共现的实际上是过程意义，"正在 V"表示变化。这些动词在《现代汉语词典》里的两个义项释义如下：

【了解】①知道得清楚。——状态动词 state

（我了解你的心情／＊正在了解）

165

②打听；调查。——过程动词 process

（了解一下这个人/正在了解）

【认识】①能够确定某一人或事物是这个人或事物而不是别的。——
状态动词 state

（我认识这种草药/＊正在认识）

②通过实践了解、掌握客观事物。——过程动词 process

（认识世界，改造世界/正在认识，正在改造）

【熟悉】①知道得清楚。——状态动词 state

（很熟悉/都熟悉/＊正在熟悉）

②了解，使知道得清楚。——过程动词 process

（熟悉一下场地/正在熟悉）

当"正在"与这些动词共现时，突显的总是表示过程的那个义项，而
不是表示状态的义项。原因在于，"了解""认识""熟悉"等词的词义
中，包含了一个变化过程的阶段和一个变化完成以后的阶段，在词典释义
中将这两个阶段分列为两个义项，它们与"正在"共现时表示的是变化过
程的进行，而不能表示变化后状态的持续，这与上文说的"正在"没有持
续阶段 c 是完全相符的。这说明，"正在"不能表示静止的稳定状态的持
续，而主要表示变化过程的进行。综合上述分析，"正在 V"体意义的一
个特点是，只能作用于变化阶段。

2. 有过程——"正在"可使瞬间变化过程化

"正在"倾向于作用在变化阶段的极端表现是作用于瞬间变化，并能
使其过程化。如本节例（1）呈现的现象：

a. 一些不符合素质教育要求、违背教育规律的问题正在逐步得到
纠正。

b. 这种网上教学正在逐步成为人们愿意接受的又一种办学模式。

c. 知识经济、信息经济的时代正在到来。

这些例子中的"正在 V"都不能替换为"V 着"，句中"得到""成
为""到来"等动词都是典型的瞬间变化动词，没有持续阶段，也不能重

复，语义上本不应该与"正在"和"着"共现。但现实是，除了上述例子，还有大量的瞬间变化动词可以与"正在"共现，如"正在灭亡""正在死去""正在毁灭""正在破灭""正在消失""正在分裂""正在改变""正在提高""正在进步"等。"正在"与它们共现的时候，都体现出一种变化的过程意味。这里面存在两种不同的情况：

第一，"正在"加"渐变义"瞬间动词，如"改进""提高""进步""优化"等。这些动词虽然是瞬间变化动词，但是由于不表示质变而表示渐变，因此可以积累、可以重复。一次进步是瞬间变化，但是一直不断进步就可以视为一个过程。因此，在表示变化重复发生并形成了一个持续过程的情况下，这类动词与"正在"在语义上可以相容。这一类的"正在V"都可以加"不断""持续""逐渐"等副词，表示变化的持续发生，如"正在不断进步""正在持续优化""正在逐渐改善"等。

第二，"正在"加"质变义"瞬间动词，如"毁灭""灭亡""消失""死去""破灭"等。这些动词所表的变化是事物的质变，不能重复，语义上与"正在"不能相容。但实际上，任何"质变"都不是突然凭空发生的，在质变到来之前都会有一个变化积累的过程。过去认识瞬间动词时，主要强调质变发生的一瞬，而没有重视质变到来之前那个逐步逼近临界点的阶段。"正在"表示变化过程，与这些动词共现突显了质变之前的变化过程，将瞬间变化动词的语义从一个点扩大为一个片段。例如，"正在死去"是表示死去之前逐步走向死亡的一个阶段，"正在分裂"是表示分裂之前逐步走向彻底分裂的一个阶段，"正在灭亡""正在消失"等同理。这一用法是"正在"区别于"着"的一个重要方面。

总的来说，"正在V"作用于图 1 三个阶段的顺序依次是：a→b→c。"正在V"表示进行阶段 a 时比较自由，突显变化过程是"正在"最主要的功能；表示反复阶段 b 时受到一定的限制，只能表示单事件的动作重复，而不能表示复数事件的重复；不表示动后持续阶段 c。"正在V"最基本的体意义是表示变化过程的进行，使瞬间动词过程化的作用也是突显变化的过程。

6.1.3 "着"和"正在"的替换理据和限制条件

6.1.3.1 "着"和"正在"的语义对立

通过上述分析可以看出，"着"和"正在"的语法功能各有侧重，"着"侧重表示各种不同的体意义，其中在表示"惯常体"时，能够在一定程度上表示出从过去延及现在和未来的时间意义。"V着"所表事件时间跨度大，"着"主要作用于动作、行为、状态、事件的相对稳定的阶段，不论动态还是静态都体现一种"无变"；"正在"表达时意义的功能相对突出，时意义是与参照时间"同时发生"，体意义是"过程的进行"，因此综合时体两方面意义，"正在"的核心语义是"变化过程与对应时间同时发生"，"正在V"所表事件时间范围小。（表6-2）

表6-2 "着"与"正在"的语义差异

	"着"	"正在"
体意义与时意义	体意义	时意义+体意义
变化性与稳定性	不变	变化
事件时空性	长	短

6.1.3.2 "着"和"正在"对动词的选择限制

"着"和"正在"在时体意义上的差异决定了它们对动词有不同的选择限制。"着"能搭配的动词种类较多，凡是能够表现"着"的五种体意义之一的动词都能与"着"共现，并非过去一直认为的只有延续性动词才能与"着"共现。其中包括大部分状态动词和全部过程动词，以及有结果的变化动词（瞬间动词）。（表6-3）

表6-3 "着"的选词限制

"着"	状态动词	过程动词	变化动词	示例
进行体	+	+		跑着、写着₁
反复体		+	+	弯着、敲着

"着"	状态动词	过程动词	变化动词	示例
持续体		+	+	写着₂、挂着
惯常体	+	+	+	略

"正在"能搭配的动词主要是过程动词，变化动词（瞬间动词）加"正在"以后，体现出变化的过程性。（表6-4）

表6-4　"正在"的选词限制

"正在"	状态动词	过程动词	变化动词	示例
进行体		+	+	正在跑、正在毁灭
反复体			+	正在（不停地）弯、正在敲

6.1.3.3　"着"和"正在"替换的限制条件

"着"和"正在"的替换理据就是二者在时体两个层面的不同语义，只有当所表语义比较接近，所搭配动词趋于同类的时候，"着"和"正在"才能替换。通过表6-2和表6-3的比较可见，"着"和"正在"能够替换的情况非常有限，只有与过程动词共现表示单事件进行体和与变化动词（瞬间动词）共现表示单事件反复体这两种情况可以替换，因为这两种情况是"V着"和"正在V"各自的语义体系中重叠的部分。

6.1.4　余论

"正在"和"着"的替换条件受到时体意义和动词选择限制的影响，而动词选择限制归根到底也由时体意义决定，因此，"正在"和"着"的替换问题归根到底还是时体意义的差异。"着"在体意义方面，不仅可以表示单事件的进行、持续和反复，还可以表示复数事件和惯常性事件，因此"V着"的时空跨度几乎不受限制，纵深非常大，可以从过去延及现在乃至未来，也正因为如此，其时间的定位功能也就不突出。"正在"在体意义上表现一种变化过程的进行，能使瞬间动词过程化；在时意义上表示与对应事件"同时发生",受对应事件的制约,因而时间范围较小,有明确的时间定位功能。

"正在"和"着"语义相同能够替换的情况只有两种:一是与过程动词共现表示进行体,二是与瞬间动词共现表示反复体。除此之外的其他情形二者都不能替换。

6.2 方言个案中的体标记分工
——成都话"倒"和"起"

相同功能的语法成分在不同方言中以及在方言和共同语中可能会有不同表现,观察功能相似的语法标记在某种方言中的不同表现,可以为共同语语法成分的研究提供参照。四川方言的"倒"和"起",常常被认为是"着"在四川方言中的对应成分。为了更好地证明汉语时体意义的分工,本节将"倒"和"起"作为方言的一个个案为相关问题的探讨提供佐证。四川方言的"倒"和"起"前人已有较多论述,如梁德曼(1982)、袁家骅(1960)、张清源(1991)等。在四川方言中"倒""起"并存,有时合用为"倒起";同时,"倒"和"起"本身又与介词"到"和动词"起"以及补语"倒"和"起"同音同形,且有语义上的演进关系。"倒"和"起"的意义有什么异同、怎样分工,它们与普通话的"着"之间各有什么关系是一个值得深入探讨的问题。因此,对"倒"和"起"的意义和分工的考察,可以为"着"的语法意义提供证据。由于"倒"和"起"的相似用法不仅限于四川方言,同时在四川方言中各地的用法又各有差异,因此本书对"倒"和"起"的讨论限于成都话的范围。

前人通过分析"倒"和"起"与动词次类的组合情况,对其用法进行了区分,认为"V倒"表示动作进行,"V起"表示静态持续。这种研究方法是可取的,但是结论还有一些尚可探讨之处。事实上,变化动词表示持续体时(也是一种静态持续义),有相当多的动词是加"倒",如"踩,

扣（套住）(1)，断（断电）(2)，落（留下）(luo4)(4)，埋没（掩埋）
(1)，埋没（埋没人才）(2)，牵连，欠（缺少）2 (2)，遗留，占领，占
有（占据位置）(1)，占有（掌握）(2)，掌握，接收，赚"等。还有些情
况是加"倒"和"起"均可，如"等（等候）(1)，等待，等候，垫（隔
离）(1)，拦，披（1)，靠（倚靠）(1)，扣（扣留）(3)，扣留，留（收
下）(3)，留（遗留）(4)，欠（欠债）2 (1)，少（缺）(1)，少（丢失）
(2)，少（欠）(3)，赊，剩，收（接收）(4)，输（败）2，沾，住（居
住）(1)，租，接（接水）(2)，埋，拿（取，搬动）(1)，佩戴，弯"等。
也就是说，"V 倒"和"V 起"的区别并不在于动态进行和静态持续的对
立，用动静之分来区别二者不够准确。这一现象与"着"的情况是一致
的。它们的差异还要进行重新、全面的观察和分析，寻找二者在语义和用
法上的真正差异。

6.2.1　"倒"和"起"的分立

"倒"和"起"内部有分工，有动词"倒"和"起"，有结果补语
"倒"和"起"，还有动态助词也就是体标记"倒"和"起"。不同层次的
语法成分之间存在语义关联和语法化进程上的先后关系。本节研究对象是
体标记"倒"和"起"，因此在开始研究之前要将前三组成分分离开来。

其中，作谓语核心的动词"倒"和"起"很好辨认，难点在于补语
"倒"和"起"与体标记"倒"和"起"的区别。本书认同张清源
(1991) 提供的方法：用可能句来检测"倒"和"起"是否是体标记，即
在"V 倒"和"V 起"中间插入"得"或"不"。但是这个方法只能把
"倒$_1$"和"倒$_2$"区别出来，却无法把表示补语的"起"和表示动态的
"起"区别出来。例如：

(9) 背倒课文——a. 她背得倒课文/她背不倒课文。（"倒"为补语）

　　　　　　　 b. 她正在背课文。（"倒"为体标记）

(10) 写起对联——a. 她写得起/写不起对联。（"起"为补语）

　　　　　　　 b. 她写好了对联。（"起"为补语？体标记？）

例（9）中的"V 倒"通过 ab 两句的验证区分出了补语和体标记两种情况：a 句的"背倒"是"背下来"的意思，"倒"为动词的补语；b 句的"背倒"是"正在背"的意思，"倒"是进行体标记。例（10）中，a 句的"写起"和例（9）a 一样是动词的补语，表示"写得起"的意思；而 b 句的"写起"是"写好"的意思，仍然是动词的补语。只是两个补语的含义不一样：例（10）a 是可能补语，表示"写"的能力，即"能不能写好"；例（10）b 是结果补语，表示"写"的结果，即"写没写好"。如果与不同动词搭配，表结果的"起"可能介于结果补语和体标记之间。

除去动词"倒"和"起"，体标记"倒"记作"倒₁"，其余的"倒"和"起"在后文再详细分析。本节的研究对象是"倒₁"和"起₁"，但是很多与"倒"和"起"二者相关的现象，与不同的"倒"和"起"也有牵扯。它们的意义和用法还要从各自能够搭配的动词来进行全面分析。

6.2.2 "倒₁"和"起₁"的语法意义

6.2.2.1 "倒₁"的语法意义及动词选择

"倒₁"指的是表示动态进行的体标记"倒"，能与它共现的动词都是有动态及过程的，"V 倒₁"的意思相当于"正在 V"，如下面这些动词：

背（背诵）(bei4)（2），奔跑，猜，操纵（操控机器）（1），唱（1），吵（闹腾）（1），吵（争吵）（2），吃（1），抽（吸）1（4），抽（打）2（2），锄，传（传染）（6），吹（演奏）（1），催（促）（1），搓，打（磨）（7），打（电话）（13），打（除去）（15），打（玩）（21），倒退，蹬（蹬车），点（种）（6），点（账）（7），盯，顶（从下拱起）（2），钉（钉钉子）（1），钉（钉扣子）（2），动（动脑筋）（3），读（朗读）（1），读（阅读）（2），堆，对（比对）（5），翻（翻动）（2），冲（冲洗）2（2），飞（动物飞）（1），飞（机械飞）（2），飞（漂浮）（3），赶（驾驭）（3），赶（驱赶）（4），跟随，耕，刮（风）2，广播，逛，喝，呼吸，浇（灌溉）（2），嚼，搅，掘，监视，检查（1），教，看，审查，审问，治疗，接待，接见，介绍（2），进攻，看（看守）(kan1)（2），看（看诊）(kan4)（5），考试，拉

（拉货物）1（2），念（2），抢救，弄（做）（1），拍（拍摄）（2），安慰，保卫，保持，汇报，活动（3），活动（4），处理（安排）（1），干（1），干（担任）（2），管（负责）（4），混（混日子）（3），进行，跑（奔走）（3），用（1），做（从事）（2）……

"V倒$_1$"的动词一般来说是没有内部终结点的过程动词，典型的搭配是"吃、看、想、走、跑、写"等较为均质的过程动词，可以搭配宾语，但是其宾语不能带来终点，带来终点的宾语会导致"倒"的意义变化。比如，"他画倒画在""他骑倒车在"的"倒"是体标记"倒$_1$"，"他画倒一幅画""他骑倒一架（辆）自行车"中的补语带来了事件的终点，"倒"的意义是补语"倒$_2$"。由此可见，动词及其论元配置是否具有"终点"与"倒$_1$"和"倒$_2$"的语法意义是有关系的。"倒$_1$"要求非终点（无界）意义，"倒$_2$"恰恰表示事件的终点（结果补语）。

1. 进行体

进行体的动词加"倒$_1$"表示动作所表的过程正在进行中，如：

（11）a. 他操纵倒机器的，走不开。——他正在操纵机器，走不开。

　　　b. 病人还抢救倒在。——病人正在抢救。

　　　c. 他打倒电话还在耍游戏。——他打着电话还在玩游戏。

　　　d. 风筝在天上飞倒在。——风筝在天上飞着。

这些例子里的"V倒"都是"倒$_1$"，是典型的进行体。动词所表示的动作、行为或事件的过程正在进行之中，并且没有终点，也就是图6-1所示的a阶段。

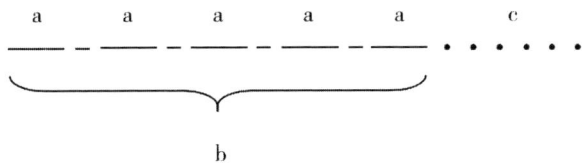

图6-1　动词单事件体意义示意图

2. 反复体

普通话"V着"表示反复体在成都话里有两种情况。通过将普通话中能够加"着"表示反复体的动词进行逐一对比，发现存在两种不同方式表示"反复义"。一是加体标记"倒"表示反复义，如"跳、滴、点、穿（珠子）、翻、切"等，如：

(12) a. 锅儿头的菜要翻倒点，不然要糊。——锅里的菜要翻着点，不然要糊。

b. 娃娃跑倒跳倒的，不会冷。——孩子跑着跳着的，不会冷。

c. 她穿倒珠珠儿在。——她正穿着珠子。

二是使用词汇手段表示反复义，如添加"正在、在、不歇气（不停）地、接势（音）、黑起势（音）①"等状词性成分，如：

(13) a. 她接势摆脑壳。——她不停地摇头。

b. 她架势招手喊我过去。——她使劲儿招手叫我过去。

c. 她气得黑起势笃脚。——她气得使劲踩脚。

两种表达方式比较，后者更占优势，几乎全部反复体动词都可以通过添加上述词语表示反复义，且出现句式几乎不受限制，能够比较自由地成句。相反，加"倒"表示反复体一是动词数量极为有限，二是句式环境比较受限，在很多简单句中不易成句。比如，例（13）"她接势摆脑壳"可以较自由地成句，但换成"V倒"就不能成句（？她摆倒脑壳）。成都话反复体表达方式与普通话的不对应，说明在成都话中"反复体"与其他语法体的分化也印证了将其独立为一个语法体的合理性。

3. 复数事件和惯常体

"V倒₁"也可以表示动词所表动作、行为或事件的重复性、惯常性发生，可以表示复数事件及惯常体，如张清源（1991）所示的例子：

(14) a. 这种鱼我们经常买倒在，不稀奇。

b. 杜甫草堂我们经常去倒在。

c. 天天来倒哩，啥客哟。（《抓壮丁》）

综上所述，"V倒₁"较为主要的语法意义是表示进行体、复数事件和

---

① "接势"（音）表示"不停地"，"黑起势"（音）表示"使劲地、不停地"，两个词均有"量多""反复"的含义。

惯常体，在某些动词及句式条件下也可以表示反复体。

6.2.2.2 "起₁"的语法意义及动词选择

"起₁"指的是表示持续体的"起"，如"地下躺起一个人""堂屋中间吊起一盏油灯"中的"起"。能够与"起₁"搭配的动词包括过程动词和变化动词，也就是说，"起₁"并不关心动词是否具有"过程性"。这些能够与"起₁"共现的动词的共同点是，其自身或者语义中包含终点，如真变化动词，或者可以通过"起₁"来制造终点，如过程动词和准变化动词。例如：

过程动词：安（装）(2)，熬（煮）(ao2)(1)，拔（罐）(2)，绑，包（包东西）(1)，编（编织）(1)，擦（涂抹）(2)，缠，炒，扯(1)，冲（冲调）2(1)，穿（珠子）(3)，穿（衣物）(4)，搭（支、架）(1)，搭（放）(2)，倒（倒水）(dao4)(2)，登记，点（种）(6)，叠，顶（用头支撑）(1)，钉（钉钉子）(1)，钉（缝）(2)，冻（冰冻）(1)，堆，兑（兑水）(1)，缝，刮（涂抹）1(2)，挂（悬挂）(1)，挂（挂糊）(5)，挂（挂号）(6)，关，裹，糊，画（用笔做出图形）1，画（作记号或作为标记的文字）2，锯，卷（裹住）(2)，开（开办）(8)，开辟，烤，抠（雕刻）(2)，捆（捆绑），抹（涂抹）(1)，磨（使细碎）(mo4)(1)，拧（拧螺丝）(ning3)，排（按次序摆）1(1)，泡（浸泡）(1)，配（按比例调配）(2)，配（搭配）(4)，铺，沏，砌，签（签名）1(1)，签（签意见）1(2)，签（缝）2，切，染（染色）(1)，洒，撒（sa3），塞，上（安装）(7)，上（涂抹）(8)，上（发条）(10)，伸，收（收税）(2)，收（收麦子）(3)，收拾（整理）(1)，梳，树立，刷，拴……

变化动词：扯（撕扯）(2)，滴，点（眼药）(5)，点（点火）(10)，散（松开）(san3)，贴（贴补）(3)，停（停泊）(3)，拖（牵拉着）(2)，丢（扔）(2)，放（放于）(10)，蘸，坐（放）(3)，安（插）(1)，包（承包）(3)，包（租）(5)，出（提供）(3)，带（携带）(1)，倒（倒下）1(dao3)(1)，垫（垫付）(2)，点（菜、戏）(8)，订（订购）(2)，堵（transition），放（加）(11)，该（欠）2，搁（加）(1)，勾结，关（关押）

（2），混（1），卷（弯成圆筒）（1），开（打开）（1），开（开花）（3），开（开具）（11），开（开设）（16），掉（落）1（1），加（添加）（2），立（站立）（1），漏（渗漏）（1），脱（掉落）（1），压（下注）（6）……

这些动词与前文中详细讨论过的"附着义"动词高度吻合，它们的语义里都包含"结果义"，也就是在动词所表的动作、行为或变化完成之后，会有某种结果或状态存续下去。

"V起₁"在这里表达的意思就是这种完结之后的持续，是动作的完结，也是新产生状态的开始，也就相当于前文中所说的持续体。例如：

（15）a. 门上贴起一副春联。——门上贴着一副春联。

　　　b. 头发上挂起水珠珠儿。——头发上挂着水珠儿。

　　　c. 冰箱头冻起啤酒哩。——冰箱里冻着啤酒的。

　　　d. 楼底下停起一架车子。——楼下停着一辆车。

　　　e. 地下掉起一片坝灰灰。——地上掉着一地的灰。

　　　f. 好多人屋头都安起宽带哩。——好多人家里都安着宽带。

（16）a. 宣传队在墙上写起几条标语。——宣传队在墙上写了几条标语。

　　　b. 老张在院坝头锯起几截木料。——老张在院子里锯着几截木料。

　　　c. 老水子在墙根头打起洞洞了。——老鼠在墙角打了洞了。

这两组例句的句式不一样，例（15）的句子是存在句，例（16）的句子是施事主语句，但在两组句子中"V起"的体意义是一样的，都表示"V"所表行为、变化的完成和遗留状态（结果）的存续，也就是前文所说的"持续体"，即图6-1所示的阶段c。

"V起"在有些情况下似乎有"进行义"，如：

（17）a. 灶上煮起饭在。——a'. 我煮起饭在。

　　　b. 锅儿头（锅里）烧起水在。——b'. 我烧起水在。

　　　c. 院坝头晒起衣服在。——c'. 我晒起衣服在。

例（17）的三组句子都有歧义，第一种意义是持续体意义，即当存在句表达的时候，句中的事物已经存在，"V 起"表示事件的完成和遗留状态的存续，"灶上煮起饭在""我煮起饭在"都可以表示"饭"已经煮好了；第二种意义是进行体意义，即当句子表达的时候，"V"所表示的事件还在进行当中，"灶上煮起饭在""我煮起饭在"都可以表示"煮饭"的过程正在进行，但是施事的行为已经结束。

这样的现象是否能说明"起₁"可以表示进行体（阶段 a）呢？我们认为例（17）的句子看起来表示事件进行中，但"起₁"仍然表示动后进行体。这是由"煮""烧""晒"等动词事件结构的特殊性造成的。

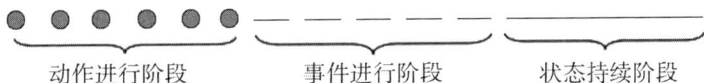

图 6-2　"煮"类动词的内部结构

如图 6-2 所示，"煮"类动词的事件结构包括两个进行阶段和一个持续阶段，即施事的动作进行阶段、事件的自主进行阶段和结果状态的持续阶段。例如"我正在厨房煮饭"中的"煮"，表示施事的某种行为、动作的进行；"灶上煮起饭在"中的"煮"，则可以表示施事行为结束以后，事件后续的自主进行阶段，这个阶段，人的行为已经结束，但事件尚未完成（饭还在煮着、水还在烧着、衣服还在晒着），由于"未完成"而尚有"进行义"。因此，这种"进行义"并不是"起₁"所导致的，而是这一类动词本身的意义导致的。从施事者的角度说，第一阶段完成，整个动作行为也就完成了，第二阶段可以视作第一阶段完成之后遗留的结果或状态，因此"起"仍然可以看作"持续体"。

通过上述比较可以看到，"倒₁"和"起₁"的动词选择限制和语法意义差异。能与"倒₁"共现的动词从语义上来说一般是表示动作行为的自主过程动词，动词情状方面均质性较强，无终结性。"倒₁"能够比较自由地表示进行体、复数事件和惯常体，一定条件下也可表示反复体。能与"起₁"共现的动词是"附着义"动词，要求动词语义中有"结果义"，情状方面可以是过程动词也可以是变化动词。"起₁"的语法意义是表示持续体。成都话中的"倒₁"和"起₁"共表达了五种语法体意义，虽然在用法频率上存在差异，但仍然能够在一定程度上证明五种语法体的分立，从而证明"着"所表达的五种体意义分立的合理性。

6.2.3 其他"倒""起"的意义及与"倒₁""起₁"的关系

为了进一步说明成都话中"倒"和"起"对立分工的问题，还有必要继续分析除了"倒₁""起₁"之外的其他几组"倒"和"起"的性质及意义。

6.2.3.1 结果补语"倒₂"的意义

张清源（1991）认识到这样的现象，即"藤藤缠倒树子上"和"树上缠起藤藤"是对"动静分工说"的挑战，因为表示静态也用了"倒"。其实，这两类现象里的"倒"和"起"并不是在语法化程度上平行对等的两个成分。可将这类现象归纳如下：

（18）a. 藤藤缠倒树子。——*藤藤缠起树子。

b. 雨布盖倒汽车。——*雨布盖起汽车。

（19）a. 树子缠起藤藤。——*树子缠倒藤藤。

b. 汽车盖起雨布。——*汽车盖倒雨布。

"V倒"和"V起"在这里不能替换使用，张清源（1991）认识到这一现象不适宜再用动静对立来解释。表面上看，例（18）和例（19）的差异好像是句式不同——"V倒"用于施事主语句，"V起"用于受事主语句。但实际上二者不能替换的根源不在于句式的差异，而在于"倒"和"起"的语法意义不平行。例（18）中的"倒"是结果补语，相当于"住""上"等，不同于表示进行体的"倒₁"，这里记作"倒₂"；例（19）中的"起"是持续体标记"起₁"，与前文所述例（15）（16）情况一样。

也就是说，例（18）和例（19）所表现的两种表面上相反、相对的现象，从"倒"和"起"的性质来看，并不处在对等的语法平面上。结果补语"倒₂"的语法化程度远远低于持续体标记"起₁"的语法化程度。

6.2.3.2 介词"倒₃"的意义

成都话中有多个"倒"，除了动词、结果补语和进行体标记，还有介词。介词"倒"和结果补语"倒"无论出现环境还是意义都非常接近，如：

（20）a. 藤藤缠倒树子。——藤蔓缠住了树。

　　　b. 雨布盖倒汽车。——雨布盖住了汽车。

　　　c. 帕子包倒脑壳。——毛巾包住了头。

（21）a. 藤藤缠倒树子上。——藤蔓缠在树上。

　　　b. 雨布盖倒汽车上。——雨布盖在汽车上。

　　　c. 帕子包倒脑壳上。——毛巾包在头上。

例（20）中的"倒"是结果补语"倒$_2$"，"V倒"作用于主宾语两个事物之间，"倒"体现出主语对宾语施加了影响。结果补语的含义本身就意味着宾语在逻辑上必为受事，必受影响，这样才可能有所谓结果发生，因此结果补语与受事宾语的共现在逻辑上自洽。

例（21）只比例（20）多了一个字，但却使宾语的语义性质发生了变化，由例（20）的受事宾语变为处所宾语，因而"V倒"的语法意义也相应发生变化。处所宾语在逻辑上不是必须受到影响，它只是表示动体运动的趋向或终点。因此，例（21）的"倒"是介词"倒$_3$"，所表事件大多可以用位移事件来解释，如上例的"藤藤缠倒树子上""雨布盖倒汽车上""帕子包倒脑壳上"，再如"拐棍靠倒扶手边边"等，都表达了一个位移事件，主语是位移的主体（动体），宾语表示位移的终点，"V倒"则表示动体位移到终点的结果。如图6-3所示。

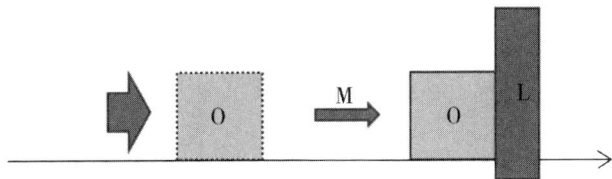

图6-3　位移事件概念图式

和存在句形成句式变化关系的是表示位移事件的处所宾语句，而不是受事宾语句。也就是说，和"树子上缠起藤藤"形成句式变化关系的是"藤藤缠倒树子上"而不是"藤藤缠倒树子"。例如：

（22）a. 墙上挂起画。——画挂倒墙上。（画挂在墙上）

　　b. 门上贴起福字。——福字贴倒门上。（福字贴在墙上）

　　c. 脑壳上包起帕子。——帕子包倒脑壳上。（毛巾包在头上）

例（22）横线前的句子是静态存在句，"起"是表示持续体的"起$_1$"；横线后的句子是处所宾语句，"倒"介词"倒$_3$"。

这些不同的"倒"处于"倒"的语法化路径的不同阶段。语法化程度最高的是表示进行体的"倒$_1$"，如"跑倒/写倒/说倒"；语法化程度最低的是作结果补语的动词"倒$_2$"，如例（20），及"不注意打倒他了（不小心打着他了）"等；语法化程度介于这二者之间的是介词"倒$_3$"，指明位移事件的终点，如例（21）。

6.2.3.3　趋向补语"起$_3$"的意义

和"倒"一样，"起"也有几种处于不同语法化阶段的意义，包括实意动词、趋向动词和体标记。其中，语法化程度最高的体标记"起"记作"起$_1$"，除去实意动词的"起"不讨论，剩下还有两个"起"，分别是趋向补语"起$_3$"和结果补语"起$_2$"。

趋向补语"起$_3$"的意义与实意动词的语义最接近，从表示空间方位的提升到表示时间的起始，其中的演变关系非常明显，如"说起就不歇气"中，动作动词为何能够加"起"而不是"倒"来表示动作的进行？因为这里的"起"是表示起始的趋向补语"起$_3$"。当然，这个句子换成"倒"也能成立，如"说倒就不歇气"，此时的"倒"是"倒$_1$"，这里也出现了"倒""起"的中和。原因与前述中和现象相似，就是当动词所指可能为不止一个阶段时，就出现了二者皆可的中和现象。也就是说，"说起就不歇气"中，"V起"表示开始，对于"说"这样的持续性动词而言，开始了就意味着进入进行阶段；而"说倒就不歇气"则直接指向进行阶段。二者真值相同，但实际所指的阶段是有区别的，同归而殊途。

从趋向补语"起$_3$"到结果补语"起$_2$"，由表示事件的起始到表示事件的实现，二者看似异端其实逻辑相通。一个状态（不论静态或动态）的起始，往往是另一个状态的结束、完成或实现。站在两个阶段的交接点上，往前看是一个阶段的结束（结果），往后看是一个阶段的开始。"开始吃"也就表示"吃到了""吃上了"，"吃"的动作虽然没有完成，但"吃"这个事件实现了。这是趋向动词"起$_3$"向结果补语的演进。

另一方面，"起$_3$"也可能产生"可能性"意义，从表示事件的起始到表示可能性（可能补语），这是一种逻辑上的推理关系产生的意义。动作或事件的起始是一种外在现象，现象背后必有其动因，当现象已然发生之时，就可以反推出这个动因必然存在。例如，"吃起$_2$"表示"开始吃"，既然已经开始吃了，说明一定"吃得起""有能力吃""有可能吃"，就有了"吃起$_1$"。"起$_3$"的两种不同的演进可以从下例观察：

（23）a. 她走进屋头就吃起水果来。

　　　b. 他这种人也吃起皇粮了。

　　　c. 穷苦人家也吃起了精米精面。

例（23）a 中的"吃起"表示动作起始，是趋向动词"起$_3$"；例（23）b 中的"吃起"似乎可以有两种理解：第一层意思是表示"开始吃"，第二层意思是表示"吃上了""吃到了"，这第二层意思里面既有表示实现的意义（结果补语），也有表示可能性的意义（可能补语）；例（23）c 中的"吃起"更倾向于第三层意思，即"吃得起""有能力吃""有可能吃"。

由此可见，"结果"和"可能"很难截然区分出来，结果义更外显一些，可能义则要在特定语境下才能凸显，如通过"得""不"突显。可能义可以看作"结果义"的特殊表现形式，"吃得/不起"可以理解为"吃上"这一结果的可能性判断，是附生于结果义的一种意义。这种表结果意义的"起"记作"起$_2$"。

6.2.3.4　结果补语"起$_2$"的意义

结果补语"起$_2$"的语法化程度较趋向动词"起$_3$"更高，表示事件的实现或完成。例如：

（24）a. 脑壳遭打来包起了。——脑袋被打得包（扎）起来了。

　　　b. 他屋头早就置办起彩礼了。——他家里早就置办好彩礼了。

c. 买都<u>买起</u>了又说不要，哪个给你退嘛？——买都买好了又说不要，谁给你退？

例（24）a 中的"包起"在普通话里说作"包扎起来"更顺畅，但其意义就是"包扎好"的意思。例（24）的"起"都表示动作、事件的完成，在谓语中心之后作结果补语。从"吃起"到"买起""包起""写起""置办起"，表示事件的实现距离表示事件的完成仅一步之遥，不论"吃起"还是"买起""写起"，它们之间共同的语义基础都是表示结果意义的补语。

作结果补语的"起$_2$"和表示持续体的"起$_1$"语义上已经非常接近，"起$_1$"的动后持续意义同样是以完成或实现为基础的。差异在于，"起$_2$"还保留了一些实词的语法性质，主要表现在"V 起$_2$"之后可以加体助词"了"，中间可以添加"得/不"，而"起$_1$"没有这样的用法。另一方面，"起$_1$"出现的句法环境也很有限，最典型的句式环境是"V 起"存在句。

6.2.4 "倒"和"起"的中和

在成都话"倒"和"起"的研究中，最令人迷惑的是二者的中和现象，即在相同的句式环境下，"V 倒"和"V 起"能够相互替换，表达相同或相似的真值。这些中和现象之所以令人迷惑，是因为存在多个"倒"和"起"，相互之间意义又有演进关系，对应的"倒"和"起"不一定是语法性质相当的成分；同时共现的动词语义的差异及句法环境的细微变化都会令问题更显纷繁。

与姿势类动词共现时，"倒"和"起"的语法意义究竟为何，如"躺倒/躺起""坐倒/坐起"的差异是什么，是关注"倒"和"起"时最容易被提及的一个问题。姿势类动词如"躺、坐、倒、靠、趴、跪、蹲"等，是"附着义"动词的一个小类，可以通过加体标记表示动作和状态两个阶段，如"正在（往下）躺"是动作进行阶段，"躺着"是状态持续阶段。这一类动词和其他"附着义"动词的区别在于，它们的状态持续阶段在认知中是显豁的，人们更常注意到的是状态持续阶段，所以众多研究者将这一类动词划入静态动词或状态动词。但是这个所谓静态阶段与典型"附着义"动词如"挂""穿""写""包"等动词的静态阶段相比，静态性不是那么充足。存在句中的"挂着""穿着""写着""包着"表示状态时，动作主体的行为全部结束，物体所处的存在状态也是较为典型的静止状态。但"坐着""躺着""趴着"所表示的存在句中，动作主体就是存在物本身，如"沙发上坐着一个人"和"墙上挂着一幅画"相比，前者中的存在物"一个人"就处于随时可以自主取消的暂时的静态之中。因此，姿势类动词的静态性介于典型动作动词和典型状态动词之间，动态性弱于动态动词，而静态性弱于状态动词。与此情况类似的还有持握类动词，如"抓、拿、举、端、捏、提、拎、背、扛、抬、咬"等。

正是因为具有这样的动静居中属性，上述动词在成都话中与"倒"和"起"共现于祈使句中时，体现出一种双重属性，即与二者都可共现而表示相同的真值。如"躺倒！"就是"躺起！"，"坐倒！"就是"坐起！"。但是，这种差异的中和只出现在"V 倒（起）"祈使句中，而在其他句式或语境中二者则不可中和。除了姿势类动词和持握类动词之外的动词构成的祈使句也没有"倒"和"起"中和的现象。例如，"看""听""记"等行为动词进入祈使句时只能是"看倒！""听倒！""记倒！"，而不能是"＊看起！""＊听起！""＊记起！"；如"挂""穿""写""包"等典型"附着义"动词进入祈使句时，则只能是"V 起！"（挂起！/穿起！/写起！/包起！）。也就是说，在祈使句中，"倒"和"起"的中和与对立与它们所作用的不同情状阶段有关。当祈使句表示使对方进入一个进行状态的时候，用"V 倒！"，如"看倒！""听倒！""记倒！"；当祈使句表示使对方进入一种完结后的持续状态的时候，用"V 起！"，如"挂起！""穿起！""写起！""包起！"。"看倒！""听倒！""记倒！"不要求结果，只要对方进入动词所表示的动作阶段即可；而"V 起！"是要求动作及其结果的，"穿起！"不能只穿一半，"挂起！"不能挂了半天没挂上。

"躺倒/躺起""坐倒/坐起"适用于不同的祈使语境。当听话人本来是坐着或躺着时，说话人要使其继续保持这种姿态，一般说"坐起！""躺起！"，即听话人不需要进行任何动作就可继续保持原本的状态，这与

"起"表示状态持续阶段相吻合；当听话人本来不是坐着或躺着时，而说话人要求他们进入这一状态时，一般会说"坐倒!""躺倒!"，这与"倒"表示动作阶段相吻合。它们的中和来源于这一类动词的动作阶段时间非常短暂，能够从动作迅速进入状态。

命令对方进行"躺倒"的动作就（基本上）必然带来"躺起"的结果，"V 倒"和"V 起"所指示的阶段难以截然分开。因此，"V 倒"和"V 起"的中和，有句式和动词语义两方面原因，如姿势类（包括持握类）动词才会出现这样的现象。同时，中和现象只出现在祈使句中是因为祈使句表示的内容尚未发生，当事件可能存在多个阶段时，进入其中任何一个阶段都有可能，才会出现"躺倒"和"躺起"的中和，而其他表示现实事件、具有真值的句式，动词所表阶段是确定的，要么是动作进行阶段，要么是动后持续阶段，不可能是叠加态，因此也就不会出现"V 倒""V 起"皆可的情况。需要特别强调的是，这里的"倒"和"起"都是体标记"倒₁"和"起₁"。

总的来说，在成都话中，"倒₁"和"起₁"分担了"着"的体标记功能。从"倒₁"和"起₁"与邻近意义的其他"倒"和"起"的关系来看，二者都与"结果义"和"起始义"有密切关系。事物发展进入一个新阶段，是上一阶段的结果，也是下一阶段的开始，这是进行体"倒₁"与结果补语"倒₂"的关系；同样，事物产生一个明确的结果是持续体"起₁"与结果补语"起₂"的关系，这也是持续体与状态动词形成的普通持续体的区别。从事物发展的阶段性和过程性来看，不同阶段总是接续出现，前一阶段往往是后一阶段的条件或原因。由于各个阶段无间断地连续发生，不同的事件阶段才与未完整体产生关联。

6.2.5 小结

成都话的"倒"和"起"都包含若干个同音近义的词，与"着"相当的只是其中表示体意义的"倒"和"起"，二者分工承担了普通话"着"的四种语法体意义。首先，体标记"倒"最典型的意义是表示进行体，也可以表示反复体、惯常体；体标记"起"最典型的意义是表示持续体。这四种语法体与普通话的"着"能够对应起来，只是"倒"和"起"各有分工。其次，"倒""起"中和现象，是不同层次"倒"和"起"之间的错位对应，而不仅仅是体标记"倒"和"起"之间的问题。其中，可以明确体标记"起₁"与意义最实在的动词之间存在意义演进的发展脉络，实意动词"起"—趋向动词"起"—结果补语"起"—体标记"起"之间存在意义上的逻辑联系。而体标记"倒₁"与补语"倒"和介词"倒"存在相似的意义演进关系。本书倾向梅祖麟（1988）的观点，认为成都话的体标记"倒"应是从"着（著）"演变而来更为可靠。成都话"倒"和"起"的分立，尤其是"起"对早期"着（著）"功能的分化，可以从侧面说明持续体意义（也就是前人研究中的静态义）较晚产生。以成都话为个案的方言研究，能够从动词和意义两个方面印证普通话"着"所表达的五种语法体分立的合理性。

6.3　本章小结

在与"正在"的对比中可以看到，"着"是一个体标记，表示较长时间跨度中某种状态的持续，可以处于动词情状过程或状态之中，也可处于动词完成之后的延续状态之中，其核心的意义是持续状态的稳定与无变。"正在"在时体两方面都有分工，体意义上着重表示处于短时范围内的变化过程之中，时意义则表示与参照时间（或说话时间）同时发生。二者在对动词的选择上有不同限制。

在与成都话体标记"倒""起"的对比中可以看到，"倒"最典型的意义是表示进行体，也可以表示反复体、惯常体；体标记"起"最典型的意义是表示持续体。这四种语法体与普通话的"着"能够对应起来，只是"倒"和"起"各有分工。"着"与"正在"的对比以及"着"与方言对应字的对比进一步验证了"着"作为体标记在整个体范畴中的意义、功能和分工。

第7章
动词事件结构与时体意义的实现

◇◇◇

前几章在建立动词情状分类的基础上讨论了体标记尤其是表示事件过程复杂情况的"着"与不同情状特征动词共现时所体现的不同语法意义。"着"表示的四种不同语法体意义对动词的语义特征有特定的要求对句式特征也有不同的要求。"着"的不同语法体意义对动词语义的要求是基于动词情状这个最基本的事件结构特点，在此基础上，不同语法体对不同情状类型的动词有不同的语义要求。动词情状的分类本质是时间性和均质性，尤其是时间性特征，是"着"对动词语义特征的首要要求。从汉语时体系统的整体分工来看，以"着""了""过"为代表的体标记对动词情状等事件结构的要求更加严格。

在汉语时体系统中，"着"的核心意义是处于某种状态之中的"无变"意义，既能容纳动态也可表示静态，既可以表示过程中也可以表示过程后的"无变"。"着"是一个状态无变的持续性算子，既有"无变"的特征，又有可变的趋势，它作用于不同类型动词时能够突显动词不同的时间特性。而与之相对应的"了"总是作用于动词渐变或瞬变的节点，其本质是表明一种变化，过去的研究所谓的"了"表示"完成"或"实现"，实质都是状态的变化，即从一种状态渐变（过程动词/状态动词）或瞬变（变化动词）到另一种状态。"过"则是对"完结事件"远距离视点的表述。

从事件流变的角度看，"了"表示进入一个状态或退出一个状态；

"着"表示处于某种状态之中，或处于进入和退出之间的事件过程之中；而"过"表示整个事件完结之后的一种远距离视点，包括"V 了"和"V 着"所表述不同阶段的事件全过程。"过"关心作为一个整体的事件，不关心起点和过程。因为"过"的远距离视点，使其隐含一个现时否定与现时相关含义。

7.1　动词事件结构

本书调整了前人对动词情状分类的参数，从［动态性］［终结性］和［持续性］三项调整为［时间性］和［均质性］两项，实质上并没有离开［动态性］和［持续性］的分析，而是将其融合进［时间性］和［均质性］里，建立了动词情状的三分系统（状态动词 S、过程动词 P、变化动词 T），分出三大类 11 小类相互独立但又相邻连续的动词情状体系（图 7-1）。这样的分类是对动词情状的简单化处理，分类标准单一、分出的类别在分类标准上各自独立互无交叉，在分别展开讨论时比较方便，不会互相牵扯。

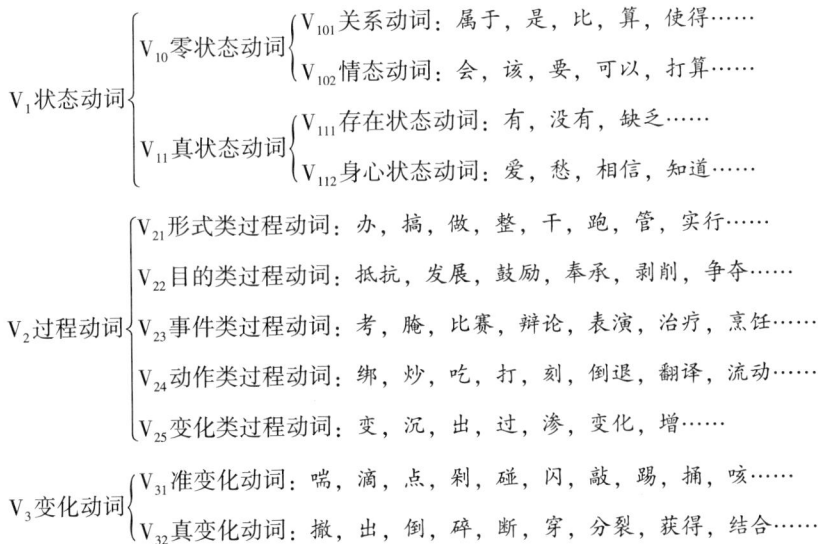

V_1状态动词
　V_{10}零状态动词
　　V_{101}关系动词：属于，是，比，算，使得……
　　V_{102}情态动词：会，该，要，可以，打算……
　V_{11}真状态动词
　　V_{111}存在状态动词：有，没有，缺乏……
　　V_{112}身心状态动词：爱，愁，相信，知道……

V_2过程动词
　V_{21}形式类过程动词：办，搞，做，整，干，跑，管，实行……
　V_{22}目的类过程动词：抵抗，发展，鼓励，奉承，剥削，争夺……
　V_{23}事件类过程动词：考，腌，比赛，辩论，表演，治疗，烹饪……
　V_{24}动作类过程动词：绑，炒，吃，打，刻，倒退，翻译，流动……
　V_{25}变化类过程动词：变，沉，出，过，渗，变化，增……

V_3变化动词
　V_{31}准变化动词：喘，滴，点，剁，碰，闪，敲，踢，捅，咳……
　V_{32}真变化动词：撤，出，倒，碎，断，穿，分裂，获得，结合……

图 7-1　动词情状类型

7.2　体标记的时体意义

7.2.1　"着"所表示的语法体意义

"着"的体意义分为两大层次四种类型，见表7-1。

表7-1　"着"的四种语法体

语法体		例句
单事件	进行体	皇太极骑着快马，风驰电掣般地奔跑着。 凯萨琳以全部身心爱着杰罗姆。
	持续体	香皂外包着一张小纸条。 一爿小厂雇着三十几名工人。
	反复体	唐念楚一只脚来回地碾着地面。 芳契无意踢着床头。
多事件	惯常体	在过去的年月里，我一直吃着母亲做的粽子。 若若整天在网上发表着自己的独特见解。

　　"着"所表示的四种语法体，与过去某些研究的命名和界定有一定区别。进行体是指"着"与过程动词和状态动词这类［持续性］动词共现时所表示的一种语法体，即处于动词所表情状的过程或状态之中。反复体是指处于动词所表动作反复发生的单事件过程之中，要求动词具有［量标性］和［-事件性］特征，从情状来看一般是瞬间性的动作动词。持续体是指处于动词所表过程或变化之后的结果持续状态之中，要求动词具备广义［结果义］，状态、过程和变化动词都可以进入。惯常体是指处于事件的规律性重复发生过程之中，一般来说主要是事件类过程动词。

　　需要特别说明的是，"着"对于前三种语法体的表达有至关重要的作用，去掉"着"以后句子不成立或者意义变化；对于复数事件层面的"惯常体"而言，"着"不是最核心的句法手段，去掉以后句子仍然成立且意义不变。应该说光杆名词仍然是惯常体最常见的形式，而"着"的加入是确认了"处于某种事件反复规律发生的状态之中"，仍然还是体现其"持续性"意义。

综上，"着"与不同情状类型动词共现体现了不同的语法体意义，有时候是因为情状类型的不同，有时候则是因为动词在其他方面的语法特征的差异。而同一个动词可能同时具备上述几种语义特征，那么该"V 着"就有可能表示多种不同的体意义，如果其典型句式也一致而不能进行区分的话，那么"V 着"的歧义就出现了。如表 7-2 中加下画线的动词就是这种情况。要分化类似的歧义只能通过增加共现词汇或变换句式表达等手段。

表 7-2 "着"的四种语法体对动词语义和句式条件的要求

语法体	动词语义	动词示例	典型句式
进行体	[+持续性]	奔跑、陈述、看、写、吃/发愁、害怕、害羞、担心	施事主语句
反复体	[+量标性] [-事件性]	跳、刹、摆、敲、鞠躬、陈述、称赞	施事主语句
持续体	[+结果义]	安、写、包、穿、雇、洒、扔、靠、背	存在句、施事主语句
惯常体	[+事件性] [+状态化]	混、拼、教育、警示、吃、买	施事主语句

在时间性方面，"V 着"表示单事件时基本没有时意义。单事件"V 着"句较少与现实相关，也就没有明确的时间指向。"V 着"的时意义主要体现在表示"惯常性"复数事件时，体现出一种从过去延及现在，甚至指向将来的时间信息。在句中有时间词的时候，"惯常性"事件指向时间词所表示的时间；在句中没有时间信息的时候，"惯常性"事件一般表示现时状态。总的来说，"V 着"对绝对时间的提示作用也非常有限。

7.2.2 "着"的语法功能

通过动词情状分类和"V 着"语法体意义两个部分的讨论可以看出，"着"在连通词汇体和语法体过程中的作用通过"相容"和"调整"两种方式体现"持续性"意义。

"相容"是指当动词情状类型与语法体类型的时间性一致时，"着"将动词本身具有的过程性表现到句法层，动词层面的词汇体与句法层面的语法体的关系是一种相容的关系。"调整"是指当动词情状类型与语法体类型的时间性不一致时，"着"将动词语义当中可以产生延续性的意义激活，将这种隐含在动词语义之中的过程性表现到句法层。比如，"持续体"是通过激活附着义动词的结果来实现持续性，反复体和惯常体则是通过重复动作或事件来实现持续性。

"着"在语法上的作用就是连通词汇体和语法体，通过"相容"和"调整"的不同句法操作将动词语义中包含或隐含的过程性意义实现到句法层，将事件定位于动词情状内外的时间过程之中。

在讨论完"着"的时体意义之后，将"了"和"过"一并纳入考虑，汉语时体意义呈现出明确的系统性分工："了"作用于某种状态质变节点，表示状态的变化（进入某种状态或脱离某种状态）。"着"主要表示处于事件进程之中和事件结束后持续阶段的无变状态之中。"过"则是一种远时距离的完结体视角。因此，如 Smith（1991）和戴耀晶（1991）所谈到的"内外视点"，"着"并不完全是内部视点，"了"也不完全是外部视点，"过"才是真正的外部视点。

如图 7-2 所示，体标记"了"总是作用于质变节点（可能是变化动词，也可能是过程动词的终点），表示"变化"；而"着"总是作用于一段相对"均质"的过程（可能是状态动词和过程动词的词内阶段，也可能是过程动词或变化动词的词后阶段），表示"无变"（无论是表进行、持续还是惯常的"着"都如此）。王昭（2019）通过实验证明了不论二语者还是母语者，"了"总是倾向作用于"强终结性动词"，而"着"总是倾向作用于"弱终结性动词"。这里的终结性实质就是变化性，"了"和"着"分别作用于状态变化的临界点和状态无变的过程中。这一实验结论佐证了我们对"着""了"意义的判断。"过"则是一个对远时距离事件整体打包的具有现时影响力和隐含现时否定含义的体标记。现代汉语体标记"着""了""过"的分工并不局限于体系统内部，还涉及"时"的范畴。

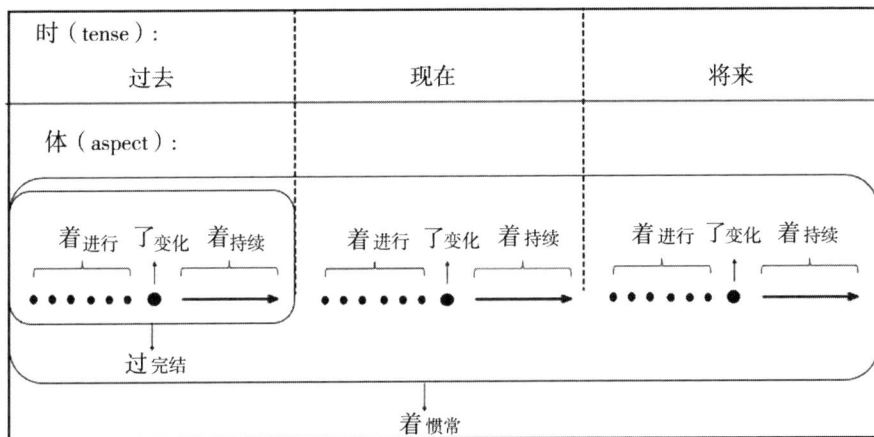

图 7-2　现代汉语体标记的时体意义

　　笔者希望通过拙文的浅陋分析，能够建构起动词情状类型的新体系，提示一些过去未曾留意的现象，并在一定程度上揭示汉语体标记在语法语义上的一些特点以及在时体范畴这一宏大系统中的相对位置与分工，为进一步思考汉语体的问题和二语教学提供一些参考。

参考文献

◇◇

一、中文文献

[1] 蔡维天. 汉语无定名词组的分布及其在语言类型学上的定位 [A]. 语言学论丛（第 39 辑）[C]. 北京：商务印书馆，2009.

[2] 曹广顺. 试论汉语动态助词的形成过程 [J]. 汉语史研究集刊，1999（00）：74-89.

[3] 陈保亚. 20 世纪中国语言学方法论 [M]. 济南：山东教育出版社，1999（1）：379-390.

[4] 陈刚. 试论"着"的用法及其与英语进行体的比较 [J]. 中国语文，1980（1）：379-390.

[5] 陈平. 论现代汉语时间系统的三元结构 [J]. 中国语文，1988（6）：401-422.

[6] 陈晨. 留学生汉语体标记习得的实证研究 [D]. 北京：中央民族大学，2010.

[7] 陈立民. 时间的两种相对切分方式和"着"的语法意义 [J]. 语言教学与研究，2006（6）：9-18.

[8] 陈前瑞. 汉语体貌系统研究 [D]. 武汉：华中师范大学，2003.

[9] 陈前瑞. 汉语体貌研究的类型学视野 [M]. 北京：商务印书馆，2008.

[10] 陈月明. 时间副词"在"与"着1"[J]. 汉语学习，1999（4）：10-14.

［11］陈忠．"着"与"正""在"的替换条件及其理据［J］.语言教学与研究，2009（3）：80-88.

［12］戴浩一．以认知为基础的汉语功能语法刍议（上）［J］.国外语言学，1990（4）：21-27.

［13］戴浩一．以认知为基础的汉语功能语法刍议（下）［J］.国外语言学，1991（1）：25-33.

［14］戴耀晶．现代汉语表示持续体的"着"的语义分析［J］.语言教学与研究，1991（2）：92-106.

［15］戴耀晶．现代汉语时体系统研究［M］.杭州：浙江教育出版社，1997.

［16］邓守信．汉语动词的时间结构［J］.语言教学与研究，1985（4）：7-17.

［17］邓守信．汉语双谓句的结构［A］.第三届目标汉语教学讨论会编委会，第三届国际汉语教学讨论会论文选［C］.北京：北京话学院出版社，1990：326-333.

［18］丁崇明，荣晶．昆明方言的"着"字［J］.方言，1994（4）：277-279.

［19］丁崇明．昆明方言语法研究［D］.济南：山东大学，2005.

［20］丁崇明．现代汉语语法教程［M］.北京：北京大学出版社，2009.

［21］丁崇明，荣晶.云南方言"K-VP"问句来源及其相关问题探讨［J］.云南民族大学学报，2009（6）：116-120.

［22］丁崇明，荣晶．昆明话"着"的语义语源探析［A］.汉语方言研究和探索——首届国际汉语方言语法学术讨论会论文集［C］.哈尔滨：黑龙江人民出版社，2003.

［23］董秀芳．从虚词到词缀的转化谈汉语虚语素的内部分类［J］.汉语史研究集刊，2004（00）：78-89.

［24］范方莲．存在句［J］.中国语文，1963（5）：386-395.

［25］房玉清．动态助词"了""着""过"的语义特征及其用法比较［J］.汉语学习，1992（1）：14-20.

［26］方梅．从"V着"看汉语不完全体的功能特征［A］.语法研究和探

索［C］．北京：商务印书馆，2000．

［27］费春元．说"着"［J］．语文研究，1991（2）：18-28．

［28］符淮青．现代汉语词汇［M］．北京：北京大学出版社，2004．

［29］高增霞．现代汉语连动式的语法化视角［D］．北京：中国社会科学院研究生院，2003．

［30］高增霞．"V1着V2"之间可以有"地"［J］．汉语学习，2005（2）：65．

［31］高增霞．处所动词、处所介词和未完成体标记——体标记"在"和"着"语法化类型学研究［J］．中国社会科学院研究生院学报，2005（1）：68-73，142-143．

［32］龚千炎．汉语的时相　时制　时态［M］．北京：商务印书馆，1995．

［33］顾阳．关于存现结构的理论探讨［J］．现代外语，1997（3）：15-25．

［34］郭锐．汉语动词的过程结构［J］．中国语文，1993（6）：410-419．

［35］郭锐．过程和非过程——汉语谓词性成分的两种外在时间类型［J］．中国语文，1997（3）：162-175．

［36］郭锐．语义结构和汉语虚词语义分析［J］．世界汉语教学，2008（4）：5-15．

［37］郭锐．现代汉语词类研究［M］．北京：商务印书馆，2010．

［38］郭锐．复数事件和虚词语义［J］．世界汉语教学，2017（4）：435-447．

［39］郭志良．时间副词"正""正在"和"在"的分布情况［J］．世界汉语教学，1991（3）：167-172．

［40］郭志良．时间副词"正""正在"和"在"的分布情况（续）［J］．世界汉语教学，1992（2）：94-103．

［41］胡树鲜．"着"的表情状方式的作用［J］．四平师范学院学报，1981（3）：87-93．

［42］荒川清秀．汉语动词意义中的阶段性［J］．中国语，1986（9）：23-35．

［43］荒川清秀．汉语的状态动词——［动态］［状态］［事件］之间的转换［A］．日本现代汉语语法研究论文选［C］．北京：北京语言大学出版社，2007：17-31．

［44］蒋绍愚.近代汉语研究概况［M］.北京：北京大学出版社，1994.

［45］蒋绍愚.动态助词"着"的形成过程［J］.周口师范学院学报，2006
　　　（1）：113-117.

［46］金奉民.助词"着"的基本语法意义［J］.汉语学习，1991（4）：
　　　23-28.

［47］金立鑫."时""体"范畴的本质特征及其蕴含共性［A］.汉语的形
　　　式与功能研究［C］.北京：商务印书馆，2009.

［48］孔令达.关于动态助词"过1"和"过2"［J］.中国语文，1986
　　　（4）：115.

［49］Timothy Light，王宗炎.黎天睦论"着"的核心意义（摘要）［J］.
　　　当代语言学，1991（1）：15-24.

［50］李福印.语义学概论［M］.北京：北京大学出版社，2012.

［51］李杰.试析"挂"类动词静态化的条件［J］.语言研究，2003（3）：
　　　33-36.

［52］李可胜，满海霞.VP的有界性与连动式的事件结构［J］.现代外语，
　　　2013（2）：127-134.

［53］李蓝.大方话中的"倒"和"起"［J］.毕节学院学报（综合版），
　　　1996（4）：44-52.

［54］李蓝.贵州大方话中的"～c到"和"起"［J］.中国语文，1998
　　　（2）：113-122.

［55］李临定.现代汉语句型［M］.北京：商务印书馆，1984.

［56］李临定.动词的动态功能和静态功能［J］.汉语学习，1985（01）：6
　　　-10.

［57］李铁根."了""着""过"与汉语中时制的表达［D］.上海：上海
　　　师范大学，1997.

［58］李向农，张军."V着V"结构的意义关系及结构中"V"的语义特征
　　　分析［J］.华中师范大学学报（人文社会科学版），2001：109-115.

［59］梁德曼.四川方言与普通话［M］.成都：四川人民出版社，1982.

［60］刘丹青. 东南方言的体貌标记［A］.动词的体［C］.香港：香港中文大学中国文化研究所吴多泰中国语文研究中心，1996.

［61］刘丹青. 苏州方言的体范畴系统与半虚化体标记［A］.汉语方言体貌论文集［C］.南京：江苏教育出版社，1996.

［62］刘鸿勇，张庆文，顾阳. 反复体的语义特征及其形态句法表现［J］.外语教学与研究，2013（1）：24-35，159.

［63］刘蕙. 安徽巢湖方言完成体标记研究［D］.上海：上海大学，2011.

［64］刘宁生. 论"着"及其相关的两个动态范畴［J］.语言研究，1985（2）：117-128.

［65］刘宁生. 动词的语义范畴："动作"与"状态"［J］.汉语学习，1985（2）.

［66］刘一之. 北京话中的"着（·zhe）"字新探［M］.北京：北京大学出版社，2001.

［67］龙国富. 从中古译经看形成中的动态助词"著"［J］.汉语史研究集刊，2005（1）：140-156.

［68］陆俭明. "着（·zhe）"字补议［J］.中国语文，1999（5）：331-336.

［69］陆俭明. 语义特征分析在汉语语法研究中的运用［J］.汉语学习，1991（01）：1-10.

［70］吕叔湘. 1942 中国文法要略［M］.北京：商务印书馆，1982.

［71］马庆株. 时量宾语和动词的类［J］.中国语文，1981（2）：86-92.

［72］马希文. 北京方言里的"着"［J］.方言，1987（1）：17-22.

［73］梅祖麟. 现代汉语方言里虚词"著"字三种用法的来源［J］.中国语言学报，1988（3）：193-216.

［74］孟琮，郑怀德，孟庆海，等. 汉语动词用法词典［Z］.北京：商务印书馆，1999.

［75］木村英树. 关于补语性词尾"着/zhe"和"了/le"［J］.语文研究，1983（2）：22-30.

［76］木村英树. "变化"和"动作"［A］.日本现代汉语语法研究论文选

［C］.北京：北京语言大学出版社，2007.

［77］彭育波．"V1着V2"结构多角度研究［D］.上海：华东师范大学，2004.

［78］钱乃荣.体助词"着"不表示"进行"意义［J］.汉语学习，2000（4）：1-6.

［79］钱乃荣.现代汉语的反复体［J］.语言教学与研究，2000（4）：1-9.

［80］任鹰.静态存在句中"V了"等于"V着"现象解析［J］.世界汉语教学，2000（1）：28-34.

［81］荣晶，丁崇明.昆明话的"着"字及其语法化过程中的历时择一与共时制衡问题［J］.中国语文，2004（3）：247-252.

［82］沈家煊."语法化"研究综观［J］.外语教学与研究，1994（4）：17-24.

［83］沈家煊."有界"与"无界"［J］.中国语文，1995（5）：367-380.

［84］沈家煊.不对称和标记论［M］.南昌：江西教育出版社，1999.

［85］石毓智.论现代汉语的"体"范畴［J］.中国社会科学，1992（6）：183-201.

［86］石毓智.论汉语的进行体范畴［J］.汉语学习，2006（3）：14-24.

［87］施春宏.词义结构和词语调节的认知研究［M］.北京：北京语言大学出版社，2015.

［88］帅志嵩."挂"类动词阶段性特征初探［J］.语言教学与研究，2016（3）：84-92.

［89］税昌锡.附着事件、附着动词及相关句法语义［J］.汉语学报，2008（3）：12-22.

［90］税昌锡.事件过程与存现构式中的"了"和"着"［J］.语言科学，2011（3）：231-244.

［91］孙朝奋.再论助词"着"的用法及其来源［J］.中国语文，1997（2）：139-146.

［92］孙德金.现代汉语动词做状语考察［J］.语言教学与研究，1997（3）：116-129.

［93］孙英杰. 现代汉语体系统研究［D］. 北京：北京语言大学，2006.

［94］宋金兰. 汉语助词"了""着"与阿尔泰诸语言的关系［J］. 民族语文，1991（6）：59-67，40.

［95］宋亚云. 汉语形容词的一个重要来源：动词［J］. 长江学术，2007（3）：138-144.

［96］宋玉柱. 关于"着""了""过"的语法单位的性质问题［J］. 语文学习，1983（5）：49-50.

［97］宋玉柱. 助词"着"的两种用法［J］. 南开学报（哲学社会科学版），1985（1）：75-79，13.

［98］宋玉柱. 完成体动态存在句［J］. 汉语学习，1989（6）：1-4.

［99］宋玉柱. 谈"着呢"及其分辨［J］. 思维与智慧（上半月），1989（1）：34-35.

［100］宋玉柱. 略谈"假存在句"［J］. 天津师范大学学报（社会科学版），1988（06）：86-89.

［101］太田辰夫. 中国语历史文法［M］. 蒋绍愚，徐昌华，译. 北京：北京大学出版社，1958.

［102］王继同. 论动词"V着V着"重叠式［J］. 汉语学习，1990（2）：12-17.

［103］王刚. 现代汉语"现在"表达研究［D］. 成都：四川大学，2006.

［104］王力. 中国现代语法［M］. 北京：商务印书馆，1943（1985年重印）.

［105］王力. 中国语法理论［M］. 北京：中华书局，1957.

［106］王力. 汉语史稿［M］. 北京：中华书局，1980.

［107］王松茂. 汉语时体范畴论［J］. 齐齐哈尔大学学报（哲学社会科学版），1981（3）：65-76.

［108］王媛. 事件分解和持续性语义研究［D］. 北京：北京大学，2011.

［109］王媛. 进行体语义研究评述［J］. 外国语，2011（3）：31-40.

［110］王媛. 复数化事件及其进行体［J］. 世界汉语教学，2012（4）：

435-448.

［111］王勇，周迎芳．现代汉语中的事件类存在句［J］.外国语，2014
（3）：71-82.

［112］王昭．留学生汉语体标记"了""着"习得的实验研究［D］.北京：
北京师范大学，2019.

［113］吴福祥．也谈持续体标记"着"的来源［J］.汉语史学报，2004
（1）：17-26.

［114］吴福祥．汉语体标记"了""着"为什么不能强制使用［J］.当代
语言学，2005（3）：237-250，28.

［115］吴卸耀．现代汉语存现句［M］.上海：学林出版社，2006.

［116］肖奚强．"正（在）""在"与"着"功能比较研究［J］.语言研
究，2002（4）：27-34.

［117］邢福义．现代汉语的特殊格式"V地V"［J］.语言研究，1991（1）：
40-49.

［118］玄玥．"完结短语"假设理论与"着"的语法化过程［J］.语言学
研究，2014（1）：30-41.

［119］徐晶凝．时体研究的语篇、情态整合视角——以"在""着"为例
［A］.语言学论丛（第40辑）［C］.北京：商务印书馆，2009.

［120］杨素英，黄月圆，王勇．动词情状分类及分类中的问题［A］.语言
学论丛（第39辑）［C］.北京：商务印书馆，2009：478-505.

［121］于根元．关于动词后附"着"的使用［A］.语言研究和探索（一）
［C］.北京：北京大学出版社，1983.

［122］于秀金．类型学视野下的英汉时体研究［D］.上海：上海外国语大
学，2013.

［123］袁家骅．汉语方言概要［M］.北京：文字改革出版社，1960.

［124］袁毓林．祈使句"V+着!"分析［J］.世界汉语教学，1992（4）：
269-275.

［125］袁毓林．现代汉语祈使句研究［M］.北京：北京大学出版社，1993.

［126］袁毓林．方位介词"着"及相关的语法现象［A］.汉语语法的认知视野［C］.北京：商务印书馆，2002.

［127］袁毓林．概念驱动和句法制导的语句构成和意义识解［J］.中国语文，2014（5）：402-417.

［128］张黎．"着"的语义分布及其语法意义［J］.语文研究，1996（1）：6-12.

［129］张伯江，方梅．汉语功能语法研究［M］.南昌：江西教育出版社，1996.

［130］张伯江．汉语连动式的及物性解释［A］.语法研究和探索（9）［C］.北京：商务印书馆，2000.

［131］张国宪．性质、状态和变化［J］.语言教学与研究，2006（3）：1-11.

［132］张济卿．对汉语时间系统三元结构的一点看法［J］.汉语学习，1998（5）：20-23.

［133］张济卿．论现代汉语的时制与体结构（上）［J］.语文研究，1998（3）：17-25.

［134］张济卿．论现代汉语的时制与体结构（下）［J］.语文研究，1998（4）：18-26.

［135］张军．现代汉语动词作状语的主要形式及动因分析［J］.华中师范大学学报，2014（5）：100-108.

［136］张清源．成都话的动态助词"倒"和"起"［J］.中国语言学报，1991（4）：84-101.

［137］张旺熹．"了·le"在动补结构中的分布分析［A］.句法结构中的语义分析［C］.北京：北京语言文化大学出版社，1998.

［138］张旺熹．汉语介词衍生的语义机制［J］.汉语学习，2004（1）：1-11.

［139］张旺熹．汉语句法的认知结构研究［M］.北京：北京大学出版社，2006.

［140］张先亮，范晓．现代汉语存在句研究［M］.北京：中国社会科学出版社，2010.

［141］张志公．汉语语法常识［M］．北京：中国青年出版社，1953．

［142］张志毅，张庆云．词汇语义学［M］．北京：商务印书馆，2012．

［143］赵元任．北京口语语法［M］．李荣，译．上海：开明书店，1952．

［144］赵元任．汉语口语语法［M］．吕叔湘，译．北京：商务印书馆，1979．

［145］詹卫东．复合事件的语义结构与现代汉语述结式的成立条件分析［J］．对外汉语研究，2013（1）：111-141．

［146］朱德熙．论句法结构［J］．中国语文，1961（8、9）：1-12．

［147］朱德熙．"在黑板上写字"及相关句式［J］．语言教学与研究，1981（1）：4-18．

［148］朱德熙．语法讲义［M］．北京：商务印书馆，1998．

［149］左思民．现代汉语体的再认识［D］．上海：上海师范大学，1997．

二、英文文献

［1］Aikhenvald, Alexandra Y, Serial Verbs Constructions in a Typological Perspective［A］．In Aikhenvald, A. Y, and Dixon, R. M. W. (eds.). Serial Verb Constructions：A Cross-Linguistic Typology［C］．Oxford University Press, Oxford, U. K., 2006：1-68．

［2］Comrie, B. Aspect［M］．Cambridge：Cambridge University Press, 1976．

［3］Bhat, D. N. Shankara. The Prominence of Tense, Aspect and Mood［M］，Amsterdam：John Benjamins, 1999．

［4］Binnick, Robert I. Time and The Verbs：A Guide to Tense and Aspect［M］．New York：Oxford University Press, 1991．

［5］Bybee, J., Semantic Aspects of Morphological Typology［A］．In J. Bybee, J. Haiman and S. Thompson (eds.) Essays on Language Function and Language Type［C］．Amsterdam：John Benjamins, 1997：25-37．

［6］Carlson, G., Reference to Kinds in English. Ph. D. Dissertation［D］，Amherst：University of Massachusetts, 1977．

［7］ Davidson, D., The Logical Form of Action Sentences ［A］. In N. Rescher (ed.). The Logic of Decission and Action ［C］. Pittsburgh: University of Pittsburgh Press, 1967: 81－120.

［8］ Dik, Simon C. The Theory of Functional Grammar. Part 1: The Structure of the Clause ［A］. In Kees Hengeveld (ed.), Second Revised Edition ［C］. Berlin: Mouton de Gruyter, 1997.

［9］ Dowty, D. Word Meaning and Montague Grammar ［M］. Dordrecht: Kluwer Academic Publishers, 1979.

［10］ Givon, T. On Understanding Grammar ［M］. New York: Academic Press, 1979.

［11］ Givon, T. Tense－Aspect－Modality: The Creole Prototype and Beyond ［A］. In P. J. Hoper (ed.), Tense－Aspect: Between Semantics and Pragmatics ［C］. Amsterdam: John Benjamins, 1982: 115－163.

［12］ Goldberg, A. E. Constructions: A Construction Grammar Approach to Argument Structure ［M］. Chicago: University of Chicago Press, 1995.

［13］ Hopper, P (ed.). Tense and Aspect: Between Semantics and Pragmatics ［M］. Amsterdam: John Benjamins, 1982.

［14］ Jackendoff, R., Semantic Interpretation in Generative Grammar ［M］. Cambridge, MA: MIT Press, 1972.

［15］ Jackendoff, R., Semantic and Cognition ［M］. Cambridge, MA: MIT Press, 1983.

［16］ Kratzer, A., Stage－level and Individual－level Predicates ［A］. In M. Krifka (ed.). Genericity in Natural Language ［C］. Tübingen: University of Tübingen, 1988: 247－284.

［17］ Kratzer, A., Stage－Level and Individual－level Predicates ［A］. In G. Carlson and F. Pelletier (eds.), the Generic Book ［C］, Chicago: University of Chicago Press, 1995: 125－175.

［18］ Krifka, M., Masses and Countables: Cognitive and Linguistic Factors

［A］. Talk at CASTL Workshop 'The Syntax and Semantics of Measurement'. University of TromsØ, 2007.

［19］ Lackoff, G., Irregularity in Syntax ［M］. New York: Holt, Rinehart, and Winston. Inc, 1970.

［20］ Lin, Jo-Wang, Aspectual Selection and Temporal Reference of The Chinese Aspectual Marker: Zhe ［J］. Tsinghua Journal of Chinese Studies, New Series, 2002（2）: 257-296.

［21］ Mani, I. & Pustejovsky, J., Interpreting Motion ［M］. Oxford University Press, 2012.

［22］ Maria, J., A., Individuals in Time: Tense, Aspect and the Individual/Stage Distinction ［M］. Amsterdam: John Benjamins Publishing Company, 2006.

［23］ Michaelis, Laura A. Aspect Grammar and Past-time Reference ［M］. London; New York: Routledge, 1998.

［24］ Milsark, G., Existential Sentences in English ［D］, MIT, Cambridge, MA, 1974.

［25］ Olsen, M. B., A Semantic and Pragmatic Model of Lexical and Grammatical Aspect ［M］. New York: Garland Publishing, Inc, 1997.

［26］ Parsons, T., Events in The Semantics of English ［M］. Cambridge, MA: MIT Press, 1990.

［27］ Pustejovsky, J., The Syntax of Event Structure ［J］. Cognition 41, 1991（1-3）: 47-81.

［28］ Pustejovsky, J., The Generation Lexicon ［M］. Cambridge, MA: MIT Press, 1995.

［29］ Quirk, R., A Comprehensive Grammar of The English Language ［M］. London: Longman, 1985.

［30］ Rothstein, S., Structuring Events: A Study in The Semantics of Lexical Aspect ［M］. Oxford: Blackwell, 2004.

[31] Smith, C., The Parameter of Aspect [M]. Dordrecht：Kluwer Academic Publishers, 1991.

[32] Tai, James., Verbs and Times in Chinese：Vendler's Four Categories [A]. In D. Testen, V. Mishra, & J. Drogo (eds.), Papers from the Para Session on Lexical Semantics [C]. Chicago Linguistic Society, 1984.

[33] Talmy, L. 1985, Lexicalization Patterns：Semantic Structure in Lexical Forms [A]. In T. Shopen (ed.), Language Typology and Syntactic Description Vol. 3：Grammatical Categories and The Lexicon [C], Cambridge：Cambridge University Press, 57-149.

[34] Talmy, L., Toward a Cognitive Semantics Vol. 1 [M]. Cambridge, MA：MIT Press, 2000a.

[35] Talmy, L., Toward a Cognitive Semantics Vol. 2 [M]. Cambridge, MA：MIT Press, 2000b.

[36] Taylor, Barry., Tense and Continuity [J], Linguistics & Philosophy, 1977 (1)：199-220.

[37] Vendler, Z., Verbs and Times [A], 1957, In Philosophical Review [C]. New York：Duke University Press, 2016：143-160.

动词情状分类词表

◇◇

一、V₁状态动词（state verb）：［非时点性］＋［绝对均质］

1. V₁₀零状态动词

（1）关系动词：V₁₀₁

包（4），表示（意味着）（2），比（比分为）（5），称（称呼）1，成立（观点成立）（2），出（显多）（7），当（当作）（dang4）（1），当作，得（完成）（de2）（3），等于（1），等于（2），顶（7），对（对待）（1），分（辨别）（3），盖（超过）（3），怪（归责于），关（关系、牵连）（4），管（管辖）（2），合（折合）（4），叫（称为）1（4），讲（4），讲（文明）（5），看（决定于）(kan4)（6），没有（3），配（般配）（5），赛（比得上）（2），胜（胜于）（2），使得，是1，是2（1），是2（2），是2（3），是2（4），适合，属于，数（数他最好）（2），说（指）（4），算（认作；当作）（4），算（有效）（5），算（算他最好）（7），姓，显得，相等，相同，像（在形象上相同，词典原为"象"）（1），像（比如，词典原为"象"）（2），需要，有（有20岁了）（3），有（有一天）（5），在（健在）（1），在（位置）（2），在（参加、属于某团体）（3），在（在于）（4），值得（价钱相当）（1），值得（有价值）（2），指（意思是）（3），着眼，总计，作为（当作）（1），作为（就某种身份来说）（2），做（当）（5）

(2) 情态动词：V₁₀₂

爱（容易）(4)，打算，当（以为）(dang4)(2)，得（dei3），等（等到)(2)，该1，敢，敢于，感到，估计，怀疑（猜测）(2)，会（理解）2(1)，看（留神）(kan4)(7)，可以（可能）(1)，可以（许可）(2)，懒得，难免，能（1)，能（2)，能够（1)，能够（2)，怕（2)，企图，情愿(1)，情愿（2)，请（请进）(3)，忍心，认为，任凭，舍得，省得，算计（估计、打算)(3)，提议，通（懂）(4)，往，想（推测）(3)，想（4)，要（2)，以为，用（需要）(2)，预料，主张，据说，譬如，记得，觉得(1)，觉得（2)，看（认为）(kan4)(4)

2. V₁₁ 真状态动词

(1) 存在状态动词：V₁₁₁

没，没有（1)，没有（2)，缺乏，有（1)，有（2)，有（4)

(2) 身心状态动词：V₁₁₂

爱（对人或事物有很深的感情）(1)，爱（喜欢）(2)，爱（爱面子)(3)，爱好，爱惜，愁，担心，惦，惦记，懂（了解了某种情况），饿(1)，发愁，服从，害怕，害羞，恨，后悔，忽视，会（通晓）2(2)，活，欢迎（乐意）(2)，计较（比较）(1)，忌妒，讲究，警惕，渴，了解（知道）(1)，留神，留心，满足（感到足够）(2)，迷（2)，迷信，明白，明确，明白，怕（害怕）(1)，盼，盼望，佩服，期待，期望，晴，轻视，热爱，认得，认识（1)（知道），伤心，生气，失望，熟悉，贪（贪图)(2)，贪图，讨厌，疼（痛）(1)，疼（爱）(2)，误会，希望，喜欢（1)，嫌，羡慕，相信，享受，想（希望）(4)，想（思念）(5)，想（记住)(5)，想念，小心，心疼，信（1)，信（宗教）(2)，信任，向（偏袒)(2)，晓得，欣赏（认为好）(2)，哑，依靠，依赖，要求，阴，拥护，愿意，怨，晕（yun4），着急，知道，指（仰仗）(4)，指望，重视，注意，着想，肿，醉，尊敬，尊重

二、V₂ 过程动词（process verb）：［时段］＋［相对均质］

1. V₂₁形式类过程动词

办（1），奔（ben4）（2），处理（安排）（1），闯（闯荡）（2），打（工、杂、游击）（20），打（比方）（23），干（1），干（担任）（2），搞，管（负责）（4），混（混日子）（3），活动（4），继续，进行，闹（闹革命）（4），弄（设法取得）（2），跑（奔走）（3），拼（拼命）2，实行，使（使筷子）（1），玩儿（使用）（3），用（1），折腾（1），做（从事）（2），抓（着重某方面）（4）

2. 目的类过程动词

爱护，熬（忍受）（ao2）（2），安排（处理）（1），安慰，安排（规划）（2），办理，帮，帮忙，帮助，包围，保护，保持，保留（1），保留（2），保卫，保证，奔走，逼，比（比较）（1），比（比照）（3），比较，避，编（捏造）（5），表达，表示（决心）（1），表现（显示自己）（2），剥削，驳斥，补（补身体）（3），参考，藏（躲藏）（1），藏（收藏）（2），操心，操纵（2），称赞，承担，吃（靠……过活，吃低保）（2），吃（承受）（5），重复，抽查，筹备，处理（出售）（2），创造，传（手艺）（2），传（传播）（3），传达，刺激（刺激消费）（1），刺激（打击）（2），凑（1），促使，答复，打扮，打击（2），打听，带（带动）（6），捣乱，倒（倒卖）2（1），等待，等候，反对，抵抗，点（指点）（9），调动（2），调查，钉（督促）（ding1）（2），顶（担当）（6），动员，斗（斗土豪）（1），斗争（1），斗争（2），督促，锻炼，对待，对抗，夺（抢）（1），躲，躲避，躲藏，饿（使…饿）（2），发（发电）（3），发表（发表意见）（1），发动（鼓动）（2），发扬，发展，反抗，反省，反映（2），方便，防，防备，防守，分别（辨别）2，分析，奋斗，讽刺，奉承，辅导，服务，赶（追）（1），赶（赶工）（2），感谢，告别，工作，攻击（2），供，巩固，勾引，鼓动，鼓励，刮（搜刮）1（3），关心，观察，管（管理）（1），管（管教）（3），管（过问）（5），管（6），管理（1），管理（2），管理（3），害（使损害）（1），号召，合作，核对，哄（哄骗）（2），互助，护理（护理树苗）（2），划（hua4），欢迎（1），汇报，活动（3），积累，计较（争论）（2），计算（3），纪念，假装，加强，健全，坚持，监督，检查（检讨）（2），检讨，检验，建议，教育，鉴别，交代（1），交际，交流，接洽，节约，介绍（2），尽，经受，警告，救济，举行，开（开会）（10），开辟，开展，看（照看）（kan1）（1），看（观察）（kan4）（2），看（看望）（kan4）（3），抗议，考验，恐吓，控诉，控制（使不超出范围）（1），控制（操纵）（2），抠（3），扩充，扩大，拉（拉拢）1（6），来往（2），捞（捞钱）（2），劳动，利用，联合，联系，恋爱，了解（调查情况）（2），领导，流传，流动（与固定相对）（2），流行，搂（搂钱）（lou1）（3），埋葬，卖弄，冒充，摸（试探）（3），摸（摸排）（4），模仿，磨（折磨）（mo2）（3），磨（纠缠）（mo2）（4），闹（发泄）（2），拟定，扭转，撵，虐待，拍（马屁）（4），排1（1），排（排演）1（2），排挤，判断，培养（繁殖）（1），培养（使成长）（2），配合，捧（奉承）（2），批判，骗，迫害，普及，启发，欺负，欺骗，欺压，歧视，迁移，迁就，谦让，抢（争先）1（2），强迫，强调，敲（2），敲诈，侵略，清理，清洗（清除）（2），请（招待）（2），请示，庆祝，求（请求）（1），求（追求、探求）（2），驱逐，取（得到）（2），劝解，忍耐，忍受，认识（掌握客观规律）（2），散布，生产，生活（过日子）（1），生活（生存）（2），生长，声明，实践，拾掇（整理）（1），拾掇（修理）（1），试验，使唤（人）（1），使唤（牲口工具）（2），使用，侍候，试，适应，收集，收拾（整理）（1），收拾（修理）（2），收拾（惩处）（3），守（防守）（1），树立，率领，顺（如意）（2），顺从，搜集，算计（考虑）（2），算计（谋害）（4），算计（计较）（5），坦白，讨（招惹）（3），套（模仿）（3），套（引出）（4），套（拉拢）（5），提倡，提醒，体会，挑（挑剔）1（2），调剂，调解，调整，挑（挑拨）（tiao3）（4），挑拨，挑战（1），挑战（2），偷（瞒人）（2），突击（短期内完成）（2），推（推动）（4），推动，推广，拖（拖延）（3），拖延，威胁，维持，维护，问（过问、干预）（4），侮辱，吸收（1），吸引，吓，吓唬，限制，陷害，消除，消灭（2），消失，消化（2），孝敬，协商，协助，谢（感谢）(1)，休息，休养，宣传，学（1），学（模仿）(2)，学习，寻找，压（使稳定）(2)，压（压制）(3)，压（逼近）(4)，压迫（2），压制，研究（1），研究（2），掩护，掩饰，养（养家）(1)，养（养病）(4)，养活（1），养活（2），咬（牵扯）(4)，要（索要）(1)，议论，引诱，应付，应用，优待，预备，预防，运，运输，运用，酝酿，赞美，糟蹋（浪费）(1)，糟蹋（侮辱）(2)，造（捏造）(2)，召集，照顾（1），照顾（2），照料，折腾（折磨）(2)，折磨，镇压，争夺，争论，争取（力求获得）(1)，争取（力求实现）(2)，征求，整顿，整理，支配（安排）(1)，支配（控制）(2)，支持（1），支持（2），支援，执行，指导，指挥，指教，制造（1），制造（2），注解，祝贺，装（假装）1，追（追究）(2)，追（追求）(3)，追求，准备，捉，自习，阻挡，阻止，组织，钻（钻研）(3)，遵守，遵照，做（做寿）(3)

3. V₂₃事件类过程动词

安（装）(3)，办（经营）(2)，办（置办）(3)，比赛，编（编辑）(3)，辩论，变（魔术）(3)，表演（1），表演（2），布置（布置会场）(1)，裁（员）(2)，采（开采）(2)，查（检查）(1)，查（调查）(2)，查（查询）(3)，出版，出差，串（3），催（变）(2)，打（官司）(4)，打（建造）(5)，打（制造）(6)，打（凿）(11)，打（开具）(14)，打（买、取）(16)，打（猎）(17)，打（收集）(18)，带（带路）(5)，担任，当（担任）(dang1)(1)，当（掌管）(dang1)(2)，倒（腾挪）2（2），倒（倒车）(dao4)(1)，道歉，登记，钓，斗（斗鸡）(2)，逗，读（3），兑（兑换）(2)，对（对歌、对联）(3)，蹲（蹲监狱）(2)，发（发面）(6)，访问，放（牛）(3)，放（发出）(4)，放（烟花）(5)，放（高利贷）(6)，抚养，改（批改）(2)，盖（建造）(4)，攻击（1），挂（悬挂）(1)，挂（挂号）(6)，哄（1），护理（护理病人）(1)，化装，怀念，怀疑（1），会（见面）1，集合，监视，检查（1），建设，建筑，教，叫1（3），接待，接见，介绍（2），进攻，开（开办）(8)，考虑，看（看守）(kan1)(2)，看（看诊）(kan4)(5)，考，考试，拉（拉货物）1(2)，炼，旅行，念(2)，弄（做）(1)，拍（拍摄）(2)，拍（电报）(3)，排2，排练，配（使交配）(1)，配（按比例调配）(2)，配（补足缺损）(3)，配（搭配）(4)，评(2)，评论，抢劫，染（染色）(1)，赛(1)，扫（消灭）(2)，杀（战斗）(2)，上（课、班）(11)，烧（烹调）(2)，设计，申请，审（审查）(1)，审（审讯）(2)，审查，审问，收（收税）(2)，收（收押）(5)，说（介绍）(3)，说明（解释明白）(1)，思考，搜查，算（占卜）(3)，探望(2)，腾，体谅，体贴，同情，偷（盗窃）(1)，突击（急速攻击）(1)，推荐，喂（饲养）(1)，慰问，问（审问）(3)，袭击，洗（显影）(2)，想（思考）(1)，想(2)，想(3)，欣赏(1)，修（修理）(1)，修（编写）(2)，修（兴建）(3)，修理(1)，选（选举）(2)，训，训练，演，养（养花）(2)，腌，迎接，游行，邮，阅读，栽（树）1(1)，宰，造（制作）(1)，战斗，招1(1)，招待，找（寻找）1，召开，照（照相）(3)，争吵，制定，治(1)，治(2)，治疗，种，主持，抓（捕捉）(3)，装（安装）2(2)，走（来往）(4)，作，做（制造）(1)

4. V_{24}动作类过程动词

熬（煮）(ao2)(1)，拔（抽、吸）(2)，拔（放于水中使变凉）(4)，摆(1)，摆（摆架子）(2)，绑，包（包东西）(1)，抱怨，背（背诵）(bei4)(2)，奔跑，奔(ben4)（奔上海）(1)，编（编织）(1)，表扬，擦(1)，猜，操纵（机器、仪器）(1)，缠，尝，唱(1)，抄写，吵（闹腾）(1)，吵（争吵）(2)，炒，扯（闲谈）(3)，陈述，称（重）2，盛（放于容器）(1)，盛（容纳）(2)，乘（乘坐）1，吃（咀嚼吞咽）(1)，吃（吸收）(4)，冲1，冲（冲调）2(1)，抽1(1)，抽（吸）1(4)，抽（打）2(2)，锄，穿（马路）(2)，穿（珠子）(3)，穿（衣物）(4)，传（传递）(1)，传（传导）(4)，传（传唤）(5)，串(1)，闯（猛冲）(1)，吹（演奏）(1)，吹（吹气）(2)，吹（夸口）(3)，催（促）(1)，搓，答应（应声）(1)，搭(1)，搭（放）(2)，搭（抬）(5)，搭（乘）(6)，打（鼓）(1)，打（殴打）(3)，打（磨）(7)，打（捆）(8)，打（织）(9)，打（涂抹)(10)，打（电话)(13)，打（除去)(15)，打（草稿)(19)，打（玩)(21)，打（手势)(22)，打击（2)，戴，倒（倒水)(dao4)(2)，倒退，蹬（蹬车)，等（等候)(1)，点（种)(6)，点（账)(7)，叠，盯，钉（紧跟)(ding1)(1)，顶（从下拱起)(2)，钉（1)，钉（2)，动（3)，冻（冰冻)(1)，斗（斗嘴)(3)，读（1)，读（2)，堆，兑（兑水)(1)，对（比对)(5)，对（时间)(6)，对（掺和)(8)，发（发言)(4)，翻（翻动)(2)，翻（翻译)(6)，翻译，冲（冲洗）2(2)，飞（1)，飞（2)，飞（3)，缝，扶（1)，扶（2)，赶（驾驭)(3)，赶（驱赶)(4)，割，跟随，耕，够，刮（去除）1(1)，刮（涂抹）1(2)，刮（风）2，挂（打电话)(3)，挂（挂糊)(5)，广播，逛，滚（1)，滚（滚边)(3)，裹，过（过桥、过日子)(1)，过（经过处理)(3)，喊（1)，喝，呼吸，糊，花（耗费)，划（hua2）1，划（hua2）2，画1，画2，回答，回忆，和（huo2)，活动（1)，和（huo4)，挤（推挤)(2)，挤（挤牙膏)(3)，计算（1)，计算（2)，记（保持印象)(1)，记（记录)(2)，记录，驾驶，煎（1)，煎（2)，捡，剪，讲（1)，讲（2)，讲（3)，交代（2)，浇（1)，浇（2)，浇（3)，嚼，搅，叫1(1)，校对（1)，校对（2)，教训，接（连接)(1)，接近，解（解开)(1)，解释，介绍（1)，敬，鞠躬，锯，卷（裹住)(2)，掘，开（开车)(6)，看（看电视)(kan4)(1)，烤，啃，抠（1)，抠（雕刻)(2)，哭，夸（1)，夸（2)，夸奖，捆（捆绑)，拉（使物体向自己的方向移动)(1)，拉（拉乐器）1(3)，拉（延长）1(4)，拉（排泄）2，来往（1)，捞（捞鱼)(1)，理（整理)(1)，练，练习，量，淋，淋（lin4)，流，流动（气体、液体移动)(1)，搂（lou1)(1)，搂（搂抱)(lou3)，骂，埋怨，描（1)，描（2)，描写，命令，摸（手触后移动)(1)，摸（寻找)(2)，磨（摩擦)(mo2)(1)，磨（打磨)(mo2)(2)，磨（拖延)(mo2)(5)，抹（涂抹)(1)，抹（擦)(2)，抹（除去)(3)，抹（抹平)(mo4)，磨（使细碎)(mo4)(1)，磨（掉转)(mo4)(2)，挠，闹（吵)(1)，捻，碾，念（1)，念叨，拧（ning2)(1)，拧（ning2)(2)，拧（ning3)，挪，呕吐，爬（1)，爬（2)，排列，攀

（爬）（1），盘算，盘问，耪（pang3），抛（1），跑（1），泡（浸泡）（1），泡（耗时）（2），陪，佩戴，批（批阅）（1），批（批判）（2），批改，批评，劈（分开）（pi3）（1），劈（分裂）（pi3）（2），劈（叉开）（pi3）（3），漂，飘，飘扬，拼（拼合）1，品尝，评（1），破（使分裂）（2），扑（扑粉）（2），铺，沏，骑，乞求，起（起钉子）（4），起（起草）（6），砌，签（签名）1（1），签（签意见）1（2），签（缝）2，前进，抢（抢夺）1（1），抢2，撬，切，亲，清洗（洗干净）（1），请教，请求，去（扮演）2，劝，嚷（1），嚷（2），让（招待）（2），绕（缠绕）（1），绕（围绕）（2），绕（迂回）（3），热，忍，认（分辨）（1），揉（揉眼睛）（1），撒（撒野）（sa1）（2），洒，撒（sa3），塞，散步，散发，扫（1），扫（扫视）（3），杀（杀死）（1），杀（刺激、疼痛）（4），筛，扇，闪（闪耀）（5），商量，上（安装）（7），上（涂抹）（8），上（发条）（10），捎，烧（加热）（1），烧（3），烧（使枯萎）（4），射，伸，升（由低到高）（1），生（生长）（2），收（收衣服）（1），收（收麦子）（3），守（守护）（2），守（遵守）（3），受（忍受）（2），梳，输（输送）1，数（逐个说出）（1），刷，摔（摔打）（4），拴，涮（涮洗）（1），涮（涮肉）（2），睡，顺（理顺）（1），说（表达）（1），说（批评）（2），撕，送（给别人）（1），算（计算）（1），算计（1），锁（锁边）（2），抬（搬东西）（2），摊（摆开）（1），摊（摊饼）（2），谈，谈论，弹（棉花）（2），弹（演奏）（3），叹，探（探路）（1），探望（看）（1），烫（使受伤）（1），烫（使变热）（2），掏（挖）（2），淘（淘米）（1），淘（淘泥）（2），讨（请求）（1），讨论，套（罩）（1），套（拴）（2），套（切削螺纹）（6），剔（刮肉）（1），剔（剔牙）（2），剃，填（填平）（1），填（写）（2），舔，挑（选拔）1（1），挑（挑担）2，挑选，调，挑（挑起）（tiao3）（1），挑（挑刺）（tiao3）（2），挑（刺绣）（tiao3）（3），贴（贴邮票）（1），听（1），通（疏通 process）（2），涂（使附着）（1），涂（乱写画）（2），涂（抹去）（3），吐（吐丝）（tu3）（2），吐（说出）（tu3）（3），吐（不自主地从嘴里涌出）（tu4）（1），推（使物体顺着力的方向移动）（1），推（推磨）（2），推（推剪）（3），推测，退

（后退）（1），脱（取下）（2），褪（使套着的东西脱离）（tun4），拖（拉动）（1），挖，挖苦，弯（process），玩儿（玩耍）（1），玩儿（玩某种游戏）（2），望，围，喂（喂食）（2），闻，吻，问（询问）（1），问（慰问）（2），捂，吸（吸液体气体）（1），吸（吸收）（2），吸（吸引）（3），洗（洗净）（1），洗（洗牌）（3），洗澡，掀，响，想（记）（6），消化（1），笑，笑话，歇（休息），写（书写）（1），写（描写）（2），卸（搬下来）（1），卸（解套）（2），卸（拆）（3），修（修剪）（4），修改，修理（2），绣，叙述，宣布，旋转，选（挑选）（1），压（1），轧，摇晃，咬（狗叫）（3），印，咬（咬字）（5），拥抱，用（3），游，游泳，扎（za1），凿，责备，炸（zha2），张望，长（生长）（1），招3，招呼，找（退还）2，照（照亮）（1），照（照镜子）（2），震动（使颤动）（1），挣扎，蒸，织（1），指（点）（2），指责，煮，嘱咐，抓（抓挠）（2），转（转动）（zhuan4）（1），转（转圈）（zhuan4）（2），装（装进）2（1），追（追赶）（1），走（走路）（1），钻（钻眼儿）（1），钻（穿过）（2），琢磨（反复思考）（1），琢磨（猜）（2）

5. V₂₅变化类过程动词

变（改变）（1），变化，补充，沉，抽（抽穗）1（3），出（出汗）（5），改变（1），改变（2），化（融化），加强，减少，降（降雨、降雪、降温）（1），降（使下降）（2），降低，降落，起（起墙）（7），上（由低到高）（1），渗，缩小，衰亡，提高，褪，下（雪）（2），下降，削弱，延长，增产，增加，增长

三、V₃ 变化动词（transition verb）：［时点］ + ［非均质性］

1. V₃₁准变化动词

挨（碰）（ai1）（1），抱（手臂围住）（1），背（背驮）（bei1），拔（1），摆（3），蹦，插（1），踩，扯（撕）（2），喘，闯（猛冲）（1），凑（接近）（3），答应（应声）（1），掸，登（蹬水车）2（1），登（踩）2（2），滴，递，点（写画）（1），点（点触）（2），点（踮）（3），点（点头）（4），

点（眼药）(5)，点（点火）(10)，垫（隔离）(1)，顶（用头撞击）(3)，丢（扔）(2)，丢（搁置）(3)，动弹，剁，翻（反转）(1)，放（搁置）(8)，放（弄倒）(9)，放（放于）(10)，盖（蒙上）(1)，盖（盖章）(2)，搁（加）(1)，搁（搁置）(2)，夹（夹住）(1)，叫（呼唤）1 (2)，砍（1)，砍（用指甲截断）(2)，磕，咳嗽，扣（套住）(1)，扣（向下扣）(2)，拦，迈，扭（动）(3)，拍（拍打）(1)，碰（试探）(3)，披（1)，劈（pi1）（柴）(1)，劈（pi1）（雷）(2)，泼，扑（扑过去）(1)，掐（指甲指头按断）(1)，欠（欠身）1，敲（1)，扔（扔球）(1)，闪（闪避）(1)，闪（晃动）(2)，闪（闪现）(4)，拾，摔（因落下而破损）(3)，踏，弹（弹球）(1)，掏（掏出来）(1)，踢，剔（剔除）(3)，跳（向上跳）(1)，跳（起伏跳）(2)，捅（扎）(1)，捅（触动）(2)，捅（揭穿）(3)，投（投掷）(1)，吐（吐痰）(tu3)(1)，吐（吐赃款）(tu4)(2)，吞（咽）(1)，摇，砸（1)，扎（zha1），铡，蘸，撞（碰撞）(1)，撞（试探）(3)，坐（放）(3)，抄（手抄在胸前）2 (3)，搭（连接）(3)，挡（抵御，对向挡）(1)、挡(2)（庇护、遮挡，同向挡），顶（1)，顶（抵住）(4)，端，蹲（1)，跪，合（闭拢）(1)，挤（挤在一起）(1)，举（托）(1)，扛，靠（在）(1)，拦，晾，搂（搂到面前）(lou1)(1)，拿（抓）(1)，捏（手指夹），扭（转动）(1)，趴（俯卧）(1)，趴（趴桌）(2)，捧（双手托）(1)，掐（掐脖子）(2)，牵，欠（欠身）1，晒，缩（缩脖子）(2)，抬（1)，探（探头）(2)，提（向上拿）(1)，躺，贴（紧跟）(2)，托1，握，咬（1)，站1，指（指向）(1)，抓（手指聚拢）(1)，坐（坐下）(1)

2. V$_{32}$真变化动词

安（1)，拔（军事上夺取）(3)，包（包围）(2)，包（承包）(3)，包（租）(5)，保留（保存不变）(1)，保留（暂不处理）(2)，保留（不拿出来）(3)，暴露，爆发，闭，避免，毕业，表现（表现出来）(1)，病，补助，产生，参加，撤（除去）(1)，撤（撤退）(2)，撤（撤职）(3)，撤（抽取）(4)，撤销，乘（乘法）2，成（成功）(1)，成（为）(2)，成立（1)，成为，呈现，吃（消灭）(3)，充满，抽（收缩）2 (1)，出（出城)(1)，出（出界）(2)，出（提供）(3)，出（产出）(4)，出（显露）(6)，出来，出去，出现，除（去掉）(1)，除（除法）(2)，处分，穿（透）(1)，传染，串（串线）(2)，吹（告吹）(4)，凑（凑巧）(2)，促进，存（保存）(1)，存（蓄积）(2)，存（储蓄）(3)，存（寄存）(4)，存（存有）(5)，答应（允许）(2)，搭（加上）(4)，达到，打（打碎）(2)，打倒，打破，带（携带）(1)，带（捎）(2)，代理，代替，逮捕，耽误，挡（抵挡）(1)，倒（倒下）1(dao3)(1)，倒（倒台）1(dao3)(2)，到，到达，到来，得（得到）(de2)(1)，得（得到结果）(de2)(2)，得到(1)，得到(2)，登（刊登）1(2)，垫（垫付）(2)，颠倒，点（菜、戏）(8)，调，调动(1)，掉1(1)，掉（丢）1(2)，掉（减少）1(3)，掉（转）2(1)，掉（换）2(2)，跌，顶（顶撞）(5)，顶（顶替）(8)，订（制订）(1)，订（订购）(2)，定，丢（失）(1)，动（与"静"相对）(1)，动（动作、行动）(2)，动（感情）(4)，端正，断（分成几段）(1)，断（断电）(2)，断（戒除）(3)，断绝，兑换，多(1)，多(2)，夺（取）(2)，夺取，发（发出、交付）(1)，发（发射）(2)，发（发财）(5)，发（发汗）(7)，发表（发表文章）(2)，发动（发动战争）(1)，发动（机器）(3)，发挥（长处）(1)，发挥（特点）(2)，发明，发生，发现（规律）(1)，发现（发觉）(2)，发行，罚，翻（反转）(1)，翻（翻供）(3)，翻（翻山）(4)，翻（翻番）(5)，翻（脸）(7)，反映(1)，犯(1)，犯（发生）(2)，防止，放（开）(1)，放（学）(2)，放（松）(7)，放（加）(11)，放（改变）(12)，放弃，放松，放心，费，分(1)，分(2)，分别（离别）1，分裂，分配（分房）(1)，分配（安排）(2)，粉碎，丰富，否认，俘虏，复员，改(1)，改(3)，改革，改进，改良，改善，改造(1)，改造(2)，改正，盖（蒙上）(1)，盖（盖章）(2)，干扰，干涉，赶（遇到）(5)，感动，告诉，搁（加）(1)，给，给以，跟，公布，贡献，勾结，雇，挂（断）(2)，挂（钩衣服）(4)，拐1，拐（骗）2，关（关闭）(1)，关（关押）(2)，关（倒闭）(3)，关（工资）(5)，贯彻，规定，滚（斥责）(2)，过（过账、过户）(2)，过（超过）(4)，害

（害病）（2），合（闭拢）（1），合（合并）（2），还（归还）（1），还（回报）（2），换（交换）（1），换（更替）（2），换（兑换）（3），恢复，回（从别处到原来的地方）（1），回（掉转）（2），回（答复）（3），会（会面）1，混（掺杂）（1），混（蒙混）（2），活动（动摇）（2），获得，集中，继承（遗产）（1），继承（事业）（2），寄（1），寄存，寄托，加强，加（加法）（1），加（添加）（2），加入（添加）（1），加入（组织）（2），加以，兼任，减（减法）（1），见（1），见（2），见（见效）（3），见（参考）（4），见（5），建立（1），建立（2），奖励，交（1），交（到）（2），交（结交）（3），交换，缴，叫（使、命令）2，接（接住、承受）（2），接（接受）（3），接（接孩子）（4），接（替）（5），接收，接受，揭（取下）（1），揭（2），揭（揭露）（3），揭发，揭露，结合，结婚，结束，解（解除）（2），解放，解决（处理问题）（1），解决（消灭敌人）（2），解散（集合的人分散开）（1），解散（取消组织）（2），戒（戒除），借（进）（1），借（出）（2），紧，尽，进（前进）（1），进（进入）（2），禁止，经过（通过时间处所）（1），经过（经历）（2），纠正，救，举（推举）（2），举（提出）（3），拒绝，具备，具有，卷（弯成圆筒）（1），觉悟，决定（做出主张）（1），开（打开）（1），开（开辟）（2），开（开花）（3），开（解冻）（4），开（开除）（5），开（开拔）（7），开（始）（9），开（支付）（12），开（水开）（13），开（吃光）（14），开除，开始，看见，靠（岸）（2），靠近，克服，扣（扣留）（3），扣（扣除）（4），扣留，夸大，拉（la2）（割破），落（遗漏）（la4）（1），落（忘）（la4）（2），落（落后）（la4）（3），来（与"去"相对）（1），来（发生、出现）（2），来（来两下）（3），来（来+v）（4），离（分离）（1），离（距离）（2），离（缺少）（3），离婚，离开，理（理会）（2），立（1），立（2），连累，裂，领取，留（使留）（1），留（保留）（2），留（收下）（3），留（遗留）（4），流露，漏（渗漏）（1），漏（遗漏）（2），落（下来）（luo4）（1），落（下降）（luo4）（2），落（落后）（luo4）（3），落（留下）（luo4）（4），落（好事落他身上了）（luo4）（5），落（得到）（luo4）（6），埋，埋没（1），埋没（2），买，卖（1），卖（国）

（2），卖（力）（3），卖（人情）（4），瞒，满足（需要）（1），冒（上升）（1），冒（冒险）（2），蒙蔽，弥补，迷（1），密切，灭（熄灭）（1），灭（灭亡）（2），灭亡，模糊，抹杀，没收，谋害，拿（捉拿）（2），拿（取，搬动）（1），拿（掌握）（3），拿（确定）（4），拿（降住）（5），拿（强烈的作用使物体变坏）（6），闹（发生）（3），捏造，扭（伤）（2），挪用，排除，派，派遣，叛变，抛（抛售）（2），抛弃，跑（逃）（2），跑（漏）（4），跑（损耗）（5），赔（1），赔（亏损）（2），赔偿，配（补足缺损）（3），碰（遇到）（2），碰见，批发，批准，披（裂开）（2），便宜，剽窃，聘请，破（不完整）（1），破（破钱）（3），破（打破）（4），破（打败）（5），破（破财）（6），破（破案）（7），破坏，破裂，起（起床）（1），起（起锚）（2），起（长出）（3），起（起钉子）（4），起（起作用）（5），起（领取）（8），起来（身姿）（1），起来（出现）（2），气，签订，牵扯，牵连，欠（欠身）1，切除，侵占（财产）（1），侵占（领土）（2），请（请求）（1），区别，屈服，取（拿到）（1），取（采取）（3），取得，取消，去（去除）1（1），去1（2），去（从事，去+V）1（3），确定，染（染病）（2），让（让座）（1），让（有偿转移/卖）（3），让（使）（4），扰乱，惹（惹祸）（1），惹（招惹人）（2），惹（引起反应）（3），认（亲）（2），认（承认）（3），认（认吃亏）（4），扔（丢弃）（2），容纳，入（门）（1），入（学）（2），撒（放开）（sa1）（1），散（松开）（san3），散（分散）（san4），丧失，杀（削弱）（3），删，闪（腰）（3），伤，赏，上（由低到高）（1），上（去）（2），上（呈递）（3），上（前进）（4），上（出场）（5），上（涂抹）（8），上（登载）（9），上（到达一定数量）（12），少（丢失）（2），赊，深入，升（等级）（2），生（生育）（1），生（产生）（3），省（钱）（1），省（免去）（2），胜（1），失败，失去，实现，使（叫、让）（2），收（接收）（4），收（结束）（6），收获，受（接受）（1），输（败）2，摔（倒）（1），摔（落）（2），摔（因落下而破损）（3），说服，死，松，送（赠）（2），算（作罢）（6），损害，损失，缩（缩水）（1），缩（缩脖子）（2），缩（退缩）（3），缩小，塌（倒塌）（1），塌（凹下）（2），抬举，贪（贪污）（1），贪污，摊（遇到）(3)，逃 (1)，逃 (2)，逃避，逃走，淘汰，讨（媳妇）(2)，提（前）(2)，提（举出）(3)，提（取）(4)，提（提审）(5)，提（说）(6)，提（举荐）(7)，提拔，提高，提供，体现，替，替换，添，跳（越过）(3)，贴（贴补）(3)，听（接受）(2)，听从，听见，听取，听说，停（停止）(1)，停（停留）(2)，停（停泊）(3)，停顿 (1)，停顿 (2)，停留，停止，通 (1)，通过（穿过）(1)，通过（成立）(2)，通知，同意，统一，投（放入）(2)，投（跳入）(3)，投（投射）(4)，投（寄）(5)，投（参加）(6)，投入，投降，透（穿透）(1)，透（暗地里告诉）(2)，透（显露）(3)，透露，突出，团结，推（推脱）(5)，推（推迟）(6)，推（推荐）(7)，推翻 (1)，推翻 (2)，退（学）(2)，退（减退）(3)，退（退还）(4)，退还，褪，吞（并）(2)，脱（掉落）(1)，脱（脱离）(3)，脱（漏掉）(4)，脱离，托（拜托、委托）2，妥协，完，完毕，完成，弯，忘，忘记，违背，违反，委托，稳定，误解，吸收（成员）(2)，牺牲，下（山）(1)，下（令）(3)，下（乡）(4)，下（场）(5)，下（投入）(6)，下（卸除）(7)，下（结论）(8)，下（下药）(9)，下（生产）(10)，下（攻陷）(11)，下（班）(12)，下（低于）(13)，下来，下去，吓，献（送）(1)，献（献丑）(2)，响应，消灭 (1)，泄露，谢（花谢）(2)，形成，醒（恢复神智）(1)，醒（睡醒）(2)，醒（悟）(3)，醒悟，锈，淹（淹没）(1)，淹（汗液浸渍皮肤）(2)，掩盖（遮住）(1)，掩盖（隐藏）(2)，咽，养（生育）(3)，养成，养活 (3)，邀请，咬（咬合）(2)，噎，移动，遗留，遗失，引起，隐藏，隐瞒，赢，赢得，影响，遇，遇到，遇见，原谅，砸（破）(2)，栽（跟头）2，炸（破裂）(zha4)(1)，炸（爆破）(zha4)(2)，炸（愤怒）(zha4)(3)，摘（取）(1)，摘（摘抄）(2)，摘（借）(3)，沾，展开 (1)，展开 (2)，占领，占有 (1)，占有 (2)，站（停留）2，长（增进）(2)，掌握，招（引来）1 (2)，招（招惹）1 (3)，招 2，着（挨，接触）(zhao2)(1)，着（燃烧）(zhao2)(2)，震动（使颤动）(1)，震动（使人心不平静）(2)，指定，制止，住（居住）(1)，住（停）(2)，转（转身）(1)，转（转交）(2)，转变，转移，赚，撞（碰见)(2)，准许，着手，综合，总结，走（走棋)(2)，走（离开)(3)，走（漏)(5)，走（改变)(6)，租，组成，坐（搭乘)(2)，坐（结果)(4)，做（担任)(4)，做（用作)(5)，做（结成)(6)，浪费，削弱